本书是国家社会科学基金项目（项目编号 12BYY005）的研究成果

基于语料库的
《说文解字》字（词）汇
隐喻模式研究

吴世雄　周运会　章敏 ◎ 著

中国社会科学出版社

图书在版编目(CIP)数据

基于语料库的《说文解字》字(词)汇隐喻模式研究 / 吴世雄，周运会，章敏著 .—北京：中国社会科学出版社，2020.10
ISBN 978-7-5203-7364-7

Ⅰ.①基… Ⅱ.①吴…②周…③章… Ⅲ.①汉字—古文字—研究②《说文》—研究③古汉语—词汇—隐喻—研究 Ⅳ.①H121②H131

中国版本图书馆 CIP 数据核字(2020)第 186526 号

出 版 人	赵剑英	
责任编辑	任　明	
责任校对	赵雪姣	
责任印制	郝美娜	
出　　版	中国社会科学出版社	
社　　址	北京鼓楼西大街甲 158 号	
邮　　编	100720	
网　　址	http：//www.csspw.cn	
发 行 部	010-84083685	
门 市 部	010-84029450	
经　　销	新华书店及其他书店	
印刷装订	北京君升印刷有限公司	
版　　次	2020 年 10 月第 1 版	
印　　次	2020 年 10 月第 1 次印刷	
开　　本	710×1000　1/16	
印　　张	12.5	
插　　页	2	
字　　数	209 千字	
定　　价	85.00 元	

凡购买中国社会科学出版社图书，如有质量问题请与本社营销中心联系调换
电话：010-84083683
版权所有　侵权必究

前　言

　　本书的基本思路和研究方法就是运用语料库语言学的方法来搭建一个有效的研究平台，把《说文解字》的文字构造、字源和词汇上的相关隐喻放置在这个平台上重新剖析，通过基于自建《说文解字》汉英平行对应字（词）汇隐喻语料库的比较研究，揭示汉、英语字（词）汇化隐喻的某些内在模式；在这个基础上运用比较词源学分析和阐释这两种语言中共时隐喻现象背后的文化理据，揭示基于身体经验的概念隐喻如何受基于人类心智的文化的影响，进而揭示在不同文化的范畴化过程中身体、心智和文化之间的相互作用。

　　本书研究的主要内容有以下几个方面。

　　（1）建立一个基于《说文解字》的汉英平行对应字（词）汇隐喻语料库，通过它来揭示汉、英语字（词）汇化隐喻的内在模式。

　　（2）通过基于《说文解字》的汉英平行对应字（词）汇隐喻的比较，揭示这两种语言中概念隐喻和隐喻词汇的文化理据，通过对隐喻词汇的原始形态在古代社会文化背景中获得最初隐喻意义理据的词源学研究来比较词汇隐喻结构中的文化信息。

　　（3）本书试图通过认知隐喻学、比较词源学和语料库语言学等学科的理论和研究方法的综合运用，揭示汉、英语字（词）汇隐喻结构的共时模式和历史理据，对概念隐喻理论在基于隐喻知识库的跨语系平行对应语料分析中的优劣进行评价，修正概念隐喻理论的理论基础和方法论。就语料库语言学在我国典籍翻译研究中的应用而言，这也是一个新的尝试。

　　作为国家社会科学基金资助的规划项目，本书对《说文解字》的相关汉字隐喻理据作了较为深入的探讨。第一章"语料库隐喻研究"着重介绍语料库隐喻研究在中西方的发展，讨论其在包括《说文解字》在内的英汉语典籍文本语料上的应用研究。

第二章"Metalude 和《说文解字》汉字隐喻语料库的构建"介绍了以 Metalude 隐喻知识库为框架自建《说文解字》隐喻字汇库作为英汉词汇化隐喻模式比较研究基础的构想，探讨了面临的相关问题，提出了我们的意见和解决方案，最后展示了我们自建的《说文解字》英汉对照隐喻字汇库。我们把从《说文解字》收集的隐喻汉字语料分为三大类，逐一示例分析了每一类汉字的语义结构，建立了一个包含 241 例隐喻汉字的小型语料库，对《说文解字》的相关汉字隐喻理据作了较为深入的探讨。

第三章"基于语料库的《说文解字》字（词）汇隐喻模式研究"对基于《说文解字》和 Metalude 的隐喻语料作跨文化隐喻结构的比较研究。本章根据基于语料库的跨语系多学科语言隐喻模式的研究方案，运用比较词源学、认知隐喻学以及语料库语言学的分析，从历时和共时两个角度重新审视和分析了基于《说文解字》的汉英字（词）汇隐喻语料，揭示汉、英语语言隐喻模式及其所反映的人类概念系统与人类精神文化的交互影响。在汉英对比中，本书优先选择英语词源隐喻进行对比。本书从汉字构造隐喻出发，联系英文词源隐喻并对英汉语字（词）汇的词源隐喻进行对比研究，努力填补汉英字词构造层面隐喻对比研究的空白。

第四章"《说文解字》字（词）汇的跨语系词源对比"把《说文解字》中的女部字以及表达"女婿""婚姻"和"家庭"诸概念的字和词提取出来，同英语、法语和拉丁语中表达类似概念的词汇进行跨语系的词源比较研究。本章结尾部分对于国内外跨语系词源比较研究进行了比较全面的评述，从中可以看到：文化理念是推动语义历时变化的重要原因，在很大程度上是形成隐喻主题的基础。因此，跨语系字（词）源比较研究应该以词汇隐喻语料库的文本为依据，应该从历时和共时的角度重新阐释人类精神文化和隐喻主题历时演变的交互影响。

本书是对于吴世雄、周运会和章敏师徒三人多年来合作研究汉、英语言的字（词）汇隐喻的总结，部分成果曾发表于《外语学刊》《古汉语研究》《外国语言文学》以及波兰的《语言学和东方学研究》等国内外学术杂志。本书的具体分工如下：

第一章第一节由吴世雄完成；

第二节由周运会、吴世雄完成；

第三节由章敏、吴世雄完成；

第二章第一节由吴世雄完成；

第二节由周运会完成；

第三章第一节由周运会完成；

第二节由吴世雄完成；

第三、四、五节由周运会、吴世雄完成；

第四章由吴世雄完成。

傅屹敏和连凤萍两位弟子还帮助制作了"外国人名索引"。

本书把 Metalude 隐喻知识库和自建的《说文解字》隐喻字汇库作为英汉词汇化隐喻模式比较的基础，开拓了我国跨文化比较语言学研究的新领域。此外，本项研究运用比较词源学、认知隐喻学以及语料库语言学的分析，从历时和共时两个角度重新审视英汉词汇化隐喻的内在模式及其所反映的人类概念系统与人类精神文化的相互作用，对于认知隐喻学的发展也有一定的意义。

目 录

第一章 语料库隐喻研究 …………………………………………（1）
第一节 基于语料库的英汉词汇隐喻认知研究 ……………（1）
一 隐喻研究的历史 ……………………………………（1）
二 隐喻语言认知研究的主要问题 ……………………（3）
三 语料库与英汉语词汇隐喻的认知研究 ……………（7）
第二节 国外语料库隐喻研究 ………………………………（8）
一 引言 …………………………………………………（8）
二 国外语料库隐喻研究的途径 ………………………（10）
三 国外语料库隐喻研究的理论创新 …………………（15）
四 语料库隐喻研究的方法 ……………………………（17）
五 国外语料库隐喻研究的问题 ………………………（20）
六 结语 …………………………………………………（21）
第三节 国外历时隐喻研究 …………………………………（22）
一 引言 …………………………………………………（22）
二 国外历时视角认知隐喻研究的理论依据 …………（23）
三 国外历时视角隐喻研究的模式 ……………………（24）
四 历时隐喻研究的方法 ………………………………（27）
五 国外的历时隐喻研究 ………………………………（31）
六 目前存在的问题和发展方向 ………………………（33）
七 结语 …………………………………………………（34）
第二章 Metalude 和《说文解字》汉字隐喻语料库的构建 ………（36）
第一节 Metalude 的构建和应用研究 ……………………（36）

一　英国语料库语言学的发展对于隐喻研究的影响……………（36）
　　二　Metalude 的创建……………………………………………（36）
　　三　Metalude 与基于语料库的英汉语词汇隐喻的对比研究……（39）
　　四　将 Metalude 运用于词汇隐喻研究的成效与问题…………（39）
第二节　《说文解字》汉字概念隐喻语料库的构建……………………（41）

第三章　基于语料库的《说文解字》字（词）汇隐喻模式研究……（81）
第一节　汉语符号的隐喻起源……………………………………………（81）
　　一　隐喻的认知性………………………………………………（81）
　　二　汉字的起源与隐喻思维……………………………………（82）
　　三　结论…………………………………………………………（85）
第二节　词汇隐喻的形成和演变…………………………………………（86）
　　一　什么使隐喻的历时研究成为可能？………………………（86）
　　二　词源中的隐喻………………………………………………（86）
　　三　汉语词源中的隐喻…………………………………………（93）
　　四　汉字结构中的隐喻…………………………………………（93）
　　五　汉语词汇构造中的隐喻……………………………………（94）
　　六　汉字/词语语义演变中的隐喻………………………………（95）
　　七　英语词源中的隐喻…………………………………………（96）
　　八　英语词汇构成的隐喻理据…………………………………（97）
　　九　结语…………………………………………………………（99）
第三节　表意汉字的构造与意象图式思维………………………………（99）
　　一　什么是意象图式……………………………………………（100）
　　二　汉字和意象…………………………………………………（101）
　　三　表意汉字构造中的意象图式………………………………（101）
　　四　结论…………………………………………………………（105）
第四节　汉字构造中抽象意义具象化的认知规律………………………（106）
　　一　相关理论简介………………………………………………（106）
　　二　汉字和意象…………………………………………………（108）
　　三　汉字中将抽象意义具象化的丝意象………………………（110）
　　四　结语…………………………………………………………（116）

第五节 汉字构造中义符"网"的隐喻投射 …………………… (117)
- 一 引言 ……………………………………………………… (117)
- 二 汉字构造中的"网"隐喻 ……………………………… (118)
- 三 汉字"网"隐喻在汉语中的体现情况 ………………… (120)
- 四 汉字"网"隐喻与英语"网"隐喻的对比 …………… (120)
- 五 隐喻"法律是网"与汉语文化 ………………………… (121)
- 六 结语 ……………………………………………………… (122)

第四章 《说文解字》字（词）汇的跨语系词源对比 ………… (123)

第一节 《说文解字》"女"部字的文化语义分析 …………… (123)
- 一 《说文》"女"部字研究中存在的问题 ………………… (123)
- 二 通过文献考据挖掘汉字所体现的文化意义 …………… (124)
- 三 对汉字文化意义的考据不能脱离汉语和社会历史 …… (125)
- 四 《说文》女部字词义的复杂性 ………………………… (128)
- 五 《说文》中表示婚姻的字反映了古代社会中男性对女性的统治 ……………………………………………… (129)
- 六 《说文》男性字所反映的古代两性地位 ……………… (130)
- 七 结语 ……………………………………………………… (131)

第二节 "女婿"概念的跨语系词源文化对比 ………………… (132)
- 一 汉字"婿"所反映的中国古代婚姻观念 ……………… (133)
- 二 日语中"婿"字的内涵意义 …………………………… (136)
- 三 英语"女婿"词汇的词源文化 ………………………… (136)
- 四 结语 ……………………………………………………… (138)

第三节 "婚姻"和"家庭"概念的跨语系词源文化对比 …… (138)
- 一 通过比较词源学研究人类社会文化 …………………… (138)
- 二 婚嫁类字词的跨语言词源文化对比 …………………… (139)
- 三 不同语言文字对"妻子"概念的表达和词源文化 …… (142)
- 四 词源所反映的人类抢婚习俗 …………………………… (145)
- 五 结语 ……………………………………………………… (146)

第四节 跨语系词源比较研究 …………………………………… (146)
- 一 词源研究历史上比较方法的发端：维柯与王国维的开拓之功 ……………………………………………… (146)

二　罗常培的词源文化比较研究 ……………………………（151）
　　三　伍铁平和比较文化词源学理论的提出 …………………（152）
　　四　比较词源学理论在人类文化和思维观念研究上的
　　　　应用 ………………………………………………………（157）
外国人名索引 ……………………………………………………（163）
参考文献 …………………………………………………………（166）

第一章

语料库隐喻研究

第一节 基于语料库的英汉词汇隐喻认知研究

一 隐喻研究的历史

在西方学术史上,metaphor(隐喻)这个词最早出现在古希腊学者埃索克拉提斯(Isocrates)的 *Evagoras*[①]。但最初对隐喻进行系统研究的人则是亚里士多德(Aristotle)。亚里士多德在他的《诗学》(*Poetics* 第 21 节)中,将隐喻定义如下:

> 隐喻是将本来用于指称别的事物的名称用来指称一事物,这种名称的转移方式可以是从属到种,从种到属,从种到种或类比。比如说,"我的船站立在那儿"就是从属到种的名称转移,因为"落锚停泊"就是"站立"姿态的一种。再举一个从种到属的例子:"奥德修斯所建立的卓越功勋确实不可计数。"其中"不可计数"相当于"许多",在这首诗中被用来代指"许多"。"用一把剑抽走生命"和"以坚硬的铜刃斩断"则是从种到种的名称转移的例子。在这里,"抽走"就是"斩断","斩断"也被称为"抽走",两者都体现了"带走"之意。[②]

[①] W. Bedell Stanford, *Greek Metaphor*, Oxford: Basil Blackwell, 1936, p. 3.

[②] Leon Golding & Jr. O. B. Hardison, *Aristotle's Poetics*, Englewood Cliffs, N. J.: Prentice-Hall, Inc., 1968, p. 37.

亚里士多德列举了隐喻的四种形式，前三种属于简单隐喻、本体和喻体通过象似性产生联系。第四种隐喻形式涉及类推的理论基础，属复杂隐喻。亚里士多德举了"播种神灵创造的光"这个例子，来说明第四种隐喻。比如说，"撒种子"即是"播种"，可对于"太阳光线的撒播"并不存在专门的指称。但"撒播"之于谷物的关系与太阳对光线的"散播"有相似之处，因此才会有"播种神灵创造的火"（sowing the god-created fire）[①]这样的短语。这个引用范围极广的定义体现了亚里士多德在他所建立的传统诗学和修辞学的理论框架里对词汇隐喻修辞所采用的以词汇为中心的研究方法。亚氏的隐喻理论在今天依然具有很重要的意义。亚里士多德在隐喻研究中对古代范畴理论的运用，很可能启发了乔治·莱考夫（George Lakoff）和约翰·泰勒（John Tyler）这些当代活跃的语言学家，使他们得以在现代认知范畴理论的基础上重新解释和定义隐喻。

自亚里士多德对于隐喻的系统论述开始，隐喻研究在这两千多年里一直是西方学术界的热点。20世纪开始由概念隐喻理论引发的"隐喻狂热"，进一步使隐喻成为人文科学的焦点，其中以莱考夫的认知隐喻理论最为引人注目。

自20世纪70年代始，西方的隐喻研究开始进入一个全新的阶段，对隐喻的研究急剧增长，呈现出一个被马克·约翰逊（Mark Johnson）称为"隐喻狂热"的时期。隐喻成为不同学科领域学者共同的兴趣焦点，其中最引人瞩目的当数莱考夫的认知隐喻理论。莱考夫的认知隐喻理论渗透了当代隐喻研究的各个方面，成为当代隐喻理论实现认知转向的重要标志之一。事实上，莱考夫的认知隐喻理论是如此重要，以至于目前它已成为大部分隐喻研究的基础。但是，认知隐喻理论也受到来自各个学科领域的质疑和批评。在语言学领域，安德鲁·哥特利（Andrew Goatly, 1997, 2007）[②]、蓝纯（2005）[③]和李福印（2006）[④]曾指出认知隐喻学的一些问

[①] Leon Golding & Jr. O. B. Hardison, *Aristotle's Poetics*, Englewood Cliffs, N. J.: Prentice-Hall, Inc., 1968, p. 38.

[②] Andrew Goatly, *The Language of Metaphors*, London and New York: Routledge, 1997. Andrew Goatly, *Washing the Brain: Metaphor and Hidden Ideology*, Amsterdam: John Benjamins Publishing Company, 2007.

[③] 蓝纯:《认知语言学与隐喻研究》，外语教学与研究出版社2005年版，第126—129页。

[④] 李福印:《语义学概论》，北京大学出版社2006年版，第84—98页。

题。就隐喻语言研究的方法论而言，跨语系语料、隐喻的历时动态演变及其文化基础成为当代认知隐喻学面临的最主要问题。莱考夫本人在不同场合都曾经指出，概念隐喻理论需要大量语言证据的支持。他在北京所做的"认知语言学十讲"的讲座中就建议中国学者从汉语语料出发，立足中国文化，研究隐喻，"探索并比较不同文化中认知系统的异同，这既可为语言学研究提供实证，又能体现语言学研究的价值"①。

二 隐喻语言认知研究的主要问题

（一）忽视对于隐喻的历时分析

隐喻研究的这个缺点也许肇始于费迪南德·索绪尔（Ferdinand de Saussure）的共时语言学。莱考夫的认知隐喻理论批判了索绪尔的语言和符号间的任意关系原则，认为语言和符号间的关系是有理据的。可是，莱考夫的认知隐喻理论并没有对语言的历时变化给予足够的注意，而在通常情况下正是这些变化构成了语言中大部分的理据。哥特利②讨论了隐喻和语义变化之间的关系。从他的讨论，我们可以看到隐喻对语义变化的影响：语义收缩、扩张和意义转换。多义词也是源于词汇的隐喻运用。例如，通常一个作为创新用法的隐喻表达，要经历一个历时的过程，在此期间会受到文化和人类生理经验的影响，但当它被作为一种对其原始形态的规约的偏离而被语言系统接纳时，它将成为新的词义而与原先存在的词义产生共时的联系。因此，共时状态下的词汇语义结构事实上是历时变化的结果（通常是隐喻性的）。在缺乏对隐喻历时变化的词源学研究的情况下，对于词汇隐喻的研究很难说是充分的。

伊芙·斯维瑟（Eve Sweetser, 1990）在她的著作《从语源学到语用学》（*From Etymology to Pragmatics*）中，从隐喻引申，文化和认知方面对英语感知动词的语义变化和语用进行了研究。正如该书的题目所显示的那样，斯维瑟的研究是一个从语源学到语用学的过程，在这个过程中她致力于研究语义结构的隐喻和文化。斯维瑟在书名中用的"语源学"（etymology）事实上是指一种历时的研究，而"语用学"（pragmatics）（对语言实际应用的研究）指的是语义结构的共时研究。总而言之，斯维瑟发展

---

① 高远、李福印：《认知语言学十讲》，外语教学与研究出版社 2007 年版，汉语导读。
② Andrew Goatly, *The Language of Metaphors*, London and New York: Routledge, 1997, pp. 14-40.

了一种新的隐喻研究方法,即她把语源学的历时研究方法整合到莱考夫的共时隐喻研究模式中,揭示了相应语义历史背后的"语义域间有内在联系的隐喻系统中的连贯规则结构"和"一个更为透明的视角"①。

(二) 过多沉湎于"普遍主义的认知心理模式"

从方法论上说,莱考夫的隐喻研究倾向于从一些假设的概念隐喻的内在模式着手,亦即采用自上而下的研究策略。莱考夫的语料库 The Master List of Metaphors at Berkley(伯克利重要隐喻目录)就表现了这一点。The Master List of Metaphors at Berkley 邀请说英语的人凭直觉递交隐喻句子作为语料。这种自上而下的研究方法被用于探索文化对隐喻体验基础的影响时,它确实是有明显的不足。也就是说,当隐喻研究不再是一种形式语义研究,而是一种隐喻语言的文化阐释时,自上而下的研究方法就不够合适。例如,事件结构隐喻(the Event Structure Metaphor)是最普遍的概念隐喻之一,它将空间概念域作为源域向目标域(事件)投射。隐喻"生命是旅行"即是其中的一个例子。"生命是旅行"的隐喻继承了它的更高层次隐喻主题 ACTIVITY IS MOVEMENT FORWARD(活动是向前的运动)的图式结构,正如哥特利(2007)在讨论香港的教育改革时所注意到的那样,隐喻 ACTIVITY IS MOVEMENT FORWARD(活动是向前的运动)"聚焦于其意象图式的所有三个部分:(1)起点,于此处权威部门施加力量决定教改发生;(2)路径——教师引导学生的方法。(方法是道路/轨道);和(3)由课程目标所预先决定的终点(目标是方向/目的地)"②。

莱考夫对隐喻"生命是旅行"的分析基本上是按框架语义分析的方式进行的。这个分析的问题是它忽略了源域和目标域的意象图式的文化属性。对隐喻 LIFE IS A JOURNEY(生命是旅行)的分析而言,它所忽略的文化对隐喻 LIFE IS A JOURNEY(生命是旅行)的形成和理解起着基本的作用。但是文化意象图式确实给这个隐喻主题提供了不同的文化理据,从而使它成为一个文化特定的隐喻,而不是一个普遍隐喻。

哥特利提出,对于说黑脚族语(Blackfoot)的人而言,并不存在作为

---

① Eve Sweetser, *From Etymology to Pragmatics: Metaphorical and Cultural Aspects of Semantic Structure*, New York: Cambridge University Press, 1990, pp. 47-48.

② Andrew Goatly, *Washing the Brain: Metaphor and Hidden Ideology*, Amsterdam: John Benjamins Publishing Company, 2007, pp. 22-23.

事件和行为模型的事件图式。①即使在较不具体的层面，也有如黑脚语这样的"异国"语言所表现的例外存在。最一般的认知模式似乎都并不适用于黑脚语，如黑脚语中不对物体和过程（这些过程是由物体引起的或是作用于物体的）之间的区别做出区分。因此，虽然从西方语言的角度来看，事件结构图式（CAUSE IS FORCE/原因是力，CHANGE IS MOVEMENT/变化是运动，ACTIVITY/PROCESS IS MOVEMENT FORWARD/活动或过程是向前的运动，DIFFICULTY IS OBSTACLE/困难是障碍；等等）看起来最有希望成为普遍隐喻的一个通用模式，但是它也不适用于黑脚语。换句话说，关于活动的图式隐喻——独立存在的物体向其他独立存在的物体施加力量并推动它们——并不是行为或事件的一个普遍隐喻模式。②

(三) 对隐喻形成的精神文化影响缺乏足够的重视

隐喻"生命是旅行"的基础是两个不同类型的理据。第一个是关于实际生活和旅行的体现经验，它给隐喻"生命是旅行"提供了以身体经验为基础的转喻基础；而另一个是基于人类心智的文化理念，它给同一个隐喻提供了基于人类心智的转喻基础。汉语和英语表现在隐喻"生命是旅行"中的共同点所反映的，只不过是对于该隐喻两种语言所共有的经验基础，而不是汉英民族对于生命和旅行的文化概念，尽管这两个概念也对"生命是旅行"的隐喻产生了影响。对于汉语和英语而言，生命和旅行的确意味着大致相同的事物，但在这两种文化中，这些相同的事物在心理上分别被以不同的方式所处理。"生命是旅行"这个隐喻并不是普遍的，在很大程度上是有文化差异的。斯维瑟（1990）对英语感知动词的研究以及格拉茨和龚多拉斯（Geeraerts & Grondelaers, 1995）对英语情感隐喻的研究都很好地填补了这个缺口。

(四) 对基于语料库的词汇证据重视不够

蓝纯（2005）、李福印（2006）都曾指出认知语言学研究的这个弱点。蓝纯（2005）介绍了哥特利（1997）等人对认知语言学研究的这个弱点的分析和批评。实际上，哥特利一直在用来自英语语料库的词汇隐

---

① Andrew Goatly, *Washing the Brain: Metaphor and Hidden Ideology*, Amsterdam: John Benjamins Publishing Company, 2007, p. 216.

② Ibid.

喻证据来对莱考夫的认知语言学研究进行批判和挑战。哥特利（2007）用来自 Metalude 的词汇数据论证了在词汇层面，ANGER IS HOT LIQUID IN A CONTAINER（愤怒是一个容器中热的液体）这个隐喻并不是英语的重要隐喻主题。他论证道：

> 把 ANGER IS HOT LIQUID IN A CONTAINER 说成是英语中关于"愤怒"的最重要的隐喻主题的说法如今已是老生常谈，但这并不与英语词汇隐喻的证据相一致。第一，以前的将愤怒表现为沸腾的液体的例子并没有特别提及容器，尽管液体通常是在容器里装着的。第二，好几个或许被认为属于这个主题的词汇，事实上也能被用来形容一般的负面情感如"紧张"而不仅仅是"愤怒"："let off steam"（字面意义：释放蒸汽）意为"通过喧闹来除去强烈的情感"（singing opera is a way for me to let off steam/唱歌剧对我而言是一种宣泄压抑的方法）；safety-valve（字面意义：安全阀）是"一种宣泄负面情感的方法"。（Doing exercise is a good safety valve for stress./做运动能很好地释放压力。）而 pressure cooker（字面意义：高压锅）是"一种情感紧张的状态"（playing in the pressure cooker of the European Cup finals is a mental challenge./在欧洲杯决赛的紧张氛围里比赛是一项心理挑战）。
>
> 第三，被引用来支持这个说法的大部分词汇能更好地运用于实现其他更多样的隐喻主题。
>
> 第四，在同样常见的隐喻主题 EMOTIONAL EXPRESSION IS OUTFLOW（情感表达是流出）中，很少提到"热"（heat），并且涉及的情感多种多样，并不只包括"愤怒"（anger）。（摘译自 Goatly, 2007: 245-256）

哥特利指出，英语中表达 anger（愤怒）概念的最重要的隐喻主题是 ANGER IS HOT LIQUID IN A CONTAINER（愤怒是一个容器中的热的液体）的假设，现在已被 Metalude[①] 的大量词汇证据证明是错误的，这充分

---

① Metalude 全称为 "Metaphor at Lingnan University, Department of English, Hong Kong"（香港岭南大学英语系隐喻语料库），是一个词汇隐喻语料库。http: //www.ln.edu.hk/lle/cwd03/ln-project_chi/introduction.html。

说明了词汇隐喻语料库对认知隐喻研究的重要意义。

三 语料库与英汉语词汇隐喻的认知研究

最近十多年来，中国学者开始重视隐喻语料库在语言研究中的应用，取得的大量成果（包括词汇证据）进一步支持了莱考夫的认知隐喻理论。例如，莱考夫的认知隐喻理论中的一条基本假设已被证明适用于汉语，而这个即是上述被哥特利证明在很大程度上不符合英语语言现实的隐喻假设，即 ANGER IS HOT LIQUID IN A CONTAINER（愤怒是一个容器中的热的液体）是汉语中表达愤怒的最重要的隐喻主题之一。於宁（Ning Yu, 1998）和包志坤（Bao, 2003）分别建立了小规模的汉语词汇隐喻语料库来证明这个假设，但他们的发现与我们基于 Metalude 框架自建的包含大约 41 个隐喻主题和 200 余个汉语词汇隐喻的语料库所提供的证据相矛盾。在这个基础上，吴世雄（2007）进一步指出，於宁的基于语料库的分析（1998）是有错误的。目前基于语料库的英汉语隐喻研究表明，认知隐喻理论对汉语词汇化隐喻的历时发展还缺乏较强的解释力，同时汉语词汇化隐喻的某些共时现象也超越了认知隐喻学的解释范围（吴世雄，2007）。我们认为，以语料库为基础的英汉语词汇隐喻研究有两个基本目标：第一个目标是描述由汉英词汇化隐喻表达引起的语义变化的共同特点和区别；第二个目标是通过对比汉英词汇化隐喻的文化理据，追寻保存在词汇化隐喻结构中的文化信息，并考虑不同的文化背景，对其进行历时语义对比。根据 2008 年 9 月出刊的《计算机应用研究》第 25 卷第 9 期发表的调研报告，国际上还没有专门的汉语隐喻知识库，"目前公布的只有厦门大学的汉语隐喻标注句库"。当前国外的六大隐喻知识库（Master Metaphor List、Sense-frame、MetaBank、Metalude、Hamburg Metaphor Database、ATT-Meta）主要收集英语、德语和法语的语料，其中只有 Metalude 和 Hamburg Metaphor Database 是以词汇化隐喻为对象建立的隐喻知识库，尤其是 Metalude 附有汉语翻译，反映了语料库创建者力求与汉语平行对应的思想，值得我国学者重视并加以利用。我们的研究思路就是首先建立一个基于 Metalude 的英汉平行对应词汇化隐喻语料库，为后续的汉语和英语的词汇化隐喻以及它们之间的隐喻模式比较打下基础。迄今为止，我们的英汉平行对应词汇化隐喻语料库所收集的全部英汉语语料按照 41 个隐喻主题进行分类，建立了 41 个子语料库，英语语料统计量达 956 项，汉语语料统计量达 964 项，另外还有一个包含数百条按照汉语拼音排序的汉语词汇化隐喻语料库，为研究英汉语词汇化隐喻打下初步的语料基础。虽然我们按照和 Metalude 相同的严格标准，建立了一个英汉词汇隐喻平行语料库，以此作为研究的基础，但是我们的隐喻语料库建设在规模、内容和知识结构等方面仍然有诸多问题，况且任何数据库都是一个开放的系统，需要不断扩充和完善。我们的这个汉语词汇化隐喻语料库和 Metalude 也不例外。

第二节　国外语料库隐喻研究

一　引言

作为认知语言学的重要组成部分，20 世纪 80 年代兴起的概念隐喻理论（Conceptual Metaphor Theory）将隐喻和思维联系起来，认为隐喻是一种认知手段，起着构建人类概念系统的作用。概念隐喻理论将隐喻分为思维层面的概念隐喻和呈现在语言层面的语言隐喻，并通过对后者的分析归纳来对前者做出判断和证明。概念隐喻理论改变了将隐喻视为一种修辞手段的传统观点，引发了隐喻研究的认知转向。最初的认知隐喻研究以内省的方式为主，存在着实证不足的问题，因此受到了广泛的质疑。哥特利对早期隐喻研究中语料的单一、自造、缺乏真实语境进行了批判[①]；於宁综合了其他学者的观点，指出"以往的认知隐喻研究因其方法论上的缺点和局限而受到批评，如内省法，脱离语境，缺乏跨文化和跨语言方面的视角等"[②]。对传统内省研究方法的反思促使了认知隐喻研究逐渐向实证方向发展。而语料库技术为隐喻研究的实证转向提供了可靠的支撑。

语料库是计算机科学发展的产物，是"作为信息载体的大量语言资料的集合"[③]。第一个现代计算机语料库是由美国布朗（Brown）大学于 1979 年建立的布朗语料库（the Brown Corpus）。"一个'语料库'可以

[①] Andrew Goatly, *The Language of Metaphors*, London and New York: Routledge, 1997, p. 5.

[②] Ning Yu, *The Contemporary Theory of Metaphor*, Amsterdam/Philadelphia: John Benjamins Publishing Company, 1998, p. 7.

[③] 潘永樑（导读），Douglas Biber, *Corpus Linguistics*, 外语教学与研究出版社 2000 年版，第 11 页。

是任何口头的或书面文本的集合。"①就规模和建设方式而言，艾利斯·戴格南②将语料库分为两种类型：现成语料库和自建语料库。现成语料库是学术或商业性的大型语料库，如英语银行（the Bank of English）和英国国家语料库（the British National Corpus）。这种现成语料库的建立使得对英语语言使用的整体研究成为可能。自建语料库则是由研究者自行设计的语料库，往往用于某具体语境中语言的研究。

"今天我们在语言学研究中所谈到的语料库，是指运用计算机技术，按照一定的语言学原则，根据特定的语言研究目的而大规模收集并贮存在计算机中的真实语料，这些语料经过一定程度的标注，便于检索，可应用于描述研究与实证研究。"③ 计算机语料库容量大，信息处理速度快，是进行客观、量化的语言研究的有效工具，使对于过去语言研究而言十分困难的工作都得以顺利进行。这是语料库语言研究的技术优势。"'语料库语言学'通常指借助专门语料库软件所进行的语言分析。但相对于语料库语言学所采用的工具而言，也许它的理论方法更重要。"④

语料库的研究方法以语料为主导，采用自下而上的归纳法，通过对大量的语言材料进行系统而且量化的分析，揭示实际语言使用中潜在的模式和规律。这正符合了认知隐喻研究对实证数据的需要，有助于纠正传统内省法自上而下研究方式所产生的理论偏差。自 20 世纪 90 年代以来，国外陆续有学者将语料库语言学与隐喻研究结合起来，开创了语料库隐喻研究的新领域，为发展反映语言使用现实的隐喻理论打下了基础。

语料库隐喻研究，就是借助语料库检索和统计工具、以分析大量真实的语言数据为基础、对表层语言隐喻进行描写并总结其规律和模式的研究。国外语料库隐喻研究起步较早，并且取得了丰富的成果，对国内的语料库隐喻研究产生了积极的影响。

---

① Alice Deignan, "Corpus linguistics and metaphor", in Jr. Raymond W. Gibbs, ed., *The Cambridge Handbook of Metaphor and Thought*, New York：Cambridge University Press, 2008, p. 282.

② Alice Deignan, *Metaphor and Corpus Linguistics*, 2008, p. 282.

③ 王克非：《语料库翻译学探索》，上海交通大学出版社 2012 年版，第 8—9 页。

④ Alice Deignan, *Metaphor and Corpus Linguistics*, 2008, p. 282.

二 国外语料库隐喻研究的途径

传统的概念隐喻理论采用的是自上而下的研究方法，通过内省和诱导的语料为已有的理论假设提供支持；但研究者的直觉和内省并不能全面揭示可能存在的隐喻模式，因此所得出的结论也难免主观片面。而语料库隐喻研究采用自下而上的研究方法，能够更系统地对真实的语料进行大规模的调查，更全面地识别语料中的隐喻模式并进行量化分析，从而拓展了隐喻研究的广度和深度，为完善和发展能够反映语言现实的隐喻理论提供了良好条件。

通过对国外语料库隐喻研究现状的调查，我们尝试将国外语料库隐喻研究的途径划分为以下几种。

（1）利用语料库实证和数据分析的优势，有针对性地对经典概念隐喻理论的研究结果进行验证

戴格南是将语料库技术用于隐喻研究的先驱人物，在这一领域成果卓著（Deignan，1995；1999；2005；2006；2008a；2008b；2010）。她在 1995 年发表的《柯林斯英语语法系列七：隐喻》（*Cobuild Guides to English 7：Metaphor*）就是运用英语语料库进行编写的。这本书初步探讨了运用语料库进行隐喻研究的问题。《隐喻和语料库语言学》（*Metaphor and Corpus Linguistics*）（Deignan，2005）更是语料库隐喻研究的代表著作。在该书中，戴格南以英语语料为基础，展示了如何借助语料库强大的检索功能，从隐喻和转喻的互动、词频、词类、语义关系、词语搭配等方面对隐喻进行实证研究；研究结果指出了经典概念隐喻理论所不能解释的语言现象，并提出了新的观点。戴格南[1]（2010）借助语料库检索词和短语，探讨了隐喻评价功能得以实现的机制；对词语隐喻表达的评价功能进行了探讨，提出了隐喻的概念映射理论所不能解释的语言现象。

---

[1] Alice Deignan, "The evaluative properties of metaphors", in G.Low, Z.Todd, A.Deignan & L. Cameron, (eds.), *Researching and Applying Metaphor in the Real World*, Amsterdam/Philadelphia: John Benjamins Publishing Company, 2010, pp.357-373.

埃琳娜·塞米诺（Elena Semino，2006）[①]开展了基于语料库的英式英语话语活动中的隐喻语言研究，分析了概念隐喻理论对于交际话语中的概念隐喻的解释力度，如"争论是战争"（ARGUMENT IS WAR）、"交际是管道"（COMMUNICATION IS CONDUIT）。塞米诺将概念隐喻"争论是战争"（ARGUMENT IS WAR）修正为"敌意的交际是物理冲突"（ANTAGONISTIC COMMUNICATION IS PHYSICAL CONFLICT），指出管道隐喻并不像以前的研究所认为的那样普遍。作者还提出，"脚本"（scenario）理论可以很好地解释英语话语活动中的大量连贯的隐喻表达。

斯特凡诺维奇（2005）[②]借助语料库工具，对意义相近的隐喻语言表达和字面语言表达的词语搭配特点进行了分析比较，探讨了隐喻的认知功能和语篇风格对隐喻表达的影响，指出隐喻表达往往体现了隐喻的认知功能。这些研究结果为概念隐喻理论提供了实证支持。

（2）在概念隐喻理论的框架内，使用通用语料库或自建语料库，研究某些概念的隐喻表达，归纳并分析相应的概念隐喻模式

基辅（O. A. Kyiv，2007）[③]运用斯特凡诺维奇（A. Stefanowitsch）所提出的"隐喻模式分析"（metaphorical pattern analysis）的方法，以英国国家语料库（the British National Corpus）的语料为基础，分析了英语中的近义词"嫉妒"（jealousy）和"羡慕"（envy）的隐喻语言表达，并归纳了深层的概念隐喻；借助统计软件对这两个近义词的隐喻表达进行了对比，以探讨两个近义词在概念方面的差别。基辅还进一步探究英语语言中借助隐喻对某些情感进行的概念化是否与心理学文献中对情感的区分相一致。

唐宁和姆吉科（Downing & Mujic，2009）[④]以自建语料库为基础，研

[①] Elena Semino, "A corpus-based study of metaphors for speech activity in British English", In A. Stefanowitsch & S. Th. Gries, eds. *Corpus-Based Approaches to Metaphor and Metonymy*, Berlin: Mouton de Gruyter, 2006, pp. 36-62.

[②] A. Stefanowitsch, "The function of metaphor, Developing a corpus- based perspective", *International Journal of Corpus Linguistics*, 10 (2), 2005, pp. 161-198.

[③] O. A. Kyiv, " 'Green-eyed monsters': a corpus-based study of metaphoric conceptualizations of JEALOUSY and ENVY in modern English", *Metaphorik. de*, (13), 2007, pp. 87-147.

[④] L. H. Downing & Mujic B. K. "Infectious Disease are like sleeping monsters: Conventional and culturally adapted new metaphors in a corpus of abstracts on immunology", *IBERICA*, (Spring), 2009, pp. 1139-1241.

究了疾病语义域的规约隐喻（conventional metaphors）和新出现的隐喻；罗尔夫（K. Rolf）① 运用语料库方法对流行歌曲中的爱情隐喻进行了考察。

(3) 与批评语篇分析结合

卡梅伦等人根据体裁或语域建立语料库，分析其中采用的隐喻模式，探讨隐喻的话语功能，揭示隐藏在隐喻背后的意识形态，并对比不同体裁文本使用隐喻的频率和风格（Cameron，2003；Charteris-Black，2004；Koller，2006；Semino，2008）。

卡梅伦（Lynne Cameron，2003）② 根据课堂口语语料库，调查了教师如何借助隐喻解释概念、管理与调节课堂活动。《批评隐喻分析的语料库方法》（Corpus Approaches to Critical Metaphor Analysis）（Charteris-Black，2004）以当代的概念映射隐喻理论为框架，在书中将语料库语言学、批评语篇分析和隐喻研究相结合，识别并对比分析了不同体裁文本使用隐喻表达意识形态的情况，这些文本包括不同领域的政治语篇，体育和财经方面的新闻报道及宗教语篇。《语篇中的隐喻》（Metaphor in Discourse）（Semino，2008）将语料库语言学的研究方法与批评语篇分析相结合，系统研究了不同类型、体裁的自然语篇中隐喻的使用模式和特征，并分析了隐喻在不同类型语篇中的功能。

(4) 跨语言比较研究

通过系统分析大量自然语料中的隐喻表达，对比不同文化环境中隐喻模式的异同，并考察产生异同的理据。

伯尔斯和迪米切里尔（F. Boers & M. Demecheleer，1997）③ 通过检索英语、法语和荷兰语中经济领域文本构建的语料库，对以路径（paths）、战争（war）和健康（health）为源域的隐喻进行了跨语言的对比研究；结果表明三种语言对这三个源域的隐喻使用频率不同。他们的研究还发现，英语中

---

① K. Rolf, "Love is like a stove it burns you when it's hot, A corpus-linguistic view on the (non-) creative use of love-related metaphors in pop songs", *Language and Computers*, (1), 2012, pp. 103-115.

② Lynne Cameron, *Metaphor in Educational Discourse*, London: Continuum, 2003.

③ F. Boers, M. Demecheleer, "A few metaphorical models in (western) economic discourse", in W. A. Liebert, G. Redeker, L. Waugh, eds., *Discourse and Perspective in Cognitive Linguistics*, Amsterdam: John Benjamins Publishing Company, 1997, pp. 115-129.

使用的园艺隐喻（gardening metaphors）是法语的三倍，而法语中的食物隐喻（food metaphors）将近英语的五倍。他们将这些隐喻使用的差异归因于不同文化中相同源域的凸显性（salience）不同。塞米诺（2002）[①] 对英语和意大利语中关于欧元的隐喻表达进行了语料库研究，指出这两种语言中所用的隐喻的不同反映了两种文化对欧元和相同源域的不同态度。西莫（J. Simó, 2011）[②] 以大型语料库为基础，将直觉和语料库方法相融合，考察了美式英语和匈牙利语中以"血"（blood）为源域的隐喻，并通过个案研究在细节上比较了两种语言中"血"（blood）隐喻的频率、含义及使用模式的异同，文章支持在语境中研究隐喻表达的观点。

（5）历时研究

历时的语料库隐喻研究有助于发现在同一语言的不同阶段，语言隐喻使用情况的异同，并追溯语言隐喻变化的动机。

伯尔斯（1999）[③] 以自建的经济语篇语料库为基础，对以"健康"（health）为源域的隐喻在不同季节段和月份的频率进行了对比研究；证明了对于构建同一个靶域概念的多个源域而言，在日常经验中更为凸显（salient）的源概念域更容易被用来进行概念映射。凯瑟琳·艾伦（Kathryn Allan, 2006）[④] 利用英国格拉斯哥大学（Glasgow University）开发的"英语历史分类词典"（Historical Thesaurus of English）语料库，通过对隐喻"愚蠢是紧密材质"（STUPIDITY IS CLOSE TEXTURE）的个案研究，探讨了影响源域概念选择的认知因素、文化因素和隐喻系统内的动因。艾伦（2008）[⑤] 再次采用这个"英语历史分类词典"（Historical The-

---

[①] Elena Semino, "A sturdy baby or a derailing train? Metaphorical representations of the euro in British and Italian newspapers", *Text*, (22), 2002, pp. 107-139.

[②] J. Simó, "Metaphors of blood in American English and Hungarian: A Cross-Linguistic corpus investigation", *Journal of Pragmatics*, (43), 2011, pp. 2897-2910.

[③] F. Boers, "When a bodily source domain becomes prominent: The joy of counting metaphors in the socio-economic domain", in Jr. R. W. Gibbs, G. J. Steen, eds. *Metaphor in Cognitive Linguistics*, Amsterdam/Philadelphia: John Benjamins Publishing Company, 1999, pp. 47-56.

[④] Kathryn Allan, "On groutnolls and nog-heads: A case study of the interaction between culture and cognition in intelligence metaphors", in A. Stefanowitsch, S. T. Gries, eds. *Corpus-Based Approaches to Metaphor and Metonymy*, Berlin: Mouton de Gruyter, 2006, pp. 175-190.

[⑤] Kathryn Allan, *Metaphor and Metonymy: A Diachronic Approach*, UK Chichester: Wiley-Blackwell, 2008.

saurus of English）语料库，以对"智力"（intelligence）概念域的隐喻和转喻构建为研究出发点，结合词源学和语义学，重点分析了与"智力"（intelligence）概念化密切相关的三个源域："感觉"（senses）、"密度"（density）和"动物"（animals），探讨了这些源域中的一些词汇的历时变化，考察了影响隐喻和转喻的认知机制和文化因素，对隐喻映射的性质进行了重新思考。蒂萨里（H. Tissari，2010）[①]将语料库方法和历史语义学相结合，对当代英语和早期现代英语中的爱情隐喻进行了比较研究。

显然，这五种研究途径并不是截然分离的，只不过是各有侧重，在实践中可以根据研究目标灵活运用。除了这五种主要的研究途径之外，也有学者运用语料库从其他角度对隐喻进行研究。如卡梅伦和戴格南（2003）[②]从隐喻的语用特点出发，研究了在口语文本中常常与语言隐喻共现的调节语的形式、功能和出现频率；撒丁哈（T. B. Sardinha，2008）[③]对语料库中词语出现隐喻用法的或然率（probabilities）进行了研究；塞米诺、海伍德和肖特（E. Semino，J. Heywood & M. Short，2004）[④]与切皮坦（C. M. Chapetón，2010）[⑤]着重探讨了语料库隐喻研究的方法论问题，如隐喻的识别，以及如何从语言隐喻推出概念隐喻；马丁（J. H. Martin）[⑥]将语料库方法和实验心理语言学结合起来，对隐喻理解的语境效应进行了比较互证。

[①] H. Tissari, "Love, metaphor and responsibility: Some examples from early modern and present day English corpora", in G. Low, Z. Todd, A. Deignan, L. Cameron, eds. *Researching and Applying Metaphor in the Real World*. Amsterdam/Philadelphia: John Benjamins Publishing Company, 2010, pp. 125-143.

[②] Lynne Cameron, Alice Deignan, "Combining large and small corpora to investigate tuning devices around metaphor in spoken discourse". *Metaphor and Symbol*, 18（3），2003，pp. 149-160.

[③] T. B. Sardinha, "Metaphor probabilities in corpora", in L. Cameron, M. Zanotto, M. Cavalcanti, eds. *Confronting Metaphor in Use: An Applied Linguistic Approach*. Amsterdam/Philadelphia: John Benjamins Publishing Company, 2008, pp. 127-147.

[④] E. Semino, J. Heywood & M. Short, "Methodological problems in the analysis of metaphors in a corpus of conversations about cancer". *Journal of Pragmatics*, （36），2004，pp. 1271-1294.

[⑤] C. M. Chapetón, "Metaphor identification in EFL argumentative writing: A corpus-driven study". *FOLIOS. Segunda época*, （32），2010，pp. 125-140.

[⑥] J. H. Martin, "A corpus-based analysis of context effects on metaphor", in A. Stefanowitsch, S. Th. Gries, eds. *Corpus-Based Approaches to Metaphor and Metonymy*. Berlin: Mouton de Gruyter, 2006, pp. 214-236.

三 国外语料库隐喻研究的理论创新

(1) 对概念隐喻理论的反思

语料库隐喻研究在检验经典概念隐喻理论的基础上，根据现实发生的语言现象对概念隐喻理论进行了反思。这方面的主要内容有：①语料库隐喻研究表明，隐喻的语言不仅是隐喻认知的表层反映，它还受到语境、体裁、文化和意识形态的影响。概念映射理论不足以全面解释隐喻的语言现象。②语料库证据表明，隐喻常常不是源域逻辑关系到目标域的简单投射，而是源域和目标域结构互动的产物。吉尔·福科尼耶和马克·特纳（Gilles Fauconnier & Mark Turner，2002）提出的概念合成理论可以对此作出解释：目标域的内在结构不仅限制了隐喻映射，还帮助塑造了它。③相对于纯隐喻和纯转喻，隐喻和转喻的互动产生的语言表达也许会更多，隐喻和转喻的互动模式很可能比古森斯（L. Goossens，1995）[1] 所提出的要多；而来自转喻的隐喻也许是最常见的隐喻和转喻的互动模式。对有些表达是字面语言还是隐喻语言的判断还是要依据这些表达的具体情景而定。[2]

(2) 隐喻度

关于隐喻度（metaphoricity）的问题，戴格南（2005：38—46）[3] 参考哥特利（1997：32—34）[4] 的划分模式，通过语料库研究将隐喻划分为新颖隐喻（innovative metaphors）、规约隐喻（conventionalized metaphors）、死亡隐喻（dead metaphors）和历史隐喻（historical metaphors），并指出了可行的划分标准。

---

[1] L. Goossens, "Metaphtonymy: the interaction of metaphor and metonymy in figurative expressions for linguistic actions", in L. Goossens, P. Pauwels, B. Rudzka-Ostyn, A. Simon-Vanderbergen, J. Vanparys, eds. *By Word of Mouth: Metaphor, Metonymy and Linguistic Action in a Cognitive Perspectiv*, Amsterdam: John Benjamins Publishing Company, 1995, pp. 159-174.

[2] Alice Deignan, "Corpus linguistics and metaphor", in Jr. Raymond W. Gibbs, ed. *The Cambridge Handbook of Metaphor and Thought*, New York: Cambridge University Press, 2008, pp. 280-294.

[3] Alice Deignan, *Metaphor and Corpus Linguistics*, Amsterdam/Philadelphia: John Benjamins Publishing Company, 2005.

[4] Andrew Goatly, *The Language of Metaphors*, London and New York: Routledge, 1997.

①因为新颖隐喻在语料库检索中的出现频率很低，可以用词频作为标准对其进行判断。对于一个词语的某个意义而言，如果其在语料库检索中的出现频率低于1/1000（指1000个该词语的索引行），该词义即可被视为新颖或罕见。

②历史隐喻的语义源于原始字面意义的隐喻引申，引申发生后，原始字面意义逐渐被人忘却而不再被使用，以至于后来的人们只认可引申出来的隐喻意义。如果在语料库中，检索不到与隐喻意义相关联的字面意义，这个隐喻意义即可被视为历史隐喻。

③对于一个词语的某个隐喻意义而言，如果其所对应的字面意义比它更处于词语意义的核心地位，这个隐喻意义即可被视为规约隐喻。规约隐喻相当于哥特利（1997：32—34）的疲劳（tired）隐喻。规约隐喻的意义不够独立，在语料库检索中，此类隐喻往往和喻标概念域的词汇搭配出现。

④如果在隐喻和其对应的字面意义之间不存在以字面意义为核心的依赖关系，这个隐喻即可被视为死亡隐喻。死亡隐喻相当于哥特利（1997：32—34）的睡眠（sleeping）隐喻。

语言是一个不断变化发展的系统，语言中的隐喻也是如此。所谓新颖隐喻、规约隐喻、死亡隐喻、历史隐喻，是就隐喻发展的不同阶段而言。同一个隐喻在不同的历史时期或者面对不同的认知主体时，有可能体现出不同的隐喻度。所以，戴格南（2005：38—46）提出的隐喻度划分标准有一定的适用范围，不可能适用于所有的研究情况。

戴格南（2005：38—46）对隐喻度的划分是从单个词或短语的意义出发的。而语料库研究表明，隐喻度还受到语境的影响，与隐喻表达中不同词语的意义互动有关。汉克斯（P. Hanks，2006）[①] 在《可分等级的隐喻度》(*Metaphoricity is gradable*) 一文中，以麦克斯·布莱克（Max Black）的隐喻回响值（resonance）理论为基础，分别对sea和oasis作为源域词（the second subject）时的隐喻度进行了语料库调查。研究结果表明，靶域词（the primary subject）和源域词（the second subject）所共享的语义特点越少，隐喻的回响值即隐喻度就越高；而与源域词语意义相关

---

① P. Hanks, "Metaphoricity is gradable", in A. Stefanowitsch, S. Th. Gries, eds. *Corpus-Based Approaches to Metaphor and Metonymy*, Berlin: Mouton de Gruyter, 2006, pp. 17–35.

的搭配词可以增大隐喻度。

四 语料库隐喻研究的方法

(一) 基于语料库与语料库驱动

托尼尼·博内利（Tognini Bonelli）把语料库语言学的研究方法分为基于语料库的研究方法（the corpus-based approach）和语料库驱动法（the corpus-driven approach）①。基于语料库的研究方法有既定的理论前提。它运用语料库数据来验证已有的结论或假设，并对所检验的理论进行改进。语料库驱动法则以语料库为中心，直接从语料库中运用语料库检索方法生成数据，分析发现数据中浮现的语言规律。在这两种研究方法中，语料库驱动法被认为更有利于语言学的创新。但格里斯②（S. T. Gries）指出"就连自诩的语料库驱动研究也通常并不如其所言那么'语料库驱动'"，"真正的语料库驱动研究看来充其量只是个神话"（Gries, 2010: 330）。这是因为，即使抛弃了所有的理论前提和数据库标注，研究者们对数据的分析也要依靠他们的语言直觉，而语言直觉并不是脱离了已有的语言理论凭空而来的。

在语料库隐喻研究中，要根据实际的研究需要对语料库驱动和基于语料库这两种方法进行选择。语料库既提供了验证语言发现的资源，又是产生语言发现的动力。研究者们可以先根据既定的范式利用语料库对已有假设进行检验，然后再根据检验数据和结果中出现的新情况，设定下一步的研究方向（Deignan, 2005: 88—90）。不管是"基于语料库"还是"语料库驱动"，都要用自下而上的数据分析来发现规律，当然，语料库驱动法是彻底自下而上的研究方法。国外的语料库隐喻研究多采用基于语料库的研究方法，也有采用语料库驱动法的，在没有设定检索目标的情况下，就语料库呈现出的隐喻现象进行分析（Chapetón, 2010）。

(二) 索引行的生成

在语料库隐喻研究中，首先面临的关键问题是索引行的生成。如何生

---

① Teubert W., A. Š Cermáková, *Corpus Linguistics: A Short Introduction*, 世界图书出版公司, 2009, p. 57.

② S. T. Gries, "Corpus linguistics and theoretical linguistics: A love-hate relationship? Not necessarily…", *International Journal of Corpus Linguistics*, (15), 2010, pp. 327-343.

成索引行决定着能否全面检索相关语料，研究者们要根据可取得的语料库工具和研究的需要，制定索引行的生成策略。常用的语料库索引工具有WordSmith、基于网络的语料库分析工具Wmatrix、Sketch Egine等。一般采用输入既定词汇或短语的形式生成隐喻表达的索引行。

根据斯特凡诺维奇（2006：2—6）[①]的总结，有以下几种索引行生成方法。

（1）在未标注的语料库中，可以通过以下检索方法生成含有隐喻表达的索引行：①人工检索隐喻表达。②检索源域词汇。③检索目标域词汇。④检索既含有源域词汇，又含有目标域词汇的句子。⑤根据隐喻标记（markers of metaphor）进行检索。其中方法⑤源自哥特利（1997：168—196）提出的一系列有可能表明隐喻存在的语言表达，如"打个比方"（metaphorically/figuratively speaking）等元语言表达。这个检索方法在实践中对隐喻的命中率不高，只是一种理论上的设想。

（2）在已标注语义域的语料库中，可以在隐喻源域或目标域确定的情况下，检索所有的源域或目标域词语生成索引行。但已标注语义域的语料库所采用的标准可能并不一致，并且其标注往往根据语词所表达的目标域概念进行语域归类。这就降低了根据同域词汇进行检索的有效性。如果可以获得已标注好概念映射的语料库，将很容易生成隐喻表达索引行。但创建这样的语料库本身就有很多难题要解决，而且目前还没有自动生成的方法。

此外，还可以将大型机读语料库与小型手工检索的语料库结合起来进行研究：先通过人工分析小规模语料库，确定要检索的内容清单如"隐喻关键词"（metaphor keywords），然后以此为检索出发点在同类大规模语料库中搜索生成索引行（Charteris-Black，2004；Cameron & Deignan，2003），从而在保证语料的量的基础上，产生更加全面的研究结果。还可以借助于分类词典，以保证可以检索到某一语义域的每一个词语，或者直接检索列在概念隐喻文献中的隐喻表达，并检索相关的搭配词（Deignan，1999）。[②]

[①] A. Stefanowitsch, "Corpus-based approaches to metaphor and metonymy", in A. Stefanowitsch, S. Th. Gries, eds. *Corpus-Based Approaches to Metaphor and Metonymy*, Berlin: Mouton de Gruyter, 2006, pp. 1–16.

[②] Alice Deignan, "Corpus-based research into metaphor", in L. Cameron, G. Low, eds. *Researching and Applying Metaphor*, Cambridge: Cambridge University Press, 1999, pp. 177-199.

(三) 隐喻识别

在检索生成有可能包含隐喻表达的索引行之后，接下来关键的一步是隐喻的识别（metaphor identification）。隐喻识别一直以来都是隐喻研究中备受关注的问题，而对于语料库方法的隐喻研究而言，因为要处理大量的数据索引，用统一的标准识别隐喻显得尤为重要。可是由于还没有开发出全面可靠的计算机自动识别隐喻系统（Shutova，2010）[①]，为了确保识别的准确度，人工隐喻识别仍然是语料库隐喻研究中必要的操作程序。

针对隐喻的识别，Pragglejaz 隐喻研究小组（2007：3）[②] 研究出了 MIP（Metaphor Identification Procedure）隐喻识别步骤，为隐喻研究者们提供了可靠地识别语篇中的隐喻词语的程序，其主要内容包括：

（1）通读话语文本，形成对文本意义的总体理解。

（2）确定话语文本中的词汇单元（lexical units）。

（3）确定每一个词汇单元的语境意义，亦即该词汇单元在文本唤起的情景中指称实体、关系或特点的方式。这个确定必须依据该词汇单元的上下文。当然，还必须确定每一个词汇单元在其他语境中是否有着更基本的现行意义。就我们的研究目标而言，基本意义（basic meanings）往往表现为：更为具体（更容易想象其形象，五官更容易感觉到的意义），与身体动作相关或更为精确（相对模糊而言），历史更为久远等。基本意义可以不是词汇单元最常用的意义。但是，将词汇单元更基本的现行意义和语境意义进行比较，首先得确定是否能通过二者之间的比较来理解语境意义。如果是，就把这个词汇单元标注为隐喻。

在 MIP 的基础上，杰勒德·J.斯廷（Gerard J. Steen，2010）[③] 进一步提出了隐喻识别程序 MIPVU（其中 VU 代表 Vrije Universiteit 大学）。MIPVU 不止像 MIP 那样，只识别隐喻使用的词语（metaphorically used words），MIPVU 是一套识别所有隐喻相关词语（metaphor-related words）

[①] E. Shutova, "Models of metaphor in NLP", in *Proceedings of the 48th Annual Meeting of the Association for Computational Linguistics*, Uppsala, Sweden, 11-16, July 2010, pp. 688-697.

[②] Pragglejaz Group, "MIP: A method for identifying metaphorically used words in discourse", *Metaphor and Symbol*, (1), 2007, pp. 1-39.

[③] Gerard J. Steen, et al., *A Method for Linguistic Metaphor Identification*, Amsterdam: John Benjamins Publishing Company, 2010.

的规则。MIPVU总共提出了六条隐喻识别步骤和规则（Steen，2010：25—41），其中前两条基本与MIP一致，第三条提出了直接隐喻（direct metaphor），认为当语言以一种直陈词义的方式使用（如在明喻中），但相应地理解涉及跨域映射时，该语言是直接隐喻语言（Steen，2010：57）。MIPVU的第四条规则是关于在语篇中起替代作用的词语和被省略词语的隐喻相关性的识别。其方法是确定所替代的词语或省略的词语，然后用MIPVU的第二条和第三条规则判断是否是隐喻相关词语。这样的隐喻被称为"隐含隐喻"（implicit metaphor）。MIPVU的第五条涉及隐喻标记的识别，其判断标准仍是跨域映射的存在与否，第六条援引步骤2—5识别新造词汇（new-formation coined）的隐喻。

MIP和MIPVU这两套隐喻识别程序都以跨域映射的存在与否为判断隐喻的标准，MIP相对更为简便，可操作性更强，而且能满足一般隐喻研究的需要；而MIPVU更为全面深入，但有扩大隐喻内涵的趋势。

五 国外语料库隐喻研究的问题

（1）技术问题。在语料库隐喻研究中，研究成果的质量取决于语料的数量、语料的代表性和研究方法。大量、真实、分门别类的语料也正是语料库隐喻研究的优势所在。但目前的语料库隐喻研究还主要依赖人工对抽样语料进行分析；而由于人工的效率较低，在实际研究中处理的语料量大大受限，并没有将语料库量的优势充分发挥出来。所以，高效、全面的自动隐喻处理软件的开发，是语料库隐喻研究中亟待解决的瓶颈问题。舒托瓦（E. Shutova，2010）指出，这个问题有望在不远的将来得到解决。

（2）理论升华问题。目前国外的语料库隐喻研究多长于对隐喻现象的描述和比较，缺乏系统的理论升华。如戴格南（2008a：161）所言，语料库研究一方面给认知隐喻理论提供了语言实证，另一方面又提出了新的问题。语料库隐喻研究中不断浮现出原有理论无法解释的语言现象。如何从这些纷繁的语言现象中总结出规律，进一步发展隐喻理论对其进行解释，是当前语料库隐喻研究所面临的又一项挑战。

（3）与其他研究方法结合的问题。语料库隐喻研究反映的是实际使用中的隐喻现象和规律，是对语言层面的隐喻进行的研究。而认知隐喻理论一向强调思维层面的隐喻，对语言层面隐喻的研究目的是揭示更深层次的认知规律。因此，对于认知隐喻研究而言，语料库方法有一定的局限性。将语料库隐喻研究和其他实证的隐喻研究方法（如非语言隐喻的研究、神经科学的隐喻研究等）结合起来，将更好地推动认知隐喻理论的发展。不过，综合式研究是隐喻研究的一种新趋向，需要进一步探索。此外，马丁将语料库方法和实验心理语言学结合起来，对隐喻理解的语境效应进行互证研究，也为综合方法的隐喻研究提供了有价值的参考。

（4）大型隐喻数据库的利用问题。国外语料库隐喻研究多采用通用语料库或自建语料库，鲜少利用现成的隐喻数据库如 Master Metaphor List、MetaBank、Metalude、Hamburg Metaphor Database 等进行研究（张霄军，曲维光；2008）。虽然语料库的选取取决于研究的目的，但不得不说这是一个很有发展前途的选择。利用已建成的大型隐喻语料库进行隐喻研究的可行性不言而喻，例如，哥特利的 *The Language of Metaphors*（London and New York：Routledge，1997）和 *Washing the Brain：Metaphor and Hidden Ideology*（Amsterdam：John Benjamins Publishing Company，2007）以及吴世雄的《隐喻，词源和文化：基于语料库的探索和方法论反思》（中国社会科学出版社 2008 年版）都是基于 Metalude 的研究成果。

（5）历时研究问题。对国外语料库隐喻研究的研究表明，在以语料库为基础、通过历时的方法对隐喻模式变迁进行研究上，研究成果还相对较少，这或许是因为语言本身是一个动态的连续体，其中的变化现象错综复杂，对此的研究难度较大、难以定性的缘故。

六　结语

正如束定芳（2012：41）[1] 在《近 10 年来国外认知语言学最新进展与发展趋势》一文中所指出的那样，国外认知语言学的研究方法逐渐向实证方向发展，其中语料库研究方法是使用频率较高的实证研究方法。基于语料库方法的认知隐喻研究正与认知语言学发展的潮流相应，在对概念隐喻理论的检验、隐喻语言表达的特征描述和分析、批评隐喻分析方面，国外的研究已经形成了系统的方法理论；跨语言隐喻的语言特征及隐喻使用的比较分析也硕果累累。"在我看来，过去十年隐喻研究的重大进步之一是语料库研究的发展……我强烈建议所有的隐喻学者都在他们相应的研

---

[1]　束定芳：《近 10 年来国外认知语言学最新进展与发展趋势》，《外语研究》2012 年第 1 期。

究中尝试采用语料库分析法。"(Gibbs, 2010:7)① 随着计算机科学的进步和人工智能的开发,未来的语料库隐喻研究将在语言描写、文化对比、语言翻译和隐喻语料库的建设等方面做出更大的贡献。

第三节　国外历时隐喻研究

一　引言

自20世纪80年代以来,莱考夫学派的概念隐喻理论成为认知语言学的核心概念,产生了丰硕的理论成果。莱考夫和约翰逊(1980)提出隐喻不仅是语言修辞手段,更是一种认知机制和思维方法,其本质是"以另一件事和经验来理解和经历一件事或经验"。作为研究语言和认知之间关系的重要窗口,概念隐喻理论经过学科内(认知语义、认知语法等)及跨学科(神经语言学、心理语言学、社会语言学、计算机语言学等)的理论拓展和跨语言比较、语料库等实证研究方法的检验和修正,逐渐成为一个多层次的理论体系和进一步认识语言意义的理论工具。然而,为数众多的隐喻研究着眼于采用现代语料的共时视角的分析,历时视角的隐喻研究一直未能得到足够的重视,无论从研究的数量和质量上都相对滞后。直到2007年8月,第十届国际认知语言学大会才第一次开设了历时隐喻研究专题。吴世雄等(2016)总结造成这一现象的原因主要包括"当代认知语言学寻找通用模式的困境"和"认知语言学家的忽视"②。越来越多的国外认知语言学者已开始重视从历时视角对于隐喻的认知研究,相关的隐喻研究数量也呈现逐年上升的趋势。认知语言学研究系列(CLR)于2011年和2015年分别推出两本论文集,集中收录历时认知语言学和历时视角的隐转喻研究论文,侧重介绍国际历时认知隐喻研究的趋势和发展。相较于国内仍未得到充分重视的历时视角隐喻研究,国外该类型隐喻研究

---

① Jr. Ramond W. Gibbs, "The wonderful, Chaotic, Creative, Heroic, Challenging World of Researching and Applying Metaphor: A Celebration of the Past and Some Peeks into the Future", in G. Low, Z. Todd, A. Deignan, L. Cameron, eds., *Researching and Applying Metaphor in the Real World*, Amsterdam/Philadelphia: John Benjamins Publishing Company, 2010.

② 吴世雄、章敏、周运会、诸葛晓初:《基于语料库的英汉词汇隐喻模式的比较研究》,中国社会科学出版社2016年版,第81—82页。

数量更多，方法更加成熟，理论视角也更为丰富，对国内学者有着重要的借鉴和指导意义。本章尝试对近十年来的国外历时隐喻研究进行梳理，对其理论依据、模式、方法、理论成果等进行综合分析和概述，以厘清这些研究仍存在的问题和发展方向。

二 国外历时视角认知隐喻研究的理论依据

对语言进行历时视角的研究绝非认知语言学的创举。早在前结构主义（prestructuralism）时期，历史语言学家们就对语言的起源、变化和发展进行了各种研究。研究对象上，早期的新语法学派（Osthoff & Brugmann，1878；Delbruck，1919）对基于同源结构连续性的语音演变展开研究，以探求特定的语言形式在不同历史时期的变化；之后以索绪尔为代表的结构主义将语言变化的着眼点置于与整体系统相关的特征上，关注从乔叟时代到现代英语的元音发音的变化；而后生成学派（Chomsky & Halle，1968）对特定结构进行音韵标记，关注鼻音和时态的产生与消失；直到20世纪70年代开始，结构主义才与社会语言学相结合（Bynon，1977），并在20世纪80年代中期以后借助认知语言学的框架得以迅速发展（Richard Trim，2011）。尽管如此，历时的语言研究相对于共时研究始终处于边缘的地位，尤其是由于结构主义对语言系统和结构共时范式的追求以及乔氏生成学派将语言历史的知识排除在人类语言认知之外，语言共时和历时之间的联系没有得到应有的承认和重视（Winters，2011）。当时的研究内容主要是在语言的语音和语法结构层面上展开，直到20世纪80—90年代，语言学家才开始在认知语言学的理论框架下，对概念映射及其语言成分开展历时研究。

从大方向说，在认知语言学的理论框架下，语言的历时性是显而易见的。首先，语言的体验性基础决定语言的形成和发展受到历史经验的影响。这些体验不仅包括人类共有的身体经验，也包括不同语言种族各自的历史及文化经验。正如拜比（L. H. Bybee，1988）所说，"共时状态必须置于被创造时的一系列因素下加以理解，也就是说，我们必须考量历时的维度。"① 其次，基于使用的语言本质上是动态的系统。就基于使用的语

---

① J. Bybee, "The diachronic Dimension in Explanation", in J. A. Hawkins, ed. *Explaining Language Universals*, Malden: Blackwell, 1988, p. 351.

言模式而言，语言系统（system，也就是索绪尔所说的 langue）和语言使用（parole）之间存在辩证的关系。一方面，为了达到交际的高效性，语言团体现有的规范会引导并制约个体的语言使用；另一方面，为了适应不断变化的交际需要，语言使用者的言语行为不断调整，从而带来日积月累的变化，推动语言的演化和发展。从这个意义上说，只有从跨时间维度上考量动态的发展体系才能还原语言的发展轨迹和全貌。这样的理论框架同时也契合了前结构主义的两大基础概念，一是对基于特定认识机制的个体行为创造意义变化的心理概念；二是这些个体行为最终引起整体语言变化的语用概念。可以说，认知语言学的语言历史观与现代语言学史上最早的语义研究传统关系密切，二者都致力于研究语义变化背后的概念机制（Geeraerts，2011）。

从认知隐喻的角度来说，莱考夫等（1980）对于概念隐喻的定义本身已超越了语言层面的修辞范畴，指向一种利用既有的和已知的认知域去类比未知域的基本认知机制。在认知层面，隐喻是拓展认知疆界的基本手段；落实到语言层面，隐喻是一个将已有的语言形式用于表达与其传统意义不完全一致但具有相似意义的创造性过程（Kövecses，2002）。在此基础上，史密斯（Andrew D. M. Smith）和霍夫勒（Stefan H. Höfler）从符号的象似性和语法的演化入手，指出隐喻在人类语言演化中扮演了支柱型的关键角色：语言的演化有赖于在个体交际互动中利用隐喻来创造新的形式与意义的组合，这些新的组合经过不断使用，而成为规约化的语言形式。这一过程循环往复，最终推动语言不断向前发展（Smith & Höfler，2015）。历时隐喻研究就是以语言的产生和演变为观察对象，对隐喻性的语言进行历时描述和规律总结，并从中揭示认知与语言之间关系。它不仅是对共时隐喻研究的补充，更是揭示隐喻在语言发展过程中的作用所不可或缺的手段。

三 国外历时视角隐喻研究的模式

国外历时视角隐喻研究涉及多种类型，划分标准也各有不同。

（一）以研究方法为标准

格拉茨（2011）将历时隐喻研究分为历史学和类型学两种类别。历史方法的隐喻研究主要以华比斯扎克（Fabiszak，2001）、蒂萨里（Tissari，2001）、格瓦特（Gevaert，2005）和理查德·特里姆（Trim，2007，2011）等学者为代表。历史方法的隐喻研究通常会选择某种隐喻类型，或是某个隐喻表达特别丰富的语域范畴，如情感隐喻等，对其进行历时的观察。其主要研究目标在于描述该语域的概念化过程及变化，并致力于探究普遍的历时隐喻发展模式和路径。以蒂萨里（2001）为例，该研究利用语料库收集 15 世纪到当代三个不同历史时期（1418—1500；1500—1700；1960— ）的以空间、时间和感官知觉为来源域的爱情词汇隐喻，分析不同类型爱情隐喻模式。蒂萨里发现自 15 世纪以来爱情隐喻模式并未发生太多变化，以空间为来源域的爱情隐喻数量最多，并可细分为"容量"、"数量"和"交换"三个子集。而概念隐喻"爱情是经济交换中的（贵重商品）"则是贯穿始终的主题。特里姆（2007，2011）的系列著作从古英语到现代英语中选取文本语料，摘选贝奥武夫、乔叟、莎士比亚以及当代文学文本里的隐喻，提出概念隐喻存在的"历时普遍性的假设"，或至少存在的"长期的历时模式"，如"人生是旅程"及"爱情是火"等概念隐喻都长期存在于英语和其他欧洲语系的各个历史时期。特里姆尝试总结隐喻历时演变的通用模式，并开创性地提出历时隐喻的六个主要研究参数：从环境的知觉中产生的概念化的思维过程；语言结构的角色；通用机制对长期隐喻路径的影响；文化的主要问题；历时凸显性的复杂特征；被选择进行隐喻分析的语义域类型。

  类型学的方法则是选取在尽可能多的语言中存在的普遍隐喻类型为研究对象，探讨来源域和目标域之间的历史联系，以解答为何某些隐喻类型比其他隐喻更具有跨语言的普遍性。然而，这种寻求普遍隐喻类型的研究有时可能得到相反的结果，转而发现一些特定的隐喻专属于某种特定的语言类型或文化（Wilkins，1996）。

（二） 以研究语料的时间跨度为标准

米施勒（Mischler，2013）以研究语料涉及的时间跨度为划分标准，总结出以下两种模式：共时—历时隐喻研究和历时隐喻研究。

共时—历时隐喻研究也可以称为"特定时期"（point-in-time）的隐喻研究，顾名思义，就是选取某个时期的隐喻语料，或将某个历史时期的隐喻语料和现今的隐喻语料加以对比，通过追溯语料反映的隐喻模式和历史文化观念，探讨历史文化模型对当今语言形式与意义的影响。由于这些历史文化因素距今年代久远，人们如今已很难意识到其作为隐喻理据的作用，这就增加了语言分析的难度，但此类研究（Bertuol，2001；Geeraerts & Grondelaers，1995；Slingerland，2004；Wiseman，2007）向我们揭示了历史文化因素的影响仍然存在于当今的语言形式之中。要对一概念隐喻进行全面的分析必须将历史因素纳入考量，例如，格拉茨和龚多拉斯（1995）通过艺术和医学的相关历史证据证明古代医学中的"四种体液说"与英语和荷兰语中的愤怒词汇隐喻紧密相关。他们的研究显示，"共时的一词多义现象很大程度上是历时发展的反映"①，因此文化理念是产生隐喻表达的重要理据之一。这一点与吴世雄（2008）的英汉语词汇隐喻历时对比研究有异曲同工之妙。

然而，尽管共时—历时隐喻研究选取的可能是历史的语料，能够展现不同历史时期之间隐喻和文化模型状态的异同，但其研究视角仍是共时静态的，因此无法还原这些模型动态变化的过程。与之相对，历时隐喻研究（Geeraerts & Gevaert, 2008; Geeraerts & Gevaert & Speelman, 2011; Gevaert, 2002; Kovisisto‐Alanko & Tissari 2006; Mischler, 2013; Trim, 2011）是具有一定时间跨度的、着眼于反映概念隐喻和隐喻表达演变过程的研究。就目前的文献而言，历时隐喻的研究对象大量集中在情感隐喻范畴。由于情感隐喻属于基本隐喻（Grady, 1997），来源域和目标域都属于人类的直接感知体验，其隐喻语言表达的丰富性及跨语言和跨时期的潜在普遍性使其成为历时隐喻研究的最佳选择。最具代表性的研究是格瓦特（2002）对古英语中表达"愤怒"意义的词汇展开的历时词频分析。这项研究揭示和重现了古英语时期的愤怒概念域。该研究语料分别来自公元850年以前、公元850—950年及公元950—1050年三个时间段以保证语料分布尽量均匀。该研究揭示了在每个不同的历史时期，愤怒词频呈现出不同程度波动，与热相关的愤怒隐喻词汇的数量也发生变化。格瓦特（2002）总结愤怒的概念化模式总体平稳，但在中世纪出现"巨大波动，显然是受到了体液说的影响"②。而后格瓦特和格拉茨合作，利用之前的语料对古英语中 heart 和 mood 的复合词汇进行词源分析，发现 mood 是代表"精神生活的方方面面‐包括理智思维、感觉和意义"的原义项；heart

---

① Dirk Geeraerts, Stefan Grondelaers, "Looking back at anger: cultural traditions and metaphorical patterns", in John R. Taylor, Robert E. Maclaury, eds. *Language and the Cognitive Construal of the World*. New York, Berlin: Mouton de Gruyter, 1995, pp. 153-179.

② C. Gevaert, "The evolution of the lexical and conceptual field of ANGER in Old and Middle English", in J. E. Diaz Vera, ed., *A Changing World of Words: Studies in English Historical Lexicography, Lexicology and Semantics*. Amsterdam: Rodopi, 2002, pp. 275-299.

复合词有着与 mood 复合词一样的语义范围；但在思维的概念化中，heart 相较于 mood 而言，是次要较小的意象①。两位作者指出，相较于对概念隐喻层次进行纯语义分析，对词义进行词源考察是发掘词汇原义和隐喻义的更有效途径。总体而言，历时隐喻研究超越内省式的直觉判断和理论假设，更偏向基于真实语料的实证研究，符合认知语言实证转向的大方向。

四 历时隐喻研究的方法

(一) 语料库方法

由于历时隐喻研究实证性的需要，语料库是历时视角隐喻研究最常见的研究手段。语料库方法以语料为主导，其自下而上的系统分析，有助于纠正传统内省法所产生的理论偏差（周运会、吴世雄，2015）。博内利（2001）把语料库语言学的研究方法分为基于语料库的研究方法和语料库驱动法②。历时隐喻研究多采用前者。基于语料库的历时研究首先提出理论假设，从不同时期的语料库中分别提取数据对理论假设进行论证和检验，或用历时语料库数据验证或驳斥已有的语言理论（Allan，2006，2008；Ding & Noël，2014；Mischler，2013；Koivisto‐Alanko & Tissari，2006）。比较典型的研究是如考弥西斯图‐阿兰考（Kovisisto‐Alanko）和蒂萨里（2006）③ 对英语词汇 mind、reason、wit、love 和 fear 的隐喻表达的研究。这两个作者分别从两个早期现代英语语料库和两个当代英语语料库中提取语料。早期现代英语语料库包括词量约 45 万的早期英语函电样本语料库（the Corpus of Early English Correspondence Sampler，CEECS）和词量约 157 万的赫尔辛基英语文本语料库（the Helsinki Corpus of English Texts，HC）。当代英语语料来自词量约 100 万的弗莱堡‐布朗语料库（the Freiburg‐Brown Corpus，FROWN）和弗莱堡 LOB 语料库（the Freiburg-

---

① D. Geeraerts, C. Gevaert, "Hearts and (angry) minds In Old English", In F. Sharifian, R. Dirven, N. Yu, S. Niemeier, eds. *Culture, Body, and Language: Conceptualizations of Internal Body Organs Across Cultures and Languages*, Berlin: Mouton de Gruyter, pp. 319-347.

② W. Teubert, A. Šermáková, *Corpus Linguistics: A Short Introduction*, 世界图书出版公司 2009 年版，p. 57.

③ Paivi Koivisto‐Alanko, Heli Tissari, "Sense and sensibility: Rational thought versus emotion in metaphorical language", In A. Stefanowitsch, S. Th. Gries, eds., *Corpus‐based Approaches to Metaphor and Metonymy*, Berlin: Mouton de Gruyter, 2006, pp. 191-213.

LOB Corpus，FLOB）。考弥西斯图-阿兰考和蒂萨里通过语料库中这五个英语词汇的共现频率（frequency of concurrence）探索其代表的认知隐喻及其历时变化，并对之前关于这些词汇的认知研究加以评估和检验。丁和洛尔（Ding & Noël, 2014）[①]则针对英语中表达悲伤的容器隐喻展开基于语料库的历时研究。该研究语料时间横跨五个世纪（15—20 世纪），来源于在线文学（Literature Online）、在线早期英语书籍（Early English Books Online）、英国国家语料库（British National Corpus）。丁和洛尔用"sadness"及其古代拼写变体"sadnes""sadnesse"作为检索词条，穷尽式地调取语料库中所有相关语料，继而去除重复及语料年份不符合的部分，按世纪为期分类检索结果。研究显示，表达悲伤的容器主要有三种类型：①人体及身体内部或被认为是与身体内部相关的部分，如心脏、灵魂等；②外在身体器官和身体的各种表面特征，如眼睛和声音等；③与人体不相关的容器，如房间等。经过对不同世纪的语料词频及比例的比对，丁和洛尔发现在五个世纪的时间跨度中，除第三种类型的比例基本保持平稳，第一种和第二种类型的比例出现较大程度的历时波动，呈现第一类型比例明显上升，第二类型比例显著下降的结果。丁和洛尔进而论证了该历时变化与身体和情感的总体概念变化，尤其是体液说理论的逐步瓦解直接相关。该结论与格瓦特（2002）的研究相吻合，再次证明通过研究隐喻语料的历时变化可以揭示语言和文化的密切联系。

总体而言，语料库方法是目前隐喻历时研究的主流，但相较于当代英语语料库被研究者频繁应用的程度，提供历史语料的英语语料库还未被充分开发利用。我们根据历时隐喻研究文献及对英语历时语料库的检索，整理了以下目录，以便日后有兴趣的学者参考使用。

表 1-1　　　　　　　　历时（历史）英语语料库

语料库名称	语料起止时间	收词量	语料内容及类型
A Corpus of Late Eighteenth-Century Prose	1761—1790 年	约 30000 字	未被出版的书信
A Corpus of Late Modern English Prose	1861—1919 年	约 39000 字	英国作家的非正式私人信件

[①] Y. Ding, D. Noël, "A corpus-based diachronic investigation of metaphorical containers of sadness in English", *Cognitive Linguistic Studies*, 1 (2), 2014, pp. 236-251.

续表

语料库名称	语料起止时间	收词量	语料内容及类型
A Representative Corpus of Historical English Registers (ARCHER)	1650—1990 年	约 1700000 字	七种写作类型文本（日记、信件、小说、新闻、科学等）和三种口语类型文本（小说对话、戏剧、布道）
Early English Book Online (EEBO)	1473—1700 年	不详	英语世界出版物资料（包括文学、历史资料等，覆盖历史、英语文学、宗教、音乐、美术、物理学、妇女问题研究等诸多领域）
Literature Online (LO)	8 世纪至今	不详	35 万多部英文诗歌、小说和戏剧作品，400 多种专业的英语文学全文期刊等
The Corpus of English Dialogues	1560—1760 年	约 1300000 字	早期现代英语对话文本
The Corpus of Early English Correspondence (CEEC)	1403—1800 年	约 5100000 字	私人信件
The Corpus of Historical American English: 400 million words	1810—2009 年	约 400000000 字	小说、杂志、新闻、非小说类图书等
The Dictionary of Old English Corpus in Electronic Form (DOEC)	不详	大于 5000000 字	古英语文本（诗歌、散文、注解、术语、铭文等）
The Helsinki Corpus of English Texts	8—18 世纪	1572820 字	古英语、中古英语、早期现代英语文本
The Innsbruck Computer Archive of Machine-Readable English Texts (ICAMET)	12—17 世纪	约 5700000 字	散文、信件等
The Lampeter Corpus of Early Modern English Tracts	1640—1740 年	约 1100000 字	早期现代英语文本（宗教、经济、政治、科学、法律等，按十年为期分期收录）
The Zurich English Newspaper Corpus	1671—1791 年	1228194 字	报纸新闻

（二）话语分析

话语分析是历时隐喻研究的另一种研究方法。基于使用的认知语言观认为，语言结构是在语言使用中产生并形成的，要充分理解语言结构必须将语言置于语言使用的真实情境中加以考察。同时，隐喻涉及的概念域很大程度上是一个言语社团共享的文化产物，因此，隐喻语言是了解言语社团的意识形态和文化理念的一扇窗口。尽管如此，相较于语用学及其他人文学科，概念隐喻理论却在很长时间以来未将语境因素纳入隐喻意义形成模式的研究范畴中，并因此受到多方面的批评（Kövecses，2015）。这一局面随着近十几年来认知语言学家的努力得以改善（Goatly，1997，2007；Musolff，2004；Charteris-Black，2004；Kövecses，2005；Musolff & Zinken，2009）。目前，隐喻话语分析已成为认知隐喻研究的一个重要分支。历时的隐喻话语分析研究就此应运而生。它以历史隐喻文本或跨时期隐喻文本作为研究对象，通过分析语篇中隐喻的使用情况和映射方式，揭示其背后的语用意图和文化意蕴。历时隐喻分析重点关注在文本中解读概念隐喻的延续性或历时变化，并尝试揭示该延续性或历时变化背后的文化理据。例如，穆佐尔夫（Musolff，2011）在"隐喻脚本"和"隐喻语篇生涯"的理论框架下，选用中世纪作家索尔兹伯里的约翰（John of Salisbury）的《论政府原理》、17世纪英国哲人托马斯·霍布斯（Thomas Hobbes）的《利维坦》以及20世纪臭名昭著的阿道夫·希特勒（Adolf Hitler）的《我的奋斗》中反映概念隐喻"国家是身体"的语篇进行文本分析，以探讨它们在语用目的上的延续性和隐喻解读方面的变化。穆佐尔夫指出，带有历史观的隐喻分析能帮助我们勾勒出认知语篇发展的历史轨迹，若采用剥离历史观的纯"自然主义"的解读方式将会错失隐喻语篇的重要语用意义。该研究还对隐喻的"生命周期"理论提出质疑，认为简单地将概念隐喻的发展轨迹归纳为"产生—规约化—死亡—再生"无法解释隐喻映射的各种层次同时并存使用的复杂性。

总而言之，历时隐喻话语分析将语言置于历史或历时情境下考察，以篇章隐喻为切入点，还原语言所处历史时期的社会背景和文化环境，能够为语言的解释提供更加完整的图像，是分析语言与文化双向互动的有力工具。

（三）词源考证

隐喻研究的词源考证方法脱胎于历史语义学，认为语词的词源意义是语言原初历史的写照和古代文化的活化石，考察语词的词源意义可以揭示隐喻在语义发展过程中扮演的角色并反映人类经验的历史积蕴。隐喻研究和词源考证之间有相互印证并相互推进的关系：一方面，词源考证揭示词语的原初语义并考证其最初的理据性，而隐喻作为产生词义的延伸和扩张的重要机制，为词义的理据提供印证。另一方面，词源考证所揭示词语的原初语义未必是词语的第一词典义，可以避免将词语的第一词典义错当成隐喻理据的谬误，同时词源追溯还可以展现隐喻逐渐失去其隐喻张力的词汇化过程。艾伦（2008）的著作 *Metaphor and Metonymy: a Diachronic Approach* 是将词源方法应用到隐喻和转喻现象系统研究的成功范例。作者收集英国格拉斯哥大学（University of Glasgow）的在线英语历史词典（the Historical Thesaurus of English）和牛津英语词典（the Oxford English Dictionary）中目标域为"智力"（intelligence）的隐喻词汇自建语料库，分别对来源域为"感官"（senses）、"密度"（density）、"动物"（animals）范畴的词语进行词源考证和语义追踪，以确认词语的原初义并展现语义变化的不同阶段。研究发现，许多语言表达的来源并非我们原本想当然的想象，在经过词源考证后会发现我们原本想当然的想象很多与词源证据并不符合，而从词根及词源入手，我们可以揭示来源域和目标域之间的原初联系和映射理据。这种将语料库和词源考证相结合的隐喻研究方法无疑会提高研究的可信度。

五　国外的历时隐喻研究

（一）修正并完善现有的认知隐喻理论

尽管莱考夫（1980，1993）等关于认知隐喻的理论探讨已经在宏观层面建立起关于认知和语言间关系的系统论述，即认知决定语言，语言是认知的反映。但在具体的语义和语用功能层面，这些论述还需要来自跨文化、跨语言以及跨时间的实证研究的不断检验和补充。这些年来的相关历时研究已经在这些方面进行了各种尝试，不断补充并完善现有的认知隐喻理论。斯维瑟（1990）的著作 *From Etymology to Pragmatics: Metaphorical and Cultural Aspects of Semantic Structure* 最早从认知语言学的框架理论和概念隐喻理论视角进行历时语义研究。该书从词汇的词源、一词多义以及话语的语用模糊的现象入手，发现这些语言现象背后的机制都指向两个不同功能的语义域之间词形或词义上的隐喻转移（metaphorical transfer）。从历时的角度上看，语义发展一般呈现从物理意义上的真实世界域到精神上的客观知识和主观情感域的投射，最终形成话语行为域的单一方向的发展路径。

伴随历时研究的发展，认知隐喻理论也受到来自语言的历史或历时语料的挑战和质疑。以斯维瑟（1990）为代表的研究已让学界达成广泛的共识，即隐喻机制是词语词义拓展的动因，词语的非隐喻义出现在隐喻义之前，并成为隐喻义产生的基础和理据。然而，后续的历时研究却对此结论提出异议。艾伦（2008）研究以 senses 为来源域、intelligence 为目标域的词汇隐喻时发现，尽管大部分词条的具体义发生在抽象义之前，但也有相当部分的抽象义与具体义并存，即作为来源义的义项在出现的时间上并不必然优先于隐喻义。也就是说，词义拓展的路径并非仅仅只有从具体到抽象的单一投射方向。这一基于语料实证的历时研究结果也对认知隐喻理论的基本假设，即认定人的认知是以具体的身体经验为起点，并通过隐喻投射形成抽象概念的认知路径，发起了挑战。

（二）对具身化和文化地位的探讨

具身化（embodiment）是莱考夫认知隐喻学说的哲学基础，也是体验哲学的核心概念。具身化假说认为，人类理解和概念化世界是建立在"我们共有的生物技能以及我们在环境中活动而得来的身体和社会经验"[①]的基础上。概念化认知过程从生命早期的身体活动感知经验出发，提炼出基本概念范畴和意象图式，经由隐喻和其他概念机制，如转喻、概念合成等与身体经验发生联系，从而形成认知概念体系。一个时期以来，体验哲学和具身化假说备受推崇，将身体经验在人类认知中的地位提高到前所未有的高度。人类共有的身体经验更是成为广泛的共时研究中对不同语言中共有概念隐喻的有力解释。然而，人们对身体经验的感知不可能脱离社会文化环境的影响。身体经验和文化因素在人类概念化过程中的影响孰轻孰重，二者之间又是如何相互联系的？这些问题已经引起学界的热烈探讨（如 Gibbs, 1994, 1999; Johnson, 1987; Yu, 1995, 1998, 2004）。在这一背景下，历时隐喻研究则超越共时层面对不同语种中隐喻的共性和个性的探讨，从概念隐喻的历时变迁中挖掘隐喻理据。历时隐喻研究的结果表明，文化因素在概念化过程和语义发展过程中处于支配地位，是概念隐喻产生、规约化和消亡的主要动因（Allan, 2008; Sweetser, 1990）。同时，历时研究还发现，隐喻的凸显性（saliency）随时间波动，很多时候隐喻的消失并不等同于其彻底的消亡，而可能是暂时的隐藏。这种凸显性波动也离不开文化和社会因素的影响（Trim, 2011）。

（三）历时隐喻发展路径及其对历史认知语言学研究范式的启示

历时隐喻研究的另一大理论贡献是对语言历时发展路径的探索。历史

[①] George Lakoff, *Women, Fire, and Dangerous Things: What Categories Reveal about the Mind*, Chicago: University of Chicago Press, 1987, p. 267.

认知语言学认为，语言是一个基于使用的、不断演化、被继承，同时又不断被创造的流动的复杂体系。语言系统的发展和演化可以从两个层面观察。微观层面指的是个人即时的、基于情境（situated-based）的语言活动；宏观层面指的是语言作为整体呈现的模式，规律和状态。这两个层面之间形成一种非线性、交互式的循环。语言使用者从宏观语言系统中继承和习得语言模式，并在每一个微观层面的语言活动中创造、加强或弱化某种语言形式的凸显性（salience）和频率（frequency）。这些语言活动无时无刻不在构建和组成语言的整体状态，当某种效应累积到一定程度，即对语言的模式产生影响。同时整体的语言系统又在不断地影响和指导每一个言语社区成员之间的即时语言互动。罗斯林·M.弗兰克（Roslyn M. Frank）和纳塔利·贡提尔（Nathalie Gontier）建议应借鉴生物学的复杂适应性系统（complex adaptive system）的理论框架，改变语言研究个别化、历时—共时二元对立的研究视角，将历时的语言和认知演化以及基于使用的大量自然语言材料纳入研究内容，以便对语言与认知之间的关系展开整体性和系统性的研究，以期构建语言历时发展的动态模型（Frank & Gontier, 2011）。特里姆等（2011）的历时隐喻研究将历史文化背景、隐喻凸显性、语义域类型等多种参数作为构建隐喻历时发展路径的考虑因素，力图还原语言发展的动态背景和情境，这无疑会更加全面地揭示语言的复杂性和适应性。

六 目前存在的问题和发展方向

（一）目前存在的问题

历时隐喻研究目前主要存在语料和研究角度两个方面的问题。历时隐喻研究面临的困境之一是历史或历时语料库中的语料尚未能如实和全面地反映当时历史时期的语言使用情况。认知语言观强调在语言使用中把握语言和认知的关系，然而目前历时语料——尤其是上古时期的文字资料，主要集中于文学和史学文献，并不能全面地反映社会阶层变量、地区变量以及不同文本类型变量。同时，古语词典或词源词典的信息精确度也有待进一步的考证和提升。艾伦（2008：17—22）指出，由于编撰者的主观性和信息局限，*Oxford English Dictionary*（OED）的头两个版本中有相当部分语料的词源信息是不完整或不精确的，因此在第三版的修订过程中不得不进行大量的修改。比如，OED第二版中有245个标注为16世纪首次出现的词条，其中42%的词条重新调整了首次出现时间。这必然让之前基于该词典的实证研究结论的有效性打了折扣。然而，正如艾伦所说，"只有当一部历史词典是收集了某个历史时期所有现存资料的完全封闭的语料库，才可能给出完全确定无误的词条首次出现日期"①，而这样的历史词典显然是不存在的。因此，为了避免因词典信息谬误带来的错误判断，历时语言学研究者需采用多个词典交互引证，以尽可能地得到精确的语料词源信息，从而提高基于此信息的语料分析和论断的准确性。在研究视角方面，格拉茨（2015）②指出历时隐喻研究存在四大谬误，即过于重视词语的原型语义而忽视其历史语义；过于重视语义学视角而忽视名称学视角；过于重视自然经验而忽视认知过程的文化背景；过于重视语言隐喻化过程而忽视语言去原义化和再阐释化的过程。

（二）发展方向

基于以上对历时隐喻研究的梳理和分析，我们认为，历时隐喻研究应朝探索跨语言比较和寻求跨学科融合的方向继续前进。首先，既然认知隐喻研究旨在寻求语言共性、探讨语言和认知的关系，则单语源的研究证据显然是不够充分的，需要得到跨语言研究结果的佐证。我们采用伍铁平（1984，1985）提出的比较词源互证方法，已证明历时隐喻研究可利用《说文解字》《诗经》等国学经典进行英汉语比较研究。同时，历时隐喻研究还应该积极寻求跨学科融合，将符号学、社会学、人类学、考古学、生物学等学科的最新成果和理论应用于隐喻研究，深入揭示文化在语言和思维发展中的作用和地位。

七 结语

相较于蓬勃发展的共时隐喻研究而言，历时隐喻研究依然属于滞后状态。但是，国内外学者已意识到共时与历时研究的互补依存关系。孙亚（2017）在论述国外隐喻研究发展现状及趋势时指出，近年的隐喻研究表现出生态进化论的发展趋势，通过研究不同话语事件中的隐喻模式以追溯

---

① Kathryn Allan, *Metaphor and Metonymy: A Diachronic Approach*, UK Chichester: Wiley-Blackwell, 2008, p. 20.

② Dirk Geeraerts, "Four guidelines for diachronic metaphor research", in J. E. Díaz-Veta, ed., *Cognitive Linguistics Research: Metaphor and Metonymy Across Time and Cultures: Perspectives on the Sociohistorical Linguistics of Figurative Language*, Berlin: Mouton de Gruyter, 2015, pp. 15-26.

隐喻因时间而产生的演变，进一步促进了隐喻研究的社会文化转向。国外的历时隐喻研究在检验和修正概念隐喻理论、探索文化与具身化关系以及构建动态语言发展模式方面已经率先做出了尝试，取得了丰硕的理论成果。国内学者（吴世雄，2008；周运会，2014）将认知隐喻理论与中国古汉语字（词）词源和词形研究相结合，积极探索历时隐喻研究的新方向。由于篇幅所限，本章未能逐一罗列国外所有的历时隐喻文献，只能就其研究模式、方法和发展方向做提纲挈领的评述。我们期望历时隐喻的研究成果能够不断地为认知隐喻学注入新的学科生命力，以便我们更加深入地理解语言与文化、语言与认知的关系。

第二章

Metalude 和《说文解字》汉字隐喻语料库的构建

第一节 Metalude 的构建和应用研究

一 英国语料库语言学的发展对于隐喻研究的影响

伦道夫·夸克（Randolph Quirk）无疑是语料库语言学的奠基者，他和他的弟子及同事一道开创了语料库语言学研究的先河。杰弗里·利奇（Geoffrey Leech）毕其一生之努力，将语料库语言学研究发展成为基于现代计算机科学的语义检索和分析理论。利奇不仅是语料库语言学的开拓者之一，他还把语料库语言学研究引入语义分析、文体分析、语用学研究，对于这些学科的发展也有卓著功绩。在当今如火如荼的认知语言学领域，语料库语言学分析技术发挥了极其重要的作用。作为认知语言学研究的核心领域，隐喻研究中的语料库语言学也得到蓬勃发展。必须指出的是，这方面的发展也与夸克有密切的关系。夸克的另一个博士哥特利历时十余年，创建了世界上第一个双向互动英汉语词汇隐喻知识库 Metalude（METAPHOR AT LINGNAN UNIVERSITY DEPARTMENT OF ENGLISH），并以此为基础完成了两部影响巨大的隐喻研究专著，推动了基于语料库的词汇隐喻研究，其意义也是比较重大的。

二 Metalude 的创建

目前运用语料库语言学分析技术进行的认知隐喻学研究中很少是建立在专门的有关隐喻知识的语料库之上。根据 2008 年 9 月出刊的《计算机应用研究》第 25 卷第 9 期发表的调研报告《国内外隐喻知识库建设综述》，国际上还没有专门的汉语隐喻知识库，只有 Metalude 是具有较大数量英汉词汇隐喻、以词汇化隐喻为对象建立的隐喻知识库，对于开展基于语料库的英汉词汇隐喻比较研究有重要的价值。在目前的隐喻研究中，Master Metaphor List（由美国 Berkeley 大学的莱考夫创建）和 Metalude（由香港岭南大学的哥特利创建）搜集了数量较大的英语隐喻语言语料，适合于具体的语言分析和比较，其中 Metalude 是有关英语中已经定型的、词汇化的隐喻的一个交互语料库，更适合于英汉语词汇隐喻对比研究。

　　Metalude 的建设历经二十多年。哥特利从 1992 年开始着手建设这个语料库。1999 年，他的研究项目"英汉语词汇隐喻结构的比较"获得香港特别行政区学术研究拨款委员会的资助（拨款号：LU 3003，1999）。整个语料库基本成形大概是在 2005 年，其中大体包含以下三个主要阶段。

　　第一个阶段的工作包括检索、搜集、鉴定和选取英语中的词汇隐喻。哥特利耗费大量的时间和精力，从各种媒介的英语词典，尤其是在线英语词典的浩瀚辞海中进行了广泛的海选，最终依据严格的统计词汇学标准筛选出英语中的 9068 个英语隐喻词汇，将这 9068 个英语隐喻词汇逐一找出其隐喻主题（Metaphor Theme）[①]、字面意义、隐喻意义、有关词类和使用实例等共计六个方面的信息项目，作为英语隐喻语料库建设的基本框架。其中，隐喻词汇的选取是有客观的词汇统计学标准，词类和使用实例则依据语言运用的现实，二者均属于客观范畴。该语料库的其他几个项目则是主客观交互作用的结果，受到多种主客观因素的影响，其中语料库建设者的知识水平、动机、研究目标、掌握的工具或资料等起着决定性的作用。就 Metalude 而言，哥特利本人关于隐喻研究的认识、思想和分析手段决定了 Metalude 的基本框架和规模。这既是 Metalude 的优点，又是其局限性。哥特利为 Metalude 制定的严格的隐喻词汇入选的统计学标准和作为 Metalude 使用导航的"基本类比地图"（the Map of Root Analogies）本身就有很强的主观性。Metalude 根据概念隐喻或构成隐喻的基本类比对于其所收的英语隐喻词汇进行分类。各个类别和层次的概念隐喻在"基本类

[①] 即 Metalude 中的 Basic Analogy，指的是一个隐喻之所以成为隐喻的理据，它也是英汉语词汇隐喻结构分类的根据。哥特利在其前期的著述，如 *The Language of Metaphors*（London and New York：Routledge，1997）以及 Metalude 中都使用 Root Analogy 这个术语。但是，在 2007 年出版的 *Washing the Brains：Metaphor and Hidden Ideology* 一书中（Amsterdam/Phliladelphia：John Benjamins Publishing Company），他改用 Metaphor Theme 来替代 Root Analogy。

比地图"的双维坐标体系中交互作用，使得 Metalude 成为一个以"基本类比地图"为核心的英汉语双向互动隐喻知识库。第二个阶段的工作是将本语料库的词条的字面意义和隐喻意义译成中文，反映了语料库创建者力求与汉语平行对应的思想，使得 Metalude 在英汉语词汇隐喻的对比研究上具有更高的价值。前两个阶段的工作应该说是圆满完成的。哥特利本人一直对于汉语及中华文化有浓厚的兴趣，所以他一直希望他的研究思想和方法能够在汉语隐喻研究上得到进一步的拓展。因此，Metalude 第三个阶段的工作目标是建立对应的相对独立的汉语隐喻语料库。应该说，经过这么多年，这个目标仍然没有达到，或者说距离这个目标还有很大的距离。如果 Metalude 第三个阶段的工作目标能够完成，将对未来的英汉语词汇隐喻的对比研究产生极其重要的推动作用。

Metalude 在方便检索上设置了很多种方便英语词汇隐喻研究的检索项，可以通过词条（lexical item）、基本类比（basic analogy，即 metaphor theme）、隐喻义（metaphorical meaning）、源域（source，即喻体）或目标域（target，即本体）等检索项对英语词汇隐喻或其隐喻主题进行检索。如果你从某个词条着手去查，你就会检索到本语料库所识别到的有关该词条的所有隐喻意义以及它们所属的相关基本类比。如果通过基本类比来查，你就会查到这个基本类比所囊括的所有词条。

Metalude 得以实现这种多维检索功能的根本因素在于哥特利为其精心设置的核心向导，称之为"基本类比地图"（the Map of Root Analogies）。该地图也是 Metalude 赖以构建的逻辑框架。师承英国实证主义语言学传统的哥特利一直主张从语料中发现语言规则和语言理论，认为在隐喻语言学研究中不能脱离具体语料，不能仅凭内省和想象来开展语言隐喻研究。"基本类比地图"就是哥特利从筛选出的 9068 个英语隐喻词汇所涉及的隐喻主题中概括出来的，是对英语的具体隐喻词汇语料的抽象。根据这 9068 个英语隐喻词汇所涉及的隐喻主题的纵向从属关系和横向交互作用和联系，哥特利别出心裁地提出了一个由 6 个代表不同本体类别的列和 4 个代表不同喻体类别的行构成的坐标图，即"基本类比地图"。6 个本体类别包括：（1）价值、数量和质量；（2）情感、经验和关系；（3）思维和言语；（4）活动和运动；（5）人类、人类感知和社会；（6）事物和物质。4 个喻体类别包括：（A）事物和物质（物体、植物、物质、金钱、液体、食物）；（B）人体、动物和感觉；（C）活动和运动；（D）位置和空间。通过查询地图上的相关坐标就可以查到每一个你需要的基本类比，例如，诸如隐喻"活动即位置"及其相关的基本类比的坐标位置为 4D。这张地图链接一张可以经由喻体或本体选取基本类比的基本类比目录。这个目录也为每一个基本类比提供一个地图坐标参照。

三 Metalude 与基于语料库的英汉语词汇隐喻的对比研究

尽管 Metalude 的规模还不够大，收录的词汇还很有限（只有 9068 条），其所规划的第三个阶段至今也没有完成，Metalude 的建立仍然是语料库语言学和认知隐喻学的一个重要发展，对于基于语料库的英汉语词汇隐喻研究或其他层面的英汉语对比研究提供了一个全新的、方便的平台，改变了以往用 Master Metaphor List 的英语言语语句来研究词汇隐喻的局面。正如北京大学计算语言学研究所王治敏所指出的，"Master Metaphor List 是加利福尼亚大学 Berkeley 分校在莱考夫的指导下，搜集了英语常规隐喻表达的一个在线知识库，莱考夫和他的学生们从出版的隐喻文献，加利福尼亚大学 Berkeley 分校的研究生论坛中收集隐喻用例，手工编辑而成，加工的词条包含了隐喻映射和每个隐喻的隐喻实现。数据库中大约有 200 个不同层级的隐喻。每个隐喻的词条包含了源域和目标域的描述，还有一组隐喻例句，一个简要分析。Metaphor List 依照专家们的直觉分成不同的概念隐喻类别，不去考虑这些隐喻是否已经词汇化。"[①]（王治敏，2006）遗憾的是，由于各种原因，目前 Metalude 对于认知隐喻学研究的优异潜能还没有得到很好的发挥，认知语言学界知道并使用 Metalude 进行研究的学者比较少，产生的成果也不多。其实，Metalude 的价值和意义已经超出语言学的领域，具有广泛的应用前景。

四 将 Metalude 运用于词汇隐喻研究的成效与问题

哥特利不仅是 Metalude 的创建者，在运用 Metalude 于隐喻语言学研究上也为我们作出了很好的榜样。他以 Metalude 为基础，对英语词汇隐喻进行了多方面的系统考察，出版了专著 *The Language of Metaphors*（London and New York：Routledge，1997）和 *Washing the Brains：Metaphor and Hidden Ideology*（Amsterdam/Phlladelphia：John Benjamins Publishing

---

[①] 王治敏：《隐喻的计算研究与进展》，《中文信息学报》2006 年第 20 卷第 4 期。

Company, 2007), 在国际隐喻语言学研究领域产生重大影响。

The Language of Metaphors 全书介绍了 Metalude 的构建和功能, 通过对于 Metalude 的英语隐喻的多方位研究, 揭示了英语词汇隐喻的各种语义特征 (例如, 源域和目标域的匹配和象似性、比邻性和原型性、模糊和含混等)、英语词汇隐喻的各种形态特征、内部相互作用、构建模式及其运用等, 涉及英语词汇隐喻的方方面面, 向我们展示了一个极其复杂的隐喻世界和造成这种复杂性的内外因素。由于内容众多, 涉及面太广, 该书给人一种比较杂乱的感觉, 有些章节的衔接也不是太好, 因此难免也会遭到评论家的批评。但是, 作为一部语料库隐喻研究的先驱性著作, 它的作用和价值是无法低估的, 尤其是它运用一个精心建立的英语词汇隐喻语料库对于英语词汇隐喻开展的全方位同时又是非常细致的考察, 是非常难得的, 对于各种语系语言的词汇隐喻研究以及跨语系多语言词汇隐喻的比较研究也会有重要的参考价值。

Washing the Brains 是哥特利在 *The Language of Metaphors* 出版 10 年后再次以 Metalude 作为研究工具或平台对于英语词汇隐喻进行研究的新成果。与 *The Language of Metaphors* 不同的是, 它的研究重点不再是英语词汇隐喻本身, 而是通过英语词汇隐喻的研究揭示隐喻、文化和意识形态之间的复杂关系, 涉及的内容也非常广泛, 包括了隐喻的语用功能, 隐喻主题之间的相互作用, 隐喻与文化、意识形态等的关系等。

吴世雄《隐喻, 词源和文化: 基于语料库的探索和方法论反思》[1] 运用语料库语言学和比较词源学从历时和共时两个角度对比研究了基于 Metalude 的英汉语词汇化隐喻的内在模式和发展进程, 揭示了基于身体经验的概念隐喻如何受基于人类心智的文化的影响, 揭示了在不同文化的隐喻范畴化过程中身体、心智和文化之间的相互作用。

Metalude 对于英语词汇研究无疑具有重大的意义, 应用前景也很广阔, 但是 Metalude 本身也有明显的缺陷, 包括规模上的限制和结构性的问题, 它努力要达到的实现英汉词汇隐喻的平行对应的目标也还没有实现。在今后的研究中, 要不断深入地挖掘 Metalude 在隐喻研究上的各种应用, 包括在跨语系词汇隐喻研究上的应用以及在认知隐喻学研究上的应用。

---

[1] Shixiong Wu, *Metaphor, Etymology, and Culture: A Corpus-based Exploration and Methodological Reflection*, Beijing: Social Science Press of China, 2008.

第二节 《说文解字》汉字概念隐喻语料库的构建

对于汉字构形中的隐喻关系的研究表明，以形表意的汉字字形和文字的造意之间存在着隐喻联系，这种隐喻联系以汉字符号的象形性为基础，不是具体的某个意义和某个意义间的隐喻联系。汉字构造隐喻的研究涉及对汉字的构造和它所代表的汉语语词之间的意义联系的具体分析。《说文》所收录的字不计重文，有 9353 个，追寻这 9353 个汉字在最初构造时的隐喻理据，首先必须查其字源，确定每个汉字最初的构造和本义；然后再考察每个汉字的最初构造和本义之间的关系，以此判断这个汉字的构造是否表征了隐喻思维。

我们以现有的汉字字源研究成果作为基础，通过对《说文解字》所收录的 9353 个汉字进行逐个的溯源探究，总共收集了 241 个汉字构造隐喻的字例。这 241 个隐喻字例的形体造意、字素意义或语源与文字的本义之间存在着隐喻的理据联系，反映了源头性质的汉字隐喻。

具体的汉字构造隐喻理据体现在三个方面：①文字的形体造意与所记录语词意义（即字义）的隐喻联系；②汉字字素的意义与整字所记录语词意义的隐喻联系；③文字读音的语源义与所记录语词意义的隐喻联系。依据这三个方面的考察，我们将 241 个构造隐喻表词的汉字分为三类，其中形体造意隐喻表词的汉字有 10 例，字素意义隐喻表词的汉字有 164 例，语源义隐喻表词的汉字有 69 例；其中的两例汉字（"游"和"甚"）的构造既有字素意义与所记录语词意义的隐喻联系，又有语源义与所记录语词意义的隐喻联系，因此这两类隐喻汉字都包括了"游"和"甚"。每一个汉字符号都是形音义的结合体，以上三类隐喻汉字符号的形音义组合方式因类别的不同而各具特色，本章将采用概念合成理论，对这三类隐喻汉字进行结构分析。

汉字概念隐喻中涉及的大多数隐喻主题在英、汉语语言中都有一些相关的研究，这为我们的汉汉、汉英对比研究提供了方便。除了参考已有研究中的结论和语料，本章所用到的汉语隐喻语料主要来自汉典网[①]和教育部语言文字应用研究所计算语言学研究室所创建的语料库在线网站[②]。在英语隐喻语料的收集中，主要用到了英语词汇隐喻语料库 Metalude、英国

[①] http://www.zdic.net/.

[②] http://www.cncorpus.org/，包括国家语委现代汉语平衡语料库和古籍语料库。

国家语料库 BNC（British National Corpus）、《当代英汉双解分类用法词典》①、《实用英语词源辞典》②、《牛津英语词源词典》③、《牛津高阶英汉双解词典》（OALED）④。语料的来源已在此列明，在本书下文的相关表格中不再加以说明。

表 2-1　　　　　　　　汉字概念隐喻及汉汉、汉英对比

隐喻主题	构造隐喻表词的汉字	本义	文字构造解释	汉语语言表达层面相同或相似的隐喻表达举例	英语中相同或相似的隐喻表达举例
时间是空间	暇 xia2	本义为空闲。	"暇""隙""罅"是同源字。"隙"指墙壁交会之处的孔隙，"罅"指缝隙、裂缝。"暇"的字音源于"隙""罅"，以空间中墙壁交会处的孔隙和裂缝隐喻时间上的间歇。	词语"间歇"，"空闲"。	"interval"〔（两事件中的）间隔时间〕源于拉丁语 inter（在……之间）+ vallum（墙壁），词源义为"墙壁之间的空隙"。
时间是空间	旬 xun2	从甲日到癸日十天为一旬。	"旬"为指事字，甲骨文为回环之形，画一个圈表示时间的循环。"旬"在上古汉语中还有一个意思是"周遍"，这个意义也可由"旬"的字形体现出来。	在词语"一周""周期"中，"周"的时间义是其空间上的"环绕""周遍"义的隐喻引申。	"cycle"（循环、周期）源于希腊语 kuklos（圆圈）；"period"（一段时间；时期）源于希腊语 peri（around）+ hodos（way），词源义为"going around"（转圈儿），以空间上"转圈儿"的意象表达周期性的时间概念"period"。
时间是空间	昼 晝 zhou4	本义为白天。	"晝"（昼）字构造中的"畵"表现了空间中边界的形象，这个边界将指代"有日光的时间"的"日"字围在其中，从而隐喻表达了"白昼"概念。	词语"时间范围"。	"deadline"（截止时间，最后期限）中的词素"line"指"界线"。

---

①　庄志兴、曹永毅主编：《当代英汉双解分类用法词典》，海洋大学出版社 1992 年版。

②　[日] 小川芳男编：《实用英语词源辞典》，孟传良等译，笛藤出版有限公司、高等教育出版社（合作出版）1994 年版。

③　[英] T. F. Hoad 编：《牛津英语词源词典》，上海外语教育出版社 2000 年版。

④　[英] A. S. Hornby 编：《牛津高阶英汉双解词典》，李北达译，商务印书馆、牛津大学出版社（合作出版）2002 年版。

第二章　Metalude 和《说文解字》汉字隐喻语料库的构建　　43

续表

隐喻主题	构造隐喻表词的汉字	本义	文字构造解释	汉语语言表达层面相同或相似的隐喻表达举例	英语中相同或相似的隐喻表达举例
时间是运动的物体	逮 dai4	本义指时间上来得及。	"逮"从"隶",《说文·隶部》:"隶,及也。" "隶"(隶)字以抓住一条尾巴的手会意,是追上去捕获的样子,故有"及"义。"逮"的字形构造将具体的追及意象投射到抽象的时间域,时间被隐喻成一个运动的物体,可以赶上。	汉英语言中都存在着隐喻"TIME IS SPACE"的第三个变体:安排好的时间进度是在一定的地域范围内从过去向未来运动的物体,认知主体则被设定要和运动的时间进度保持同步,但他/她也有可能赶不上或超过它。(Yu, 1998:133)	
				"抓紧时间","与时间赛跑"。	短语"keep up with the times"(跟上时代)将"时代"隐喻为运动的物体,个人要努力跟上。
空间的范围是事物的范围	外 wai4	本义与"内""里"相对,指一定空间范围之外。	《说文·夕部》:"外,远也。卜尚平旦,今夕卜,於事外矣。"根据许慎对"外"从"夕"从"卜"的解释,"外"的构造意义为"夜晚占卜是例外之事",以此表达"外"的词义。则"外"字的构造以较抽象的"例外"表达了具体的"一定范围之外"的意义。	汉语中,常见的是空间范围到事物范围的隐喻投射,如"例外","外因",体现了与"外"的构造隐喻相反的投射模式。	"extra"(额外的,额外的事物)源于拉丁语 exterus(外面的),体现了空间范围到事物范围的隐喻投射,正与"外"的构造隐喻的投射方向相反。
好是上	俊 jun4	本义指才智超群的人。	《同源字典》中,"峻""骏""俊"同源,音同义通(王力,1982:52),其共同的源义素是"高"。"峻"指山高,《说文·山部》:"峻,高也。""骏"指良马,有高大义,《尔雅·释诂》:"骏,大也。""俊"指才能出众之人,以"高超"隐喻才能出众。	"高人","高手"	"excellent"(优秀的;极好的;卓越的;杰出的)的词根"excel"(擅长,胜过)源于拉丁语 ex(out of, beyond)+ cellere(rise),二者合起来意思为"rise beyond"(高过)。"superior"(优秀的;更好的)源于拉丁语 superus(high 的比较级),词源义为"更高"。
	傑 jie2	本义指才能出众的人。	"傑"所从"桀"声有"高"义。"桀"的构造以"舛"(双脚)立木上会意,故有高义。"傑"以"高"隐喻人之出众。		

续表

隐喻主题	构造隐喻表词的汉字	本义	文字构造解释	汉语语言表达层面相同或相似的隐喻表达举例	英语中相同或相似的隐喻表达举例
平等是处于空间上相平的位置	妻 qi1	本义指男子的配偶。	"妻""齊"叠韵,"妻"音义源于"齊"。《说文·齊部》:"齊,禾麦吐穗上平也。象形。""齊"的甲骨文字形为"𠀒",字形像整齐的麦穗,以此表达空间上的"平齐"之义。"妻"从"齊"得声义,以"齊"声表达地位与夫平等之义。	词语"平等"以空间上的"平"隐喻地位上处于同一水平,如"法律面前,人人平等"。	"equal"的本义为"(大小、数量、价值、程度、状况等)相同的,相等的,同样的",作名词时词义为"同辈、(地位)平等的人,对手";这个词源于拉丁语"aequus"(even, flat),意思为"平的"。
	𠫓 qi2	本义为平等。	段玉裁《说文解字注》"𠫓"下:"等也。齐等字当作此。齐行而𠫓废矣。……妻者齐也。此举形声包会意。""齊"指事物外形整齐,"𠫓"指抽象的齐等,古人为这两种意义分别造了"齊""𠫓"二字,后来"𠫓"被废置不用,这两种意义均用"齊"来表示。		"pair"(一对,一双,一对夫妇)源于拉丁语"par",词源义为"equal"(平等的)。
"好/对的"是直的	是 shi4	本义为"正确,对"。	金文"是"(是)从"日"从"正","日"下加一直画,合起来表示直向太阳的意思,文字造意有"直"义。以"直"隐喻表达了"正确"之义。	"正直"、"是非曲直"。	"right"(正当的,适当的,准确地,直接地)源于原始印欧语(PIE)"reg-"(to move in a straight line),词源义为"沿着一条直线运动"。单词"right"加上后缀"eous"派生出了"righteous"(道德上公正的、正直的)。"correct"(正确的、端正的;改正,修正)亦源于原始印欧语(PIE)"reg-"(to move in a straight line)。"straight"的基本义为"直的",经过隐喻引申而有"正直的、诚实的、准确的"之意。
	德 de2	本义为"德行,品德"。	在"德"字的甲金文构造中,唯一恒定不变的字素是"直"(直),"德"的古文字构造将意象图式"直"投射到品德概念域,以"直"喻"德"。		
	壬 ting3	本义为"善"。	"壬"的小篆字形为"壬",从"人"从"土",造意是"人挺然立土上"。"壬"(壬)的造义有"直"义。		

续表

隐喻主题	构造隐喻表词的汉字	本义	文字构造解释	汉语语言表达层面相同或相似的隐喻表达举例	英语中相同或相似的隐喻表达举例
坏是弯的	厶 si1	本义：奸邪。	"厶"（厶）是一个指事字，字形弯曲如钩，文字造意以"曲"隐喻表达了抽象意义"奸邪"。	"是非曲直"，"歪点子"，"歪风邪气"。	"crook"作名词时有"骗子"、"流氓"和"弯曲处"的意思，作动词时词义为"使弯曲"。形容词"crooked"（弯曲的）引申而有"不正当的"之义。词语"slant"作动词时的基本义为"倾斜；歪"，引申而有"歪曲地报道"之义。
美女如圆	妩 wu3 媖 xu4 嫽 liao2 姝 shu1 姣 jiao3 嫄 yuan1 媌 miao2 婠 wan1 婉 wan3 嫙 xuan1 嫙 xuan2 婘 qian1 媛 yuan4	妩媚。 指女子貌美。 指身体和道德都美好。 指女子柔顺。 指女子轻柔美丽。 指女子美丽。	这十三个字同源，词根（或语根）为"圆"。（张相平，2012：166-168）圆形有宛顺之感，中国传统以女子柔婉顺从为美，故而从词根"圆"孳生出多个形容女子美好的汉字，以"圆"来比喻女子之温婉柔美。	汉语词语"丰满圆润"可形容女性美。	在英文中，未发现"圆"意象与女子之美的隐喻关联，但与"圆"相关的"曲"可形容女性美。"curvaceous"指女子"标致丰腴的""肉体美的"，其中词根"curv-"的意义是"弯曲"。
死亡是离去	殂 cu2	本义为死亡。	《同源字典》中，"殂""徂"同源，"殂"源于"徂"，《说文》："徂，往也。""殂"以"往"谓死，是一种委婉的说法。	词语"逝世""去世"。	"decease"（死）源于拉丁语 decedere（depart, go away），词源义为"离开、启程"，亦以离去隐喻死亡。
死亡是回归	鬼 gui3	古人以为，人死后为鬼。	"鬼"的字音源于"归"，古人认为人死后变成了鬼，人死如归，归而为鬼。	《列子·天瑞》："古者谓死人为归人。"	短语"return to the earth"（归于泥土），以归于泥土形容死亡。（张蕊，2005：71）

续表

隐喻主题	构造隐喻表词的汉字	本义	文字构造解释	汉语语言表达层面相同或相似的隐喻表达举例	英语中相同或相似的隐喻表达举例
死亡是夜晚/长眠	窀 zhun1 穸 xi1	指埋葬，又指墓穴。	"窀穸"又称"长夜"，"窀"所从"屯"声有"厚"义，"穸"所从"夕"指夜晚。"窀穸"得名于"长夜"，以长夜喻埋葬，人死后被埋葬好比进入漫漫长夜。	词语"长眠"指死亡。	"cemetery"（公共墓地）源于希腊语 ko-imeterion（睡眠之地）。英文又称墓地为"the last resting place"（安息之地）。
法平如水	灋 fa3 㘝 nie4	指法律。 本义为议罪。	形符"氵"指水，水性自平，以此形容法平如水。 "㘝"从"水"与"法"从"水"造意相同，均以水隐喻法律的平等。	习语"一碗水端平"比喻处事公平，体现了与"法平如水"相似的隐喻思维。	英语中未发现与"法平如水"相类的水隐喻。
规则是道路	律 lü4	规则，法度。	"律"从"彳"构形，"彳"指道路，文字构造以空间的道路隐喻规则。	"遵""循"本义都为"沿着、顺着……走"，引申而有"沿袭""遵照"之义，常和有"法度""规章"之义的词语搭配，仿佛后者是道路。如"遵守法纪""循规蹈矩"。	隐喻"规则是道路"在英语中主要体现为"规则是铁轨"，单词"rail"（铁轨）可隐喻"正常的状态""规范的生活""正轨"；短语"go/run off the rails"（脱离轨道）指"（行为）越轨，不规矩"。
"顺"如川流	顺 shun4 驯 xun4 训 xun4	本义为顺从。 本义指马驯服。 本义指训导。	"顺"所从"川"指贯穿通流水。"顺"以流通的水流形象比拟"顺从"的状态。 "驯""训"的声符"川"兼表意，以贯穿流通的水分别比拟顺从和条理。	"流畅""流利"以"水流"喻言辞等通顺。"流水行云"可比喻风格自然流畅，不拘泥。	"fluent"（语言流利的；动作准确、轻松的）源于拉丁语 fluere（flow，流）。
恭谨如临深渊	肃 su4	本义指办事奋勉恭敬。	"肃"中"聿"表持事，"𣶒"为深水回流的象形，以"临深渊"来比喻行事的恭谨。	《诗经·小雅·小旻》："战战兢兢，如临深渊，如履薄冰。"	英语中，未发现以"临深渊"比喻谨慎的表达。

第二章　Metalude 和《说文解字》汉字隐喻语料库的构建　　47

续表

隐喻主题	构造隐喻表词的汉字	本义	文字构造解释	汉语语言表达层面相同或相似的隐喻表达举例	英语中相同或相似的隐喻表达举例
人之才能是财宝	贤🐚 xian2	本义为有才能。	上古货贝宝龟，"贝"为财宝，"贤"字从"贝"，以"贝"隐喻人之才能如贝之可宝。	《同源字典》中，"才""材""财"三字同源，音同义通。"才"指才能，"材"指木材，"财"指财宝。	"talent"（才能，人材，有才能的人）的才能义由其更古的货币义演变而来，"才能"义出自下面的句子："And unto one he gave five *talents*, to another two, and to another one; to every man according to his several ability; and straightway took his journey." ——Bible Matthew 25:15（按着各人的才干，给他们银子。一个给了五千，一个给了二千，一个给了一千。就往外国去。——圣经·马太福音25:15）
帮助是搀扶	傅 fu4	本义为辅助。	"扶""傅""俌"三字同源。"扶"的本义为搀扶，后又引申出"扶助"义，《战国策·秦策》："若扶梁伐赵"。"傅""俌"指抽象的扶助，音义皆源于"扶"。	汉语词语"扶助"指扶持帮助，"扶持"可指帮助支持，构词均将"扶"的意象投射到了"帮助"概念域。	"support"的本义为"承受……的重量；支撑；扶持"，引申而有"帮助；支援"的意义，从"支撑"义到"帮助；支援"义的隐喻投射模式与汉字隐喻"帮助是搀扶"相类。
	俌 fu3				
利润是可以网捕的事物	买 🕸 mai3	本义为买卖。	"买"以获利为目的，甲骨文字形"🕸"像贝在网中之形，造意为"网贝"；贝是古代的货币之一，在"🕸"字中转喻利润，"网贝"即是"网捕利润"。	汉语中，有"网利"之说，《商君书·赏利》："则不能以非功网上利。"	单词"net"（网）在语用中可指网捕利益。如 The deal *netted* (him) a handsome profit. [这笔交易（他）捞到可观利润。]
系统是网	署 🕸 shu3	本义为布置，部署。作名词指官署。	"署"从"网"，谓部署如网之有系属。	单音节词"网"引申可指像网一样的组织或系统，如"商业网点"，"通信网"。	"network"（网状系统；联络网）：a *network* of shops all over the country（遍及全国的商店网）；the old-boy *network* [（男的）老同学关系网]。

续表

隐喻主题	构造隐喻表词的汉字	本义	文字构造解释	汉语语言表达层面相同或相似的隐喻表达举例	英语中相同或相似的隐喻表达举例
法律是网	置 zhi4	本义为赦免。	"置"从"网"从"直",以网比喻法律,即所谓"法网",所从的"直"指正直无罪之人,误网无罪之人,自然要赦免之。	词语"法网"、"天网"亦以"网"喻法律。	英语中,未发现隐喻"法律是网"的相应表达。但"net"(网)在语用中可指警方追捕罪犯的罗网:The wanted man has so far escaped the police net.(那个遭通缉的人至今仍未落入警方的罗网。)
	罷 ba4	本义为放遣有罪的贤能之人。	"罷"(罢)从"网"从"能",所从之"网"不是具体的渔网,而是法网,所从的"能"指贤能人士。(按,"罷"似与"法"尚平等相矛盾,贤能人士犯法,就宽宥赦免之。)		
言辞是网	詈 li4 罵 ma4	本义指詈骂。	詈、罵俱从"网"构形,这里的"网"是由斥骂的言辞交织而成的"网",据许慎的说解,此"网"用以"网罪人"。	词语"罗谤"、"罗织罪名"均以"网罗"喻毁谤诬陷。	"web"(蜘蛛等动物结的网)可隐喻错综复杂的事物,如 a web of lies(一套谎言)。
话语是日光	昌 chang1	本义是美好的语言。	"昌"字从"日"从"曰"会意,"日"指代日光,字形以日光比喻话语,故指美言。(冯艳、刘乇豚;2012:266)	未发现隐喻"话语是日光"的相应表达。	未发现隐喻"话语是日光"的相应表达。
话语是流水	沓 ta4	指话多不断。	"沓"从"水"从"曰",以水流比喻话多不断。	"口若悬河"形容人能言善辩,亦将言谈比作流水;"滔滔不绝"可形容话多且连续不断。	英文短语"pour out"的字面意义为"倾泻出",实际意义为"倾吐,倾诉";"spill out"的本义为"(液体)流溢出",引申可指"坦白,说出(真相,内情)";单词"spout"的本义是"(液体)喷出,涌出",引申可指"没完没了地大声吟诵或说话"。

续表

隐喻主题	构造隐喻表词的汉字	本义	文字构造解释	汉语语言表达层面相同或相似的隐喻表达举例	英语中相同或相似的隐喻表达举例
话语是食物	諄 zhun1	指仔细周详地告明。	諄所从"臺"声有"熟"义。"諄"从"臺"，以食物之熟喻叮咛的周详反复。	词语"熟讲""熟议""熟话"都反映了"熟"的意义从食物域到话语域的隐喻引申。	"cook up"的字面意义是"烹饪"，在口语中是一个固定短语，指"胡诌、编造"，如"cook up a story"。"dish out"的字面意义为"用碟子盛出"，可与言语域的词语搭配，如"dish out compliments, insults, abuse"（大加赞扬、大肆侮辱、滔滔不绝的咒骂）。"feed somebody with information"指"给某人提供信息"，而"反馈信息"叫作"feedback"，其中"feed"的本义指"给食物，喂养"。单词"regurgitate"的本义为"反刍食物"，可引申比喻"将（别人的意见）当作自己的表达出"，如：He's simply regurgitating stuff remembered from lectures.（他只不过是照背讲义而已。）人们还可以给自己的话语添加"spice"（佐料），如：His stories are spiced with humour.（他的小说里有很多幽默风趣的片段。）（OALED）
	谈 tan2	本义为谈说。	"谈"源于"淡"，"淡"指滋味淡薄，"谈"指比较平淡随便的言说。（杨琳，2012：372-373）	词语"语言无味"指话语平淡，而含义丰富的话语往往"耐人寻味"。	

续表

隐喻主题	构造隐喻表词的汉字	本义	文字构造解释	汉语语言表达层面相同或相似的隐喻表达举例	英语中相同或相似的隐喻表达举例
话语是物	論 lun1	本义为评论、研究。	"侖"的甲骨文字形为 𠆢，其上为"亼"，表示聚集，其下为"册"，像编排有次的样子，有"次序""条理"之义。"論"从"侖"得声义，谓有条理的言论，言语本较抽象，"侖"将具体的条理形象投射到抽象的言语概念域，使"論"这个概念更易为人理解和把握。	在汉语语言表达中，话语亦可有物的条理，词语"条例"指分条制定的章程或规则，"条文"指法律章程等分条说明的文字，都以"条"将书面话语隐喻为有条理之物。	在英语中，虽然没有与汉字"論""詘/誳""諉"的构造隐喻完全相同的隐喻表达，但存在着相类似的词源隐喻。名词"text"（原文；正文）源于拉丁语"textus"(fabric, structure)，后者指织物或结构，"textus"又源于拉丁语"texere"（编织），在从拉丁语"texere"（编织）到英文"text"（原文；正文）的演变过程中，织物的结构被投射到书面语言的概念域，有结构的织物隐喻了"text"。词语"insinuate"本义指"含沙射影地说""旁敲侧击地示意"；这个词源于拉丁语"in"(in) + "-sinuate" < "sinus"(a curve，一条曲线)，词源义为"in a curve"（以曲线的形式），词源中的曲线意象被投射到了话语域，通过隐喻演变出了"insinuate"。
	詘/誳 qu1	本义为言词屈曲难出，即嘴笨。	"詘"所从"出"声有"屈"义（殷寄明，2007：88—89），以屈曲形容言辞，将具体之形象投射到抽象的言语概念域，辞可以屈，盖视言辞如物体矣。	话语亦可如物般宛转曲折，如南朝梁钟嵘《诗品》卷中："范诗清便宛转，如流风迴雪。"词语"曲说"指邪曲之说，如《后汉书·桓谭传》："陛下宜垂明听，发圣意，屏群小之曲说，述五经之正义。"	
	諉 yuan3	本义为安慰。	諉所从的声符"夗"有弯曲之义，諉以"弯曲"形容安慰人的话语，所谓"婉言"是也。		
话语是有锋芒的物	諫 ci4	劝谏。	《同源字典》中，"刺""莿""束""諫"同源。《说文》："束，木芒也。""刺""諫"的音义皆源于"束"。"諫"本作"刺"，是"刺"的后起分别字，谓以言相谏如刺也，语言被赋予了锋芒。	"刺耳""话中带刺"；"讽刺""讥刺"等表达都赋予了话语一种锋芒。话语还可以"一针见血"，"针"亦是有锋芒之物。	单词"sharp"（锋利的，尖锐）可用以形容话语，如："a sharp criticism / rebuke / remark"（尖锐的批评/严厉的指责/刻薄的言语）。单词"sting"的本义为"蜇伤，刺伤"，能蜇伤人的不只是有刺的昆虫和植物，还可以是话语，如："His words certainly stung her."（他的话确实刺痛了她。）(OALED) 词语"needle"（针）作动词可指"（用言语）刺激，激怒"。(苏立昌，2009：172)

续表

隐喻主题	构造隐喻表词的汉字	本义	文字构造解释	汉语语言表达层面相同或相似的隐喻表达举例	英语中相同或相似的隐喻表达举例
谄谀之言如陷阱	諂 chan3	本义为用甜言蜜语奉承人。	"諂"从"臽"得声义,"臽"的小篆字形为䧟,是一个人掉到陷阱里的象形,是"陷"的初文。徐锴《说文解字系传》:"諂者,陷也,陷君于恶也。""諂"会合"言"和"臽"表意,文字造意以陷阱喻谄之言。	在汉语语言表达层面,未发现将谄谀喻为陷阱的语言表达。与以陷阱喻谄谀之言相似,词语"逸陷""诬陷"指捏造罪状以陷害他人,亦将"陷"所唤起的陷阱意象投射到了话语域,以陷阱隐喻谄诬之辞。	在英语中,未发现将谄谀喻为陷阱的语言表达。与以陷阱喻谄谀之言相似,"slander"(诽谤,中伤)源于希腊语"skandalon"(a snare),后者指捕兽的圈套或陷阱,辗转演变出了"slander"(诽谤,中伤)。
言辞是箭矢	矤 shen3	况且,虚词。	《说文·矢部》:"矤,况也,词也。从矢,引省声。从矢,取词之所之,如矢也。"许慎谓"矤"字从"矢",意在以"矢"发之"疾和直"来隐喻言语。	成语"一语中的"指一句话就说中要害,"无的放矢"比喻言语或行动没有目标;在这两个词语中,"的"指箭靶的中心,相应的言辞或行动就被喻为箭矢,有的言辞能射中"的",有的则是没有目标乱射的箭。	在英文中,说话可被隐喻为"shoot"(发射箭或子弹)或"fire"(用枪炮射击)。"shoot/fire……at somebody"可指"对某人急速连续地讲话"。(OALED)
	知 zhi1	知识,知道。	《说文·矢部》:"知,词也。从口、从矢。"徐锴《说文解字系传》:"凡知理之速,如矢之疾也。"许慎以"词"训"知","知"从"矢",口陈言辞如箭矢之发。		
	矣 yi3	"矣"是用于句末的助词。	"矣"从"矢","矢"在这里表示陈言,"矣"从"㠯"声,意为言语已毕。		
不实之言是空的(容器)	唐 tang1	大话,夸诞不实的言辞。	据张相平(2012:101),"唐"是圜族词之一,唐声有"空"的语源义,"大言"由"中空"引申而来,大话言之无物,自然是空话。	词语"空话""空谈"均以"空"形容话语缺乏内容,脱离现实。词语"假大空"指假话、大话、空话,三者意义相通,均为不实之言,合称"假大空"。	"empty words"指"空话",即没有意义的话,"empty promises"指空洞的许诺,即不可能兑现的承诺。

续表

隐喻主题	构造隐喻表词的汉字	本义	文字构造解释	汉语语言表达层面相同或相似的隐喻表达举例	英语中相同或相似的隐喻表达举例
用言语欺谩若蒙蔽对方的眼睛	谩 man2	本义为欺骗。	"谩"所从的"曼"声有蒙覆义。"曼"的金文字形为⌘，上为"冒"字，像一只眼睛上有物蒙覆的样子。《说文·目部》："冒，蒙而前也。""曼"的蒙覆义由此来。"幔"从"曼"声，段玉裁《说文解字注》"幔"下："凡以物蒙其上曰幔。""谩"从"曼"得声义，谓以言语欺骗若蒙覆其目使不得见物也。	词语"蒙蔽"的意义为"欺骗隐瞒"，将具体的蒙蔽耳目的意象投射到了较抽象的欺骗域。与"谩"所体现的隐喻模式相一致，"蒙蔽"一词亦可与表达话语域的概念的词语相搭配，如"花言巧语蒙蔽不了人"。	单词"hoodwink"在古英语中指"蒙住……的眼睛"，在现代英语中的词义为"欺骗某人，哄某人上当"。
话语是动作	诋 di3 / 呧 di3	本义为呵责。	"氐"声有抵触义，如"牴""抵""砥""诋"等（殷寄明，2007：53—61）；"诋""呧"为语言的抵触，"氐"声的"抵触"义投射到"诋"的概念域，使抽象的语言行为获得了一定的形象。	词语"顶嘴"指不礼貌地争辩，用言语冲撞他人；"顶撞"除了指具体的顶撞动作，亦可指用强硬的话语反驳长辈或上级。	debate（辩论；争论；讨论）<古法语 debatre（fight, argue 打架，争论）<拉丁语 de-（down 下）+ battere（beat 打、击）；从词源上看，"debate"的"争论"义源于"debatre"和"battere"的"打架"、"击打"义，其中发生了从动作域到话语域的隐喻投射。
话语是动作	詖 bi4	指辩论。	"詖"所从"皮"声有分析、分解之义，以具体的分解隐喻辩论中对事理的辨析。	词语"剖析""剖辩"均可指以言语辩解，如《明史·何如宠传》："大学士刘鸿训以增敕事，帝怒不测，如宠力为剖析，得免死戍边。"	"dissect"的本义为解剖（动植物等），通过隐喻引申出了剖析（理论、事件等）之义，如"Commentators are still dissecting the election results."（评论家仍在剖析此次选举的结果。）

第二章 Metalude 和《说文解字》汉字隐喻语料库的构建　　53

续表

隐喻主题	构造隐喻表词的汉字	本义	文字构造解释	汉语语言表达层面相同或相似的隐喻表达举例	英语中相同或相似的隐喻表达举例
话语是动作	诤 zheng4	本义为诤谏。	《同源字典》中，"争""诤"同源（王力，1982：332），"诤"本作"争"，是"争"的后起分别字。"争"是一个象形字，甲骨文字形为𠃌，小篆字形为𠬝，像两手引一物相争之形。"争"由具体的相争义发展而有争辩义和诤谏义，在这个过程中相争的图式被隐喻投射到了较抽象的言语概念域，事理仿佛是争论双方争夺的物体。	"争"是辩论的一种方式，如"争辩""争论"。	英文单词"fight"的本义为"搏斗；打架；打仗"，引申可指"争吵；争论"，如"It's a trivial matter and not worth fighting about."（区区小事不值得争吵。）
话语是动作	誂 tiao3	以言语挑逗、诱惑。	《同源字典》中，"誂""挑"同源，"誂"是"挑"的分别字（王力，1982：213）。"挑"本义为拨动，是一个具体的动作。"誂"继承了"挑"的意象图式，以"挑"的动作隐喻以言语拨动。	"挑逗/斗""挑拨"可用动作，亦可用言语，如《白雪遗音·玉蜻蜓·露像》："明晓志贞生母无疑，何故又以戏言挑拨？"	单词"stir"的本义为"搅动；搅拌"，引申可指"（以不实之词）搬弄是非"。由"poke"（捅，拨，戳）组成的短语"poke fun at sb./ sth."指"开某人/某事物的玩笑；嘲弄或嘲笑某人/某事物"。
话语是动作	催 cui1	催促。	"催""摧"为同源字，《诗经·邶风·北门》："室人交徧催我"又写作"室人交徧摧我"。"摧"为挤迫的动作，"催"为催促，有"迫"义。"催"当源于"摧"，以动作上的挤迫来隐喻言语上的讥刺、压迫和催促。	话语能产生压力，促使目标对象前进，如"舆论迫使他向前推进"。	单词"urge"源于拉丁语"urgere"（press hard 使劲挤压），本义为"驱赶；驱策"，引申可指"诚恳地或持续地催促"，如"'Don't give in now.' She urged."（"先别认输"，她鼓励道。）单词"press"的本义为"挤；压"，引申可指"劝说；催促"，如"They are pressing us to make a quick decision."（他们正在敦促我们迅速作出决定。）

续表

隐喻主题	构造隐喻表词的汉字	本义	文字构造解释	汉语语言表达层面相同或相似的隐喻表达举例	英语中相同或相似的隐喻表达举例
称赞是抬高	誉 yu4	本义为称赞。	"誉"所从"舆"声有"举"义。《广雅·释诂一》："舆,举也。"《释名·释车》："舆,举也。""誉"字从言从舆,谓以语言称举之。	词语"赞扬""称扬""颂扬"中的"扬"本身即有"高举""上扬"之义。《说文·手部》："扬,飞举也。从手昜声。"	单词"extol"的本义为"赞颂,赞扬",extol < 拉丁语 ex- (out, up) + tollere (raise);词源意义为"raise up"(高举)。单词"exalt"有"提升,提拔";"高度赞扬"两个义项,exalt < 拉丁语 ex- (out, up) + altus (high);词源意义为"make high or lift up"(提高)。
事件是物	覈 he2	本义为核实(事件)。	核实事件要反复考察,因此"覈"从"襾"。《说文·襾部》:"襾,覆也。从冂,上下覆之。""覈"所从的"襾"象事物上(冂)下(凵)翻覆之形,故有反复之义。"覈"指反过来倒过去(翻来覆去)地考量事件,就好像事件是物体一般。	在汉语语言表达层面,较抽象的"事"常被隐喻为物体,如"事体""事端""大事""小事""事外""事宽则圆"等。"事"还可被翻来覆去,如"她没有半句话问到我的现在,可是翻来覆去老提那些旧事,……""把那些故事翻来覆去地谈着,一点也不厌烦琐。"(国家语委现代汉语平衡语料库)	在英语中,指"物"的词可引申出"事情"之义,而本指"事情"的词又可指具体的"物":"thing"(东西;物)的引申义项之一为"事实、事情"。词语"matter"在 OALED 中的第一个义项为"事情;问题;情况",第二个义项为"物质,材料"。词语"affair"(事;事务;事情)又可指"东西;物件"。事情作为"物",可被抓在手里,如短语"take matters into one's own hands"的字面意义为"把事情抓在自己的手里",实际意义为"亲自采取行动;主动处理"。事情可被比作容器,如"in any event"(不管发生什么事)的字面意义为"在任何事中"。事情可以被翻来覆去的思考(think over),如"I'd like more time to think things over."(我要多用些时间把事情好好想想。)(OALED)

续表

隐喻主题	构造隐喻表词的汉字	本义	文字构造解释	汉语语言表达层面相同或相似的隐喻表达举例	英语中相同或相似的隐喻表达举例
性格是物	儒 ru2	"儒"有"柔"义，古时与"懦"相通，又指术士。	"儒"所从的"需"有柔软之义，《集韵·虞韵》："需，韦柔滑貌"。"需"是"𤀢"的初文（殷寄明，2007：222－223），"儒""懦"俱从"需"构形，以柔软形容人的性格态度，仿佛性格态度是事物一般。	汉语词语"软弱"可形容人的性格，如"由于妇女长期处于受压迫、被奴役的状况，她们缺乏教育，浅陋无知，性格软弱，加之封建统治者花言巧语的宣传，因而使她们很容易接受这种观点。"（国家语委现代汉语平衡语料库）	词语"soft"（软的；柔软的）引申可指"（言语等）温和的，柔和的"，又可指"有同情心的，心肠软的"。
	偄 ruan3	指人性格软弱。	"偄"从"耎"得声义，"耎"本义为软弱，字从"大"从"而"，"而"为颊毛的象形符号，因此有柔软义。"偄"以"柔软"形容人的性格，用具体的触觉感受隐喻人的性格给人的感觉。		
欲望是空坎	欲 yu4	指欲望。	"欲"从"欠""谷"声，所从"谷"声声中有义。段玉裁《说文解字注》"欲"下："从欠者，取其慕液（流口水）之意；从谷者，取虚受之意。""谷"的本义为山谷，"欲"从"谷"，谓欲望如空虚的山谷。	成语"欲壑难填"将欲望比喻为沟壑。词语"满足"作动词时指"使欲望、渴念、需要或者要求得到实现"。"欲望""需要"常与"满足"相搭配，如"满足欲望""满足需要"。"满足"一词即体现了将"欲望""需要"看作"空坎"的隐喻思维。	单词"fulfil/fulfill"（履行；使……实现；满足；符合）源于"full（满的）+ fill（装满）"，可与表达"欲望""需要"类意义的词语搭配，如"fulfil a desire; fulfil a prayer; fulfil a hope; fulfil a need; fulfil a dream"（满足欲望；实现祈愿；符合愿望；符合需要；符合理想）（OALED）。单词"comply"（应允，顺从）<拉丁语 complere < com-（together 一起）+ plere（fill up 装满）；词源意义为"装满"；"应允""顺从"即是"装满"对方的欲望空坎。
	款 kuan3	指意有所欲。	《同源字典》中，"款""窾"音同义通，俱有"空"义，为同源字（王力，1982：377－378）。"款"的欲望义由"款"声的空义而来，空虚则有欲望。		
	欿 kan3	指坑坎。	"欿"所从"𠙴"指坑坎。《说文·白部》："𠙴，小陷也。""欿"从"𠙴""欠"。"𠙴"隐喻欲望如坑坎需要填满，"欠"的甲骨文字形为 ，是一个张大嘴巴的人形，张大嘴巴的形象与吃喝等基本欲望有关，故"欲""欿"从"欠"。		

续表

隐喻主题	构造隐喻表词的汉字	本义	文字构造解释	汉语语言表达层面相同或相似的隐喻表达举例	英语中相同或相似的隐喻表达举例
性爱是甘美的食物；感受是有深度的事物	甚 shen4	本义为异常享受。	"甚"从"甘"从"匹"，字形造意为从男女匹配中享受甜蜜的滋味，字的本义为异常享受。（冯艳、刘乇豚；2012：328）"甘"指味美，以"甘"来形容男女之乐，属于通感类的隐喻。《同源字典》中，"深"、"甚"同源，音近义通，"深"与"浅"相对，本义指从上到下的距离深，"甚"音当源于"深"，以距离之"深"来形容欢乐之"甚"，此则为以空间之深隐喻感受之深。	在汉语语言表达层面，也存在着饮食域到男女域的隐喻投射。《诗经·汝坟》："未见君子，惄如调饥。"诗句的意思是说，没有见到心上人，内心忧愁如早上挨饿。这句诗以"挨饿"形容男女欢情未得到满足。语言表达"秀色可餐""甜蜜的爱情"亦反映了饮食到男女的隐喻投射。隐喻"感受是有深度的事物"在汉语语言表达层面也有体现。如"公众对党和政府怀有深深的感激和真诚的信任。""这件事深深地感动了我。""经历了很多事情之后，深深感觉到家人、亲人才是最重要的。"（北京大学中国语言学研究中心 CCL 现代汉语语料库）词语"铭心刻骨""销魂蚀骨""锥心刺骨"直接以"心""骨""魂"表达了感受之深。	单词"dish"（盘；碟；一道菜；菜肴）引申可指"外貌有吸引力的人"，如"Mary's new boy-friend's quite a *dish*, isn't he?"（玛丽新交的男朋友挺帅的，是不是？）将外貌具有吸引力的人看成是"dish"（一道菜），与汉语的"秀色可餐"可谓异曲同工。英文单词"luscious"的本义为"味道或气味香甜的"，引申可指"肉感的；性感的，勾起情欲的"，如"a *luscious* blonde"（性感的金发女郎）。英语也常用"甜蜜"形容爱情。如"sweetheart"（甜心）被用以称呼恋人、妻子、丈夫。"honeymoon"（蜜月）指新婚燕尔的时光。（OALED）英语中，"deeply"（深深地）可用以形容感受强烈。如："…to satisfy this *deeply felt* need…"（……为了满足这种被深切感受的需要……）；We were *deeply touched* to receive your love-gift sent with Ann Grant.（我们被你托 Ann 带来的爱的礼物深深地感动了。）（BNC）

续表

隐喻主题	构造隐喻表词的汉字	本义	文字构造解释	汉语语言表达层面相同或相似的隐喻表达举例	英语中相同或相似的隐喻表达举例
纵欲是沉溺	媅 dan1	指男女欢爱之乐。	《同源字典》中，“耽、湛、媅（妉、愖）、酖、沈”这七个字同源，“妉”“愖”是“媅”的异体字。《说文》释“酖”为“乐酒也”，朱骏声《说文通训定声》：“嗜色为媅，嗜酒为酖。”《同源字典》认为“耽”“湛”“媅”“酖”实同一词，而此四字又与“沈”同源。“沉”“湛”均为“沈”的异体字，“沈”的本义为“沉没”，甲骨文为“”，像牛被沉入水中之形。“耽”“湛”“媅”“酖”“沈”同源，五字音近义通。“耽”“湛”“媅”“酖”在字源上亦有“沉”义，将沉溺的意象图式投射到放纵于男女欢爱和纵酒的概念域，以“沉溺”喻纵情酒色。	“沈”“沉”引申而有沉湎之义，如《尚书·微子》：“我用沈酗于酒。”《尚书·泰誓上》：“沈湎冒色。”扬雄《法见·寡言》：“沈而乐者”。词语“沉迷”“沉酣”“沉醉”等所用的都是“沉”的“沉湎”义。	单词“wallow”本义指“（在泥、水等中）打滚”，引申义项为“（在某事物中）享乐；放纵自己”。如：“wallowing in luxury”（耽于豪华的享乐之中）。“immerse”（使某物浸没于液体中）所构成的短语“immerse oneself in something”指“使自己沉浸于某事物；使自己深陷于或专心于…”，如“be immersed in thought/one's business”（沉思/埋首事务）。(OALED)
	酖 dan1	本义为嗜酒。			
觉悟是光明	晤 wu4	本义为因受启发而明白。	“晤”从“日”“吾”声，古与“悟”同，指受启发而明白。“晤”所从“日”指代日光，以日光之明喻人之明白。	“明心见性”，“明了”。	单词“illuminate”的本义为“照明、照亮”，引申而有“阐明；解释清楚；启发”之义。“dawn”（破晓）可隐喻“（人）逐渐明白”，如“The truth began to dawn on him.”（他开始弄明白真相）。(OALED)
	憬 jing3	本义为觉悟。	“憬”所从“景”声当兼表义。《说文·日部》：“景，光也。”“憬”所从“景”谓有光照于心，故此觉悟。		
无知是昏暗	惛 hun1	指不聪慧。	《同源字典》中，“昏”“惛”同源，“惛”源于“昏”，《说文》：“昏，日冥也。”“昏”的本义为黄昏，引申有昏暗无光之义，“惛”以昏暗无光来隐喻人之不慧，所谓昏聩、糊涂。	“昏头昏脑”，“昏庸”。	“dim”的本义为“昏暗的”，引申而有“记忆模糊的”之义，在口语中还可以指人“愚笨的”。(OALED)

续表

隐喻主题	构造隐喻表词的汉字	本义	文字构造解释	汉语语言表达层面相同或相似的隐喻表达举例	英语中相同或相似的隐喻表达举例
觉悟是睡醒	悟 wu4	觉悟。	《同源字典》中，"悟""寤"是一组同源字。"悟"源于"寤"，"寤"指睡醒，"悟"指觉悟。在二者的类比中，醒来对应于觉悟。	汉语词语"醒悟"可指认识上由模糊而清楚，由错误而正确。	"wake"（醒）组成的短语"wake up to"指"意识到或认识到某事物"，如"It's time you woke up to the fact that you're not very popular."（你早就该明白你没什么人缘儿。）（OALED）
无知是睡眠	懜 meng4	指糊涂无知。	《同源字典》中，"夢""懜"同源。"夢"本指眠中做梦，加"忄"构成一个新字"懜"，形容糊涂无知的心理状态，这种心理状态与人眠中做梦时的状态有相似之处，故以"夢"拟之。	词语"如梦初醒""如梦方醒"以刚从梦中醒来比喻从糊涂、错误的认识中醒悟过来。	
聪明是孔通	憭 liao3	明了，聪慧。	杨树达先生在《释"謂"》中，对有聪慧义的"聪、明、憭、灵、謂"作了因声系源的考据，认为这五个字的字源分别为"囱、囧、寮、棂、胥"，而后面这五个字都表示孔或有孔之物。（杨树达，《积微居小学述林·释謂》）孔通则透光，有光则明察，明察则智慧。"聪""明"的聪明义为引申义，"灵"《说文》未录，故此表只列"憭""謂"二字。	单音节词"通"本指没有堵塞或阻碍，引申而有懂得、彻底明了之义。如："粗通文墨""博古通今""融会贯通"。"通达"需要没有阻塞的"通道"，"窍""洞"则提供了这种通道。词语"开窍"可指人弄懂道理，形容一个人无知可说"一窍不通"。说一个人一时糊涂，可用"鬼迷心窍"，"心窍玲珑"的人则聪明机敏。	英语中有隐喻 understanding is penetration or sharpness（理解是穿通/锋利），not understanding is no penetration（不理解是没有穿通）。（metalude）"penetrate"的本义为"穿通，穿过，进入"，引申而有"洞察，发现"；"充分理解，领悟"之义。短语"see through"（看穿）指"看穿或看透某人，识破"。词语"acute"源于拉丁语"acuere"（sharpen，使尖锐，使锋利），本义为"尖，尖锐，锋利"，引申可指人"精明的；有洞察力的"。词语"impenetrable"的本义为"不能通过的；透不过的"，引申而有"无法启迪的；不可理解的"之义。
	謂 xu1	才智，计谋。			
	恖 xi1	"恖"是"悉"的异体字，本义为详尽地知道。	"恖"从"心""囱"。"囱"为透光效果好的窗牖，将孔通的意象投射到了理智域，"心"透光才能洞悉事物。		
	叡 rui4	深明通达。	在"叡"的构造中，字素"奴"义为"穿通"，字素"目"指代目光，"谷"有"深"义；所有这些字素会合表达了深明通达，有洞察力的意思。		

续表

隐喻主题	构造隐喻表词的汉字	本义	文字构造解释	汉语语言表达层面相同或相似的隐喻表达举例	英语中相同或相似的隐喻表达举例
聪明是孔通	啟 qi4	启发教导。	"啟"源于"启","启"的本义为"打开""开启","啟"的本义为"教导启发"。"啟"的构造以开启隐喻教导启发,开启即是打开了一个通道,使智慧由此进入人的内心;因此,"啟"的构造亦反映了隐喻"聪明即孔通"。	"洞"本指洞穴、孔洞,引申而有透彻、清楚之义,如"洞悉""洞察""洞彻事理"。为了达到通达明智,蒙昧蔽塞之人需要接受"启蒙""开导",以"茅塞顿开",打开心灵的智慧通道,乃至最终"大彻大悟"。一个怎么也不开窍的人被人称为"榆木疙瘩",或"榆木脑袋",谓其思想蔽塞顽固如坚硬的榆木。	"block"指"(木、石、金属等的)大块","head"指"头,脑袋",两者组成的"blockhead"用"block"(木头块等)形容"head"(头),指"笨蛋,傻瓜",谓一个人的头脑像木头块一样密实,难以使知识通过。"bonehead"与词语"blockhead"的构词理据相类,以"bone"(骨头)形容"head"(头),指"蠢人"。(OALED)汉语和英语都以"通"隐喻"理解力强";但在英语中,未见到"孔窍"意象在理智域的隐喻投射。
无声是黑暗	默 mo4	本义为沉默。	"默"字从"黑"从"犬",造意为犬无声逐人,以此表达所记录的词义"沉默"。"默"的构造将视觉域的"黑"色意象投射到了听觉域,以"黑"隐喻"无声",反映了视觉和听觉的感觉联通,即视听通感。	成语"知白守黑"谓韬晦自处,源自《老子》:"知其白,守其黑,为天下式。"河上公注:"白,以喻昭昭;黑,以喻默默。人虽自知昭昭明白,当复守之以默默,如闇昧无所见,如是则可为天下法式。"	在英语中,"dark"(黑暗的)可用于修饰"silence"(寂静;沉默)。如"…… but Jenna was more aware of Alain's *dark silence.*"(……但是杰娜更进一步意识到了阿雷恩黑暗的沉默。)"I am here to receive your homage in *dark silence.*"(在此我于黑暗的沉默中接受了你的致意。)(BNC)

续表

隐喻主题	构造隐喻表词的汉字	本义	文字构造解释	汉语语言表达层面相同或相似的隐喻表达举例	英语中相同或相似的隐喻表达举例
不如意的事物是黑色的事物	黜 chu4	本义为降职或罢免。	"黑"是污浊之物的色彩，是黑夜的色彩，因此"黑"是具有负面意义的色彩。"黜"从"黑"，以黑色隐喻降职、罢免等不如意之事。	在汉语中，"黑"有"恐怖""恶毒""非法""倒霉"等负面的引申义，如"黑道""黑心""黑钱""黑运"。"抹黑"指使人蒙上耻辱，"背黑锅"比喻"代人受过"。	英语中，词语"black"（黑的）引申可指"很脏的"；"毫无希望的"；"忧郁的"；"恼怒的"；"邪恶的"等负面意义。"black news"指"坏消息"；"a black day"指"倒霉的一天"；"a black look"指"怒目而视"；"a black deed"指"昧着良心的行为"。动词"blacken"有两个义项："使变黑"；"诋毁，诽谤"，如"blacken a person's name"（诋毁某人的名声）。词语"dark"（黑暗的）引申而有"忧愁的"；"邪恶的"等负面比喻义，如"dark predication"(悲观的预测)，"dark influence"（罪恶的影响）。(OALED)
	侮 wu3	本义为欺负，轻慢。	"侮"所从"每"声有黑暗义。（杨琳，2012：146）"侮"即是给对方抹黑。		
	黩 du2	本义为污辱、亵渎。	"黩"从"黑"，"黑"在"黩"中指代污垢，"黩"的构造以黑色的污垢隐喻污辱，蒙垢即是受辱。		
悲哀是寒冷	悽 qi1	本义指心情悲伤。	据陈建初先生考据，有寒冷义的"凄""沧"字分别与有悲哀义的"悽""怆"字是同源关系，"悽""怆"源于"凄""沧"。（陈建初，1999：35-39）	词语"凄恻""凄惨""凄怨""凄怆""悲凉"均借寒冷域的词隐喻悲哀。	在英语中，寒冷常被用来隐喻社会交际中人的冷淡态度，也可隐喻人害怕或胆怯的情绪。但英语中，未发现寒冷域的概念向悲哀域的隐喻投射。
	怆 chuang4				
忧虑是火	惔 tan2	指忧愁。	"惔"从"心"从"炎"会意，"炎"亦声，谓心忧如火焚。	汉语词语"忧心如焚"指内心忧愁得像火烧，"焦虑"指内心烦躁忧虑，"焦灼"可指非常着急和忧虑，"煎熬"可指内心痛苦，备受折磨；这些词语都反映了"火烧"意象向忧虑情感的隐喻投射。	在英语中，虽然没有与隐喻"忧虑是火"完全一致的隐喻表达，但存在着相类似的隐喻"忧虑是热"。单词"stew"的本义指"用文火煮、炖"，在口语中可隐喻"焦虑；担忧"，口语习语"get(oneself) into/be in a stew(about) something"指"对某事物不安、担忧、激动"。(OALED) 短语"hot and bothered"的字面意义为"热和被打扰的"，隐喻意义为"心急火燎"；短语"like a cat on a hot tin roof"的字面意义为"像一只在热铁皮屋顶上的猫"，隐喻意义为"如坐针毡，局促不安"。(metalude)
	顦 qiao2	指忧愁的样子。	"顦"源于"焦"，《同源字典》中，焦、醮、憔、顦同源。"焦"指物体经火烧变成黄黑色，"顦"将"焦"的火烧意象投射到了情绪概念域，以"火烧"隐喻"忧愁不安"。		

第二章　Metalude 和《说文解字》汉字隐喻语料库的构建　　61

续表

隐喻主题	构造隐喻表词的汉字	本义	文字构造解释	汉语语言表达层面相同或相似的隐喻表达举例	英语中相同或相似的隐喻表达举例
疾病是火	煩 fan2	本义为头痛发烧。	"煩"从頁从火，"頁"即是"头"，文字造意为"头上有火"，构造体现了"火"到"疾病"域的隐喻投射。	汉语词语"发烧""上火""发炎""病灶"均体现了"火"的相关概念到疾病概念域的隐喻投射。	词语"inflamed"指"（身体某部）发炎的，红肿热痛的"，"inflammation"指"炎症；发炎"；这两个词语的词根"inflame"源于拉丁语 *in*（在……中）+ *flame*（火焰），词源义为"在火焰中，燃烧"。
旺盛如火	煽 shan1	本义为旺盛。	《同源字典》中，"偏""煽"同源，二字实同一词，"偏"即是"煽"，以火之炽盛辟况（人）之炙手可热。	在汉语中，"热""火"可隐喻有权势、旺盛，如"炙手可热"，"烜赫一时"，"赫赫炎炎"，"炽盛"等。	词语"blaze"（火焰，火光）引申而有"引人注目的展现"之义，如"a blaze of glory/publicity"（荣耀/声名显赫）。
联系是丝线	继 繼 ji4	本义为连续。	繼右边的部分是上下两束丝相连之形，左边从"糸"，表示像丝一样连续。	"系"的本义是系缚，"聯"（联）的本义为连接；"系"从"糸"，"聯"从"丝"，指以丝线系缚连接。	以丝线之类的物品隐喻抽象联系的思维方式在英语中也有体现。单词"tie"作名词本义为"领带，（系物、捆扎用的）带、绳、线"；引申可指抽象的关系，如"the ties of friendship"（友谊的纽带）；"family ties"（家族关系）。"bind"
	續（续）xu4	连续。	續从糸賣声，以"糸"表示如丝相连。		
	胤 yin2	后嗣。	胤从"幺"，"幺"像一缕丝的形象，表示子孙承续如丝。		
	孙 sun1	子之子为孙。	甲骨文"孙"写作"𢒈"，左边是"子"，右边是一束丝的象形，这个符号后来演变为"孫"中的"系"；后代是前代的相续，"𢒈"构造中的丝线形象表达了这种相续。		

续表

隐喻主题	构造隐喻表词的汉字	本义	文字构造解释	汉语语言表达层面相同或相似的隐喻表达举例	英语中相同或相似的隐喻表达举例
联系是丝线	孌 luan2	恋慕，留恋。	"孌"的声符字"𝑙𝑢𝑎𝑛"从"絲"构形，兼有系连不绝之义，从"𝑙𝑢𝑎𝑛"得声的挛、挛可证。《说文·𠂢部》："挛，樊也。""樊，𢁉不行也。"挛从"𝑙𝑢𝑎𝑛"声，义为𢁉绊不得行；《说文·手部》："挛，係也。""挛"从"𝑙𝑢𝑎𝑛"得声，义为拘牵连系。《康熙字典》："凡拘牵连系者皆曰挛。念也。"又与戀通。昚也。念也。《前汉·外戚李夫人传》挛挛顾念我。《注》挛，读曰戀。"孌""戀"为古今字，《说文》未录"戀"字。"孌""戀"俱从"𝑙𝑢𝑎𝑛"得声义，取义恋慕之情如丝线牵绊也。	"系""聯"（联）的本义在语用中得到了引申，可指抽象的联系。从汉语词语"关系""关系网""联络""藕断丝连"中，也不难看出丝线意象到抽象联系的隐喻投射。语言表达"千丝万缕的联系"更是清楚地表明了隐喻"联系是丝线"。	本指"捆绑或系紧"，引申可比喻将（人或物）结合在一起，如"the feelings that *bind* him to her"（把他与她结合在一起的感情）。词语"attach"的本义为"将某物系在、缚在或附在（另一物）上"，引申可指"与……相关联"，"attached to somebody"则指"依恋、爱慕、留恋某人"，如："I've never seen two people so *attached* (to each other)."（我从没见过两个人这样如胶似漆。）(OALED)
事物混乱的状态是乱丝	𡡗 luan2	乱。	"𡡗""𠬪""乱""𠬪"四字音同义通。段玉裁《说文解字注》"𠬪"下："按𠬪与𠬪部𠬪、乙部乱、言部𡡗义皆同。烦曰𠬪，治其烦亦曰乱也。""𠬪"的小篆字形为"𠬪"，像上下两只手整理丝架上的丝的样子，因此有"治理"之义。"𡡗"从"絲"，"𠬪""乱"字从"𠬪"，四字音同义通，文字构造又都以丝线的象形义符来指代乱丝，用乱丝隐喻了事物的混乱。	在中国古代诗词中，词语"乱丝"可用以隐喻事物或情绪的混乱。唐韦应物《始至郡》："到郡方逾月，终朝理乱丝"。汉语词语"缭乱"、"乱纷纷"中分别用到"糸"部的字"缭""纷"，也反映了"乱丝"意象到"混乱"概念的隐喻投射。	英语中，也存在着与"乱丝"相类的意象向"混乱"概念的隐喻投射。词语"tangle"本指"（绳子、毛发等的）乱团"，引申可指"混乱"，如"His financial affairs are in such a *tangle*."（他的钱财真是糊涂账。）"tangly"指"混乱的，乱作一团的。"
	𠬪 luan4	本义为烦乱。			
	𠬪 luan4	本义为治理。			
	乱 luan4	"乱"的常用义为混乱，在古文献中的用法兼"治"与"乱"两边。			

续表

隐喻主题	构造隐喻表词的汉字	本义	文字构造解释	汉语语言表达层面相同或相似的隐喻表达举例	英语中相同或相似的隐喻表达举例
难以排遣的情绪是心中的结	忦 jia2	忧。	"忦"的声符"介"有"结"的语源义，以"结"来隐喻心中的忧愁。	词语"心结""怨结""愁肠百结"。《诗经·小雅·正月》："心之忧矣，如或结之。"	英语中"knot"（结）也可隐喻情绪，但不像汉语中那样约定俗成，有"心结""愁肠百结"等词汇化了的表达。"knot"隐喻情绪的用例如①There were many women who thought they knew him intimately, and each believed that she alone could unravel the *knot* of his heart.（许多女子自以为对他非常了解，并都相信自己是唯一那个能够解开他的心结的人。）②Tommy Blue felt a *knot* of fear somewhere in his bowels.（汤米·布鲁感到恐惧在他的腹中某处形成了一个结。）(BNC)
事件的终了是结	终 ∩ zhong1	最后，末了。	"终"的甲骨文字形作"∩"，字形像一缕丝或一条绳子，两头打结，以此表达终结之义。甲骨文中"冬""终"的词义均由甲骨文"∩"表示，这个字形将丝线及其尽头的"结"意象投射到较抽象的时间和事件认知域，以此表达一段时间或一件事情的结束，体现了具体的"结"与"事件终了"的隐喻联系。	词语"结局""结算""结束""结业""结账""结尾""了结""总结"中的"结"字均有"终了"之义。《广雅·释诂四》："结，终也。"	英语中，未发现与汉语中以"结"隐喻"终了"完全相同的表达模式。与隐喻"终了是结"的投射模式相近，短语"wind up"由"将……绕成团；卷起"的字面义发展出了"结束（讲话等）"的隐喻义，如"If we all agree, let's wind up the discussion."（要是大家都同意的话，咱们这次讨论就到此结束。）(OALED)

续表

隐喻主题	构造隐喻表词的汉字	本义	文字构造解释	汉语语言表达层面相同或相似的隐喻表达举例	英语中相同或相似的隐喻表达举例
心是一个人	志 zhi4	意向。	"志"（志）从"心""㞢"（之）声，"㞢"（之）兼表义，文字造意为"心之所往"。	汉字"志""悊"的造意表明"心"有自己的方向，这在词语"随心""顺心""违心"中亦有体现。与"意""想"所体现的具体隐喻投射相一致，在汉语语言表达层面，眼、耳、鼻、口、身及相应的感觉经验都可发生到"心"概念的隐喻投射，"心"可以看，如"心眼、心目、心照不宣"，也可以被看，如"观心"；可听亦可被听，如"心耳、心声、心曲"；其他如"心香、甜心、热心、心痛"则体现了嗅觉、味觉、触觉与"心"概念的隐喻联系。（吴恩锋，2004）词语"醒心"指神智清醒，反映了与汉字"悟""懜"的构造隐喻相同的隐喻投射模式。	在英语"心"隐喻语料中，"heart"（心）可以像一个人那样"哭"（cry），"微笑"（smile），"说话"（tell），"歌唱"（sing），"走"（go），"死"（dead）。（杨子清，2012：45-47）"heart"（心）亦有自己的方向，如"follow your heart"（跟随你的内心）。与汉语"心智"对应的英文词语是"mind"（感知、思维和感觉的能力；心智；智力），习语"in one's mind's eye"的字面意义为"在某人的心智之眼中"，实际意义为"在想像中，在记忆中"，这个短语体现了"eye"（眼）到"mind"（心智）的隐喻投射，与汉语中的"心目""想"的构造隐喻相类似。
	意 yi4	心意，心愿。	"意"是一个从"心"从"音"，"音"兼表声的兼声字，从"心"从"音"，造意为"心的声音"。（林源，2004：128）		
	悊 zhi3	意旨，意图。	"悊""指"同源，"悊"是"指"的后起分化字，"指"为手之所指，"悊"为心之所指。		
	想 xiang3	本义为想念，思索。	"想"所从"相"声声中有义。《说文·木部》："相，省视也。""相"的本义为观看，"想"从"心"从"相"构形，造意为"心在观望"。		
	悟 wu4（又见隐喻"觉悟是睡醒"）	觉悟。	《同源字典》中，"寤""悟"同源，"寤"指睡醒，"悟"指觉悟，"悟"源于"寤"，以"醒"喻心之觉悟。		
	懜 meng4（又见隐喻"无知是睡眠"）	糊涂无知。	《同源字典》中，"夢""懜"同源，"懜"当源于"夢"，以"梦、睡眠"喻心之昏昧。"悟""懜"的造意分别为"清醒的心""睡眠的心"，很显然都将"心"看成了一个人。		

续表

隐喻主题	构造隐喻表词的汉字	本义	文字构造解释	汉语语言表达层面相同或相似的隐喻表达举例	英语中相同或相似的隐喻表达举例
心是空间	邃 sui4	本义为心思深邃。	"邃"与"遂"同源，"邃"源于"遂"，以空间之深远喻心思之深远。	汉语表达"深心""语重心长"体现了与汉字"邃""悠"相一致的隐喻模式。词语"心明眼亮""明心见性"中，"心"具有光明的特点。在例句"不过《圣经》告诉我们，自从亚当夏娃犯罪之后，人类的灵心已经蒙昧黑暗。"中，心灵空间呈现出黑暗的特点。	英语中，未发现与汉字"悠""憬""惛"所体现的具体隐喻投射模式相一致的"heart"隐喻。英语中的"heart"亦有深度，这个深度是"heart"作为容器时的深度，如"Someone who was tough wouldn't be feeling this horrible nagging ache *deep in her heart*."（一个坚强的人不会感受到她内心深处可怕而持续的痛苦。）汉字"邃"的造意为"深邃的心"，主要强调了心灵在空间上的深，但从文字构造上无法推断这个心灵空间的特点；归入隐喻主题"心是空间"的其他三个汉字"悠""憬""惛"的构造亦只预设了"心"具有空间性，至于这个空间是容器还是其他类型则没有提示。
	悠 you1	指忧思。	"悠"从"心""攸"声，"攸"兼表义，造意为"攸长之心"，忧思攸攸，是为"悠"也。		
	憬 jing3（又见隐喻"智慧是光明"）	本义为觉悟。	"憬""惛"的造意分别为"光明的心"和"昏暗的心"，反映了隐喻"智慧是光明""无知是昏暗"，光明与昏暗都预设了空间的存在，这个空间当是"心"的空间。		
	惛 hun1（又见隐喻"无知是昏暗"）	指不聪慧。			
心是容器	忘 wang4	忘记。	"忘"所从的"亡"指"亡失"，心中的记忆亡失即为忘记。	在以下句子中，"心"亦被隐喻为盛装记忆的容器。"英雄的事迹总是常留在人们心中的。""但是，有谁，能把一个深入人心的名字从人们的心中赶走？"（国家语委现代汉语平衡语料库）	"But I think she *knew in her heart of hearts* that he was already dead."（但是我认为她在内心深处知道他已经死了。）"Mrs Jihan was waiting outside the examination room, knowing *in her heart of hearts* that her husband has departed."（吉罕太太在调查室外等候，内心深处知道她的丈夫已然离去。）（BNC）以上两个句子中的表达"内心深处知道"反映了英语中的"heart"容器可存放知识，与汉语中的"心"可存放记忆相似。

续表

隐喻主题	构造隐喻表词的汉字	本义	文字构造解释	汉语语言表达层面相同或相似的隐喻表达举例	英语中相同或相似的隐喻表达举例
心是容器	廭 kuang4	本义为心怀宽阔。	"廭"构造从"廣"（即"广"）从"心"，《说文·广部》："廣，殿之大屋也。""廭"以"廣"喻"心"，造意为"广大的心"。	与"廭""悃""憭""恖"的构造隐喻相一致，词语"心房""心扉""心窗"等亦体现了"房屋"意象到"心"的隐喻投射。	英语中未发现隐喻"心为房间"的语言体现。
	悃 憪 xuan1	心宽体胖。	"悃"所从"宣"本指天子大室，在"悃"字中喻指心之宽大。		
	憭 liao3（又见隐喻"聪明是孔通"）	明了，聪慧。	"憭"源于"寮"，后者指小孔或小窗。"恖"中的"囟"指透光效果好的窗牖。"憭""恖"两个字的构造在反映了隐喻"聪明是孔通"的同时，都将心看成了有窗透光的房屋。		
	恖 xi1（又见隐喻"聪明是孔通"）	"恖"是"悉"的异体字，本义为详尽地知道。			
	愨 que4	谨慎。	"愨"所从"殼"声兼表"虚"义，文字造意为"虚心"，虚心则谨慎。	"虚心""实心""轻松的心"。	英语中"心"容器的"空"如"empty heart"（空的心）等一般指内心空荡荡的，内涵不如汉语那样丰富。英语中的"full heart"（满心）可形容诚恳，与汉语中的"实心"相似。如"The flood-gates had opened and now Cullam, the reticent, the truculent, was speaking without restraint and from *a full heart.*"（泄洪闸门打开了，现在卡莱姆，这个保守而又好斗的人，无拘无束地满心畅谈起来。）
	塞 se4	内心诚实有道德。	"塞"从"塞"省声，有"塞"义，即填充，充实"之义。		
	愉 yu2	本义为和悦、快乐。	"愉"所从"俞"声有"空"义（殷寄明，2007: 377-380），以"空"指内心轻松无事，因此快乐和悦。		
	懑 men4	烦闷。	"懑"从"心""满"，会意心中满满的，无处排解，是为"懑"。	"满心怒气""满心怒火"，"他心里气鼓鼓地嘟囔着，几下子把通信员推出屋去。"（国家语委现代汉语平衡语料库）	"heart"容器中可充满感情，但这种用法并不多，如"'Oh, sure!' cries Howard, his heart full of love for her."（哦，当然！豪沃德叫道，他的心中充满了对她的爱。）
	愤 fen4	愤懑。	"愤"所从"贲"声有"大"义，造意为心中气大、气满（林源，2004: 90）。		

续表

隐喻主题	构造隐喻表词的汉字	本义	文字构造解释	汉语语言表达层面相同或相似的隐喻表达举例	英语中相同或相似的隐喻表达举例
心是容器	悁 yuan1	指心中忿恨忧愁。	"肙"声有"小"义（殷寄明，2007：280），"悁"的造意为"心小"，内心空间狭小则不能容事，容易郁闷不舒。	词语"心胸狭窄"亦将"心"喻为狭窄的容器。	英语中的表达"little heart"（小小的心）有一种亲昵的意义成分，与汉语中的"小心眼""心胸狭窄"的意义完全不同。与汉语的"心胸狭窄"对应的英语表达是"narrow-minded"，"heart"（心）没有相对应的用法。
	悄 qiao3	忧愁。	"悄"所从的"肖"声有"细小"义，文字造意亦为"心小"。		
	恽 yun4	本义为稳重浑厚。	"恽"所从"军"声有"大"义（殷寄明，2007：358-360）。	"心胸宽广"。	"宽广的心"在英语中亦有肯定意义："Charles Raven was a fiery charismatic man with a large heart."（查尔斯·瑞文是一个昂扬而又富于号召力的人，有着一颗宽广的心。）
	恐 kong3	恐惧。	张相平认为，"恐""空"同源，"恐"得名于"空"义。（张相平，2012：94）"恐"以"空"形容"恐惧"，内心空虚则恐惧。	词语"心虚"指胆怯。	"empty heart"指内心空虚，无胆怯之义。
	快 kuai4	喜悦。	快"夬"声有"缺口"义（殷寄明，2007：41），"快"从"心""夬"声"夬"兼表义，造意为心开，心开则喜。	"开心"。	"open one's heart to somebody"的字面意义为"向某人打开心"，实际意义为"开诚相见"。
愤怒是（心中的）刀箭	怒 nu4	本义为发怒。	"怒""弩"二字同源，"怒"的造字理据当是以"弩"之实象隐喻"怒"之虚象，"怒"如"弩"张，有发作之势。（臧克和，1995：283-284）	在汉语语言表达层面未找到与汉字"怒""忍"的具体隐喻投射模式相对应的隐喻表达。与以"刀""箭"等危险物隐喻愤怒相类似，汉语中有以"火药"或"火药味"喻指愤怒的表达，如"你吃火药了吧"。	在英语中未找到与汉字"怒""忍"的具体隐喻投射模式相对应的隐喻表达。与以"刀""箭"等危险物隐喻愤怒相类似，来自美国的表达"go ballistic"的字面意义为"变导弹"，实际意义为"大发雷霆"。（曲占祥，2008：49）
	忍 yi4	怒。	"忍"从"心""刀"，谓心中含怒如怀刃。		

续表

隐喻主题	构造隐喻表词的汉字	本义	文字构造解释	汉语语言表达层面相同或相似的隐喻表达举例	英语中相同或相似的隐喻表达举例
心是物体	怨 yuan4	怨恨。	"怨"所从"夗"声有"曲"义(殷寄明,2007:87-88),文字造意为"委屈之心"。	词语"屈心"以"屈"喻"心",指抑屈心愿。《楚辞·离骚》:"屈心而抑志兮,忍尤而攘诟。"	在汉字构造隐喻"心为物体"的具体投射模式中,汉字"懦""㥄"以"软"喻"心"的隐喻投射模式在英语单词"heart"的用法中有对应的体现,如"a soft heart"(一颗柔软的心);汉字"惠"所反映的"心"可以专一的特点在英语短语"with one's whole heart"(全心全意地)中亦有体现。其他字例中的具体投射模式在英语中没有相应的表达。反映了汉英语言在隐喻"心为物体"的具体投射方面的差异。汉语中"心"的意义域和英语单词"mind"(心智;智力;心思;记忆力)的意义域多有重合,英语习语"bend one's mind to something"的字面意义为"把心思弯到某事物上",实际意义为"专心于某事物";习语"be in two minds about something"的字面意义为"对某事物有两种心",实际意义为"对某事物感到怀疑或犹豫不决";在这两例"mind"习语中,"mind"被隐喻为物体,可以"bend"(弯),也可以数量化,与汉字"怨""惢"的构造隐喻所投射的物体特征相同,但表达了不一样的隐喻意义。
	慰 wei4	安慰。	声符字"尉"的小篆字形为"𠀑",从手持熨斗于火上会意,本义为"熨平",又引申有"安慰"之义。这个意义后来用"尉"加义符"心"来表示,即"慰"字。"慰"的造意为"熨平其心"。	汉字"慰"的造意为"熨平其心",词语"平心静气""心平气和"亦以"平"喻"心"。	
	悳 de2	本义为德行。	"悳"从"直""心"会意,谓正直之心。	"心直口快"。	
	惢 suo3	疑心。	"惢"从三心会意,构造反映了将"心"视为物体,可以数量化的隐喻思维。	词语"多心"指多疑。	
	惠 hui4	本义为仁爱。	"惠"字所从"叀"本指纺砖,是一种收丝的器具,在"惠"字中有专一之义,"惠"的造意为"专一的心"。	"一心一意""专心致志"。	
	惇𢛛 dun1	本义为敦厚,笃实。	𢛛声有"厚"的语源义,惇从心𢛛声,以"厚"来形容心,仿佛心是一个物体。	词语"宅心仁厚"与汉字"𢛛"(惇)以"厚"喻"心"的隐喻模式相类。	
	懦 nuo4	指胆小软弱。又写作"㥄"。	"懦""㥄"的声符字素"需""耎"兼表"柔软"之义,文字构造将具体的触感投射到抽象的心性概念域,以柔软来隐喻懦弱。(殷寄明,2007:43,545)	"心软"。	
	惕 dang4	本义为放荡。	《同源字典》中,"惕""荡"同源。"惕"源于"荡",文字造意为"摇荡的心",将心比喻为摇荡的物体。	"心荡神驰"。	
	懈 xie4	本义为(心情)松懈。	《同源字典》中,"解""懈"同源,"懈"源于"解","解"的本义为解开,引申而有松懈义,这个意义后来写作"懈"。"懈"从"心"从"解",造意为"心解"。	词语"松心"指心情放松。如"你倒松心,打伤了人你不管啊!""人就图个松心。"(国家语委现代汉语平衡语料库)	

续表

隐喻主题	构造隐喻表词的汉字	本义	文字构造解释	汉语语言表达层面相同或相似的隐喻表达举例	英语中相同或相似的隐喻表达举例
心是水	澄 cheng2	本义为心平。	"澄""澄"同源,"澄"源于"澄",以水喻心,心如水之清净。	"心源、心海、心波、心潮、心如止水",汉《淮南子》:"凡学者能明于天下之分,通于治乱之本,澄心清意以存之,见其终始,可谓知略矣。"《全唐诗·赠信安郑道人》:"貌古似苍鹤,心清如鼎湖。"《抱朴子》:"学仙之法,欲得恬愉澹泊,涤除嗜欲,……"(语料库在线网站古籍语料库)	英语中,未发现水意象到"heart"概念的隐喻投射。
	憺 dan4	本义为心安静淡然。	"憺""怕"分别源自"澹""泊"二字,"憺怕"即是"澹泊",字又作"淡泊",词义为安静恬淡。		
	怕 bo2	本义为恬淡。			
植物是动物	茑 niao3	"茑"是一种寄生在树上的植物。	"鸟"声中有义。"茑"寄生在树上,就像鸟儿栖息枝头。	"爬山虎"、"蝴蝶花"、"鹤望兰"。	"crabgrass"(蟹草),"snapdragon"(龙头花),"bird of paradise"(天堂鸟)即鹤望兰,鹤望兰的花看起来像一只飞鸟,英语以天堂鸟名之。
植物是人	芓 zi4	"芓"指大麻的雌株。	"芓"可结麻实,如母能生子,故"芓"从"子",以人子喻指麻实。	词语"种子"中的"子"本指人之幼子,通过隐喻引申而指植物的种子。"虞美人""美人蕉"都是观赏花卉的名称,将花比作美人。花可以笑,如"含笑花",还可以"睡",如"睡莲"。苏东坡《海棠》:"只恐夜深花睡去,故烧高烛照红妆。"词语"含苞"指未开之花,"吐艳"指花儿盛放,一"含"一"吐",以人之动态拟花。植物有人的精神和品格,如松竹梅被称为"岁寒三友",莲花被誉为花中君子。	英语中,不少人体部位概念因外形的相似发生了向植物域的隐喻投射。单词"bough"(大枝,树枝)源于古英语"bog",后者指人体中的肩膀或臂。"limb"本指四肢或翅膀,又可指树的主枝。"palm"本指手掌,因棕榈的叶子像手掌,故"palm"有一个义项是"棕榈"。"date"(枣椰树,枣椰树的果实)源于希腊语"dak-tylos",后者的意义为"手指",因为枣椰果的外形像手指。"cabbage"(卷心菜)源于拉丁语"caput",后者指"head"(头);拉丁语"caput"演变出"cabbage",大约是
	匏 pao2	葫芦类的植物,果实圆大,可作容器。	"包"的小篆字形"⬚"像是内有胎儿的孕妇肚子,本义即为怀妊。"匏"俗称"瓢葫芦",果实形状与孕妇的肚子颇为相像,故"匏"字从"包",构造以孕妇肚子喻"匏"之果实。		
	莎 sha4	瑞草,叶大如扇,可自摇,尧时生于庖厨,扇暑而凉。	"莎"所从"妾"声兼表义,以人之便捷喻草之灵动。(臧克和,1995:5)		
	芙 fu2	"芙蓉"指已盛开的莲花。	"芙蓉"本写作"夫容",义符"艹"是后来加上去的。"夫容"即"为夫而容",以女人拟花,"为悦己者容"。(臧克和,1995:8—9)		
	蓉 rong2				

续表

隐喻主题	构造隐喻表词的汉字	本义	文字构造解释	汉语语言表达层面相同或相似的隐喻表达举例	英语中相同或相似的隐喻表达举例
植物是人	菡 han4	菡,指荷花骨朵。芙蓉花含苞未放叫菡萏,已盛开叫芙蓉。	"菡"所从"函"声中有义,"函"犹"含",花之未发若人含物。		因为卷心菜的外形与头较为相似。"orchid"(兰花)源于希腊语"orchis",后者的意义为"睾丸",兰花的根形似睾丸。此外,植物还可以被隐喻为人。"baby"(婴儿)可指未长成的植物或蔬菜,如"baby carrot"。"belladonna"的字面意义为"美女",实际意义为"颠茄"。"blackboy"的字面意义为"黑男孩",实际指的是澳大利亚的一种树,其叶细长如草。"creeper"的字面意义为"爬行者",又可指攀缘植物。"rambler"的字面意义为"漫步者",又可指攀缘蔷薇。"weeping willow"的字面意义为"哭泣的柳树",实际意义为"垂柳"。(metalude)
	丏 han4	指草木尚未吐发的花。	段玉裁《说文解字注》"丏"下:"艸木之华未发函然。函之言含也。深亦未放。象形。下象承华之茎。上象未放之蓓蕾。""丏"音若"含",谓花之未发若口之含物。		
	孛 bei4	本义为草木茂盛。	"孛"从"子","子"指婴儿,在"孛"字中喻草木。段玉裁《说文解字注》"㞷"下:"艸木之盛如人色盛。故从子作孛。"		
	荵 ren3	指金银花,又称忍冬。	荵即忍冬,以其耐寒而得名。"荵"所从"忍"声中有义,以人之"忍"喻草之耐寒。		
	芽 ya2	指植物的萌芽。	"芽"源于"牙",是"牙"的后起分化字。植物萌芽与婴儿的牙齿渐渐长出相似,因此"牙"又可指植物的萌芽,后来加"艹"分化出"芽"。		
	顽 wan2	指难劈的囫囵木头。	"顽"从"页","页"本义为人的头部,与"首"同义,作为构字字素在"顽"中隐喻木头。		

第二章　Metalude 和《说文解字》汉字隐喻语料库的构建　　71

续表

隐喻主题	构造隐喻表词的汉字	本义	文字构造解释	汉语语言表达层面相同或相似的隐喻表达举例	英语中相同或相似的隐喻表达举例
人是植物	胑 zhi1	"胑"又写作"肢",指人体四肢。	"胑""肢"源于"支","支"指竹枝,"胑""肢"指四肢,后者以植物之"枝"喻人体之"肢"。	植物形象特征到人体的隐喻投射:如"柳眉杏眼""樱桃口""榴齿""柳腰""玉树临风"。词语"独苗"以"苗"喻唯一的子孙;"金枝玉叶"以"枝""叶"喻皇族子孙或出身高贵的人。	lips"(玫瑰花蕾嘴唇)将"lips"(嘴唇)隐喻为"rosebud"(玫瑰花蕾)。"willowy"的字面意义为"柳的",隐喻意义为"身材苗条的"。英语词语"roots"的字面意义为"根",又可隐喻一个人的祖籍,即家族之根;"root"(根)可以指一个人的毛发、牙齿、指甲或舌头的根部。(OALED)"be rooted to (some place)"的字面意义为"扎根于某地",隐喻意义为"站在原地一动不动"。(metalude)单词"scion"的字面意义为"幼枝",隐喻意义为"贵族名门的子弟",亦以"枝"隐喻人的后代。
	跟 gen1	指人的足后跟。	"跟""根"同源,"跟"源于"根",以木根喻人之足跟。		
	筋 jin1	指附着在骨上的韧带。	"筋"从"竹",因竹节有明显的纤维如筋,以此来譬况人之筋。		
	季 ji4	用于年少者的称呼。	"季"从"稺"省,"稺"原作"穉",《说文·禾部》:"穉,幼禾也。"则"季"的构造以幼禾喻年少之人。		
	孽 nie4	非正妻所生的儿子,庶子。	"櫱、孽"是同源字,"孽"源于"櫱","櫱"指伐木后残存的茎株上长出的新枝条,是旁出之枝;"孽"是非正妻所生的庶子。"孽"以旁出之枝喻庶子。		
人是动物	哭 ku1	本义为出声哭泣。	"哭"从"吅"从"犬",造意为"犬号",以犬的哀号喻人有声有泪的哭泣。	汉语中有大量以"狗"喻人的词语表达,这些表达都含有贬义。如"狗仗人势""狗急跳墙""狗咬吕洞宾""蝇营狗苟""狗党狐朋"等。	英语中有不少以狗喻人的表达,其中多数都含有贬义。如"dog eat dog"指为争权夺利而互相伤害;"a dog in the manger"的字面意义隐喻一个人占有自己不用或不想要的东西而不给他人;"bitch"的字面意义为"雌狗",其隐喻意义之一是"泼妇"。"Every dog has his day."的实际意义为"凡人皆有得意时"。隐喻"人是狗"在英语词源中也有体现:"cynic"(犬儒学派的信徒;愤世嫉俗者)源于希腊语"kuon"(狗)。

续表

隐喻主题	构造隐喻表词的汉字	本义	文字构造解释	汉语语言表达层面相同或相似的隐喻表达举例	英语中相同或相似的隐喻表达举例
人是动物	懼 ju4	恐惧。	"懼"的金文字形为"🐦",上半部分像睁大两只眼睛的鸟,下半部分从"心",文字构造表现的是鸟睁大眼睛害怕的样子。"懼"指人的恐惧,文字构造却选择了鸟的形象,体现了以鸟喻人的隐喻思维。	"鸟人""鸟兽散""鸟惊鱼散"亦以鸟喻人。人还可被隐喻为某种鸟,如"鸳鸯侣""闲云野鹤""鸿鹄之志""凤表龙姿"等。	"bird"(鸟)在英国俚语中指"年轻女子"。"bird of passage"(经过的鸟)指"漂泊不定的人"。"birds of a feather"(有相同羽毛的鸟)指"同类的人"。"early bird"(早起的鸟)指"早起或早到的人"。"night bird"(夜晚的鸟)指"夜间活动的人"。"dove"(鸽)指"温和派人物","hawk"(鹰)指"强硬派人物"。(metalude)
无生之物是人	地 di2	土地,大地。	"地"从"土"从"也","也"《说文》释为"女阴"。在中国文化中,地为坤,为母,"地"所从之"也"表明了土地的女性身份。	词语"天公"、"地母"体现了古人将"天"视为男性,"地"视为女性的隐喻思维。	希腊和罗马神话中有大地女神,亦将大地人格化为女性。
	歲 sui4	"歲"指金、木、水、火、土五大行星中的木星。	"歲"从"步",律历书名五星为五步,皆以人之行步比喻星辰在天空的运转。	古代金、木、水、火、土五星又称为"五步",即五大行星。词语"五步""行星"均以人之行步比喻星辰在天空的运转。	与汉字"歲"的构造隐喻相似,英语单词"planet"(行星)源于希腊语"planetes"(wanderer),词源义为"漫游者"。
	漳 chao2	本义指水流奔向大海。隶书写作"潮"。	"漳"从"水"从"朝"省会意,造意为水流像诸侯朝见天子一样奔向大海,将大海隐喻为天子,众水隐喻为诸侯。	民间传说中的"河神""海龙王"赋予了"河""海"以人格。	希腊和罗马神话中的海神赋予了大海以人格。
	湄 mei2	指岸边水草相接的地方。	"湄""眉"同源,"湄"在古籍中可写作"眉"。"湄"以字素"眉"喻岸边水草相接之地。	汉字"漘"源于"唇","湄"在古籍中可写作"眉",因此"湄""漘"的构造隐喻在汉语语言表达层面亦有体现。	英语单词"brow"(眉毛,前额)的另一个义项是:"(山的)坡顶;(悬崖)边缘",这个义项当由"brow"的"眉毛,前额"义隐喻引申而来。
	漘 chun2	水边。	《同源字典》中,"漘""唇"同源,"漘"源于"唇","唇"指口唇,"漘"指水边,"漘"的造意以口唇隐喻水边。		

第二章 Metalude 和《说文解字》汉字隐喻语料库的构建

续表

隐喻主题	构造隐喻表词的汉字	本义	文字构造解释	汉语语言表达层面相同或相似的隐喻表达举例	英语中相同或相似的隐喻表达举例
无生之物是人	阯 zhi3	"阯"又写作"址",本义为基,如墙基、建筑物的地基。	据《同源字典》,"阯""址"源于"止",是"止"的后起分化字。"止"甲骨文作"ㄓ",像人足之形,本义为"人足"。"阯""址"从"止",以人足喻墙脚或建筑物的地基。	词语"墙头""墙脚""山头""山腰""山脚"体现了与汉字"阯""嶺"的构造隐喻相类似或连贯的构词隐喻理据。	"the foot of a wall"(墙脚)、"the foot of a mountain"(山脚)。
	嶺 ling3	山坡。	据《同源字典》,"嶺"源于"领","领"指人的脖子,"嶺"指山坡。		
	壤 rang3	松软的土。	《同源字典》中,壤、膶同源。膶指人肌肤肥盛,"壤"源于膶,以人之肌肤喻泥土。	词语"肥沃""膏腴""贫瘠""不毛之地"亦以体肤喻指土地。	单词"clay"(黏土,泥土)通过隐喻引申可指"肉体,躯体",这个隐喻与汉字"壤"的构造隐喻"泥土是肉体"的内容相同,但投射方向相反。
	隘齸 ai4	指空间狭窄。	籀文"齸"所从的"㒫"(嗌)本义指咽喉,以咽喉喻空间狭隘。"齸"小篆写作"嗌",即"隘","隘""嗌"同源,"隘"源于"嗌",以咽喉隐喻扼要之处"隘"。(滕华英,2008:90)	词语"咽喉"可喻指交通要道。	英语中"neck"(颈,脖子)可喻指物体的狭窄部分。
	麸 fu1	指小麦皮屑。	《同源字典》中,树、麸、稃、膚(肤)为同源字。膚(肤)指皮肤,"麸""柎""稃"皆源于"膚",指外在的皮壳,文字构造以人之皮肤喻物之外壳。	"苹果皮""小麦皮屑"亦以"皮"喻物之表层。	"skin"(皮肤)有"果皮"的引申义,如: a banana skin(香蕉皮)。
	柎 fu1	指花托。			
	稃 fu1	指谷壳。			
人是自然之物	衇 mai4	血脉。	"衇"的字素"辰"指水的支流,文字构造以水的支流隐喻人体血脉。	在中国文化中,人体与自然世界之间存在着物理对应关系,其中血脉对应的是河流。	单词"canal"(运河)可喻指人体内的管道,如"alimentary canal"(消化道),体现了与汉字"衇"的构造隐喻相类似的投射模式。

续表

隐喻主题	构造隐喻表词的汉字	本义	文字构造解释	汉语语言表达层面相同或相似的隐喻表达举例	英语中相同或相似的隐喻表达举例
大存在链同一层级的事物之间的隐喻	梂 qiu2	指花椒、茱萸一类的果实。	"梂"所从"求"即古文"裘",花椒、茱萸的果实表面如皮裘之表,因此得名为"梂"。	词语"笋衣""糖衣""墙裙"以"衣""裙"隐喻包在物体外面的一层东西;词语"山墙"指支持人字形屋顶的两头的墙,墙体有尖如山,故以"山"拟之;汉字"狼""獌""貗""麘""鼃""蝇"等字的构造以某一种动物比拟与其外观相似的另一种生物,类似的汉语言表达如词语"海马""海豹""海象""袋鼠""凤蝶"。	英语单词"coat"(大衣)可指"动物的皮毛"或"覆盖层,涂层";英语词语"ceiling"(天花板)源于拉丁语"cælum"(天空),后者通过隐喻演变出了"ceiling"(天花板)之义;词语"pillar-box"(邮筒)的字面意义为"柱盒",因邮筒外观呈柱形而得名;以某一种动物比拟与其外观相似的另一种生物的隐喻方式在英语中也有体现,如词语"porpoise"(海豚)源于拉丁语 *porcus* (猪) + *piscis* (鱼),词源意义为海中的豚(猪),因海豚外形像猪,"hedgehog"(刺猬)的词素"hog"指猪,"peacock"(孔雀)的词素"cock"指公鸡,"catfish"(鲶鱼)嘴周围有长须与猫相似,因此以"cat"(猫)名之,"sea lion"(海狮)则因其面部长得像狮子而得名。
	梂 qiu2	指栎树的果实。	栎树的果实外裹有毛壳如求(古文裘字),故以"梂"名之。		
	褮褮 yi4	指书套。	"褮"从"衣",构造以"衣"喻书套。		
	褭 niao3	指系马的丝带。	"褭"从"衣",构造以"衣"喻系马的丝带。		
	除 chu2	"𨸏"部字"除、階、阼、陛"均指台阶,"陔"指殿阶的次序,也与台阶有关。	"𨸏"的本义为土山,台阶与土山的外形有相似之处,故这五个字都从"𨸏"。		
	階 jie1				
	阼 zuo4				
	陛 bi4				
	陔 gai1				
	隮(际) ji4	指两版墙壁相会合处的缝。	这几个意义与墙壁相关的字都从"𨸏",以"𨸏"的形象来比喻墙壁的形象。		
	隟(隙) Xi4	指墙壁交会之处的孔隙。			
	陴(陴) pi2	城墙上矮小的墙。			
	隊 zhuan4	指路边矮墙。			
	隮(陾) reng2	指筑墙的声音。			
	狼 lang2	狼。	"狼""獌""獭""猵""狐""玃""猶""狙""猴"之所以从"犬",是因为古人认为这些字所指的动物与"犬"有相似之处。		
	獌 man4				
	獭 ta3	水獭。			
	猵 bian1				
	狐 hu2	狐狸。			
	玃 jue2				
	猶 you2	猕猴。			
	狙 ju1				
	猴 hou2	长臂猿。			

第二章 Metalude 和《说文解字》汉字隐喻语料库的构建　　75

续表

隐喻主题	构造隐喻表词的汉字	本义	文字构造解释	汉语语言表达层面相同或相似的隐喻表达举例	英语中相同或相似的隐喻表达举例
大存在链同一层级的事物之间的隐喻	麙 xian2	指细角羚羊。	羚羊与鹿外形较为相似,"麙""麠"从"鹿",文字构造以鹿形譬况羚羊。		
	麠 ling2				
	䵹 zhi1	"䵹鼄"即蜘蛛。	"䵹""鼄""蝇"均从"黾"构字,"黾"指蛙类动物。䵹鼄与蝇黾那样都有大腹,故文字从"黾"。		
	鼄 zhu1				
	蝇 ying2	指苍蝇。			

表 2-2　　　　　　　　　　汉字意象隐喻

隐喻主题	构造隐喻表词的汉字	拼音	字的本义	文字构造解释
光彩是英华	曄	ye4	本义为光明灿烂。《说文·日部》:"曄,光貌。从日,从𠌶。"	"𠌶"本义为草木之华,上像草木华叶下垂之形。《说文·𠌶部》:"𠌶,草木华也。"曄字从"𠌶",以草木之华比喻太阳的光华。
	瑛	ying1	指玉石的光彩。《说文·玉部》:"玉光也。从玉英声。"	"瑛"古籍多作"英",王筠《说文句读》:"经典多作英,瑛盖英之分别文。""英"本义为花,《说文·草部》:"英,草荣而不实者。""瑛"源于"英",以草木之花来比喻玉的光彩。
日光闪耀如旗游飘舞	㫃	gan4	本义为日始出光辉闪耀。《说文·㫃部》:"㫃,日始出,光㫃㫃也。从旦,㫃声。"	"㫃"字所从"㫃"声兼表义,"㫃"字是旌旗飘带的象形,本义为旌旗飘带随风飘舞之貌,在"㫃"字中比喻日光闪耀。饶炯《说文解字部首订》:"㫃㫃,日光貌。谓其闪烁,如旌旗游之㫃蹇,因以㫃名之。"
旗游如水流	游	you2	《说文·㫃部》:"游,旌旗之流也。"指旌旗之末所缀饰的飘带。	"游"本作"斿",得名于"流",段玉裁《说文解字注》:"旗之游如水之流。故得称流也。""斿"字后来加水旁写作"游",以水流喻旗游。(杨琳,2012:183)
虹曲如虫	虹𧈢(小篆)𧈢(甲骨文)	hong2	本义指彩虹。	《说文·虫部》:"虹,螮蝀也。状似虫,从虫工声。""虹"的形状与虫相似,因此"虹"字从"虫"。

续表

隐喻主题	构造隐喻表词的汉字	拼音	字的本义	文字构造解释
雪花如羽毛	雪	xue3	《说文·雨部》:"凝雨,说物者。从雨,彗声。"指雪花或下雪。	"雪"在甲骨文里的字形多是羽毛的形状,以此表示雪和羽毛一样地白和轻,后来又加了"雨"旁,以区别于羽毛。(王宁,1994:45)
水散如飞	汛	xun4	本义指扫地时洒水。《说文·水部》:"汛,洒也。从水,卂声。"	段玉裁《说文解字注》:"卂,疾飞也。水之散如飞。此以形声包会意也。""汛"从"水"从"卂",谓洒水时水散如飞。
马疾如风	飘𩤳	fan1	《说文·马部》:"马疾步也。从马风声。"	以风喻马之疾。亦有学者认为"飘"是"帆"的本字,《说文》"飘"下徐铉注:"舟船之飘,本用此字。今别作帆,非是。"若果如徐铉所言,则此字的构造当是以马喻风以指帆,船以风为马以前驱。
马快如飞	騛	fei1	本义为马跑得飞快,从马、飞会意。	"飛"本指鸟飞翔。"騛"以"飛"喻马疾。
马(色)如鐵	驖	tie3	本义为赤黑色的马。	《同源字典》中,"鐵""驖"同源,"驖"源于"鐵",《说文·金部》:"鐵,黑金也。"《玉篇》:"驖,马如鐵赤黑色。"
马色如葱	驄	cong1	《说文·马部》:"驄,马青白杂毛也。从马,悤声。"	"驄"所从"悤"声中有义,指"葱","葱"色青白,"驄"色如之。
车辅夹毂如人搀扶他人	辅	fu3	本义为车辅,即车轮外旁夹毂的横木。	《同源字典》中,"扶""辅"同源,"辅"音源于"扶"。"辅"指车轮外旁夹毂的横木,仿若从旁边搀扶车辆,辅助车辐使能负重,故取"扶"声。
亲近如彼此相黏	暱	ni4	本义亲近。《说文·日部》:"暱,日近也。"	《同源字典》中,"黏""暱"(昵)是同源字,音同义通,"暱"在古籍中或写作"黏"。《说文·黍部》:"黏,黏也。从黍,日声。《春秋传》曰:'不义不黏。'""黏"由"黏着"义引申而有"亲近"义,以"黏着"比喻人之"亲近",这个意义后来由"暱"表示。

续表

隐喻主题	构造隐喻表词的汉字	拼音	字的本义	文字构造解释
坐如箕	箕	ji4	本义为盘起脚坐着。	段玉裁《说文解字注》："谓箕其股而坐。许云居,即他书之箕踞。"人盘足而坐的形象与前阔后狭的箕形相类,故从"其","其"即古"箕"字。
目深似穴	窅	yao3	《说文·目部》："窅,深目也。从穴中目。"指深陷的眼睛。《说文·穴部》："穴,土室也。"	以"穴"来喻指眼睛的深陷,目深似穴为"窅"。
(头)白如日光	顤	hao4	本义为白头。《说文·页部》："顤,白头貌。从页,从景。"	"顤"从"页"从"景","页"与"首"同义,"景"本义为日光,"顤"从"景"谓首如日光之白。
(头)倾斜如耒柄	頛	lei4	《说文·页部》："頛,头不正也。从页,从耒,耒,头倾也。"	"耒"为古代耕地用的农具,金文字形为 ,"耒"柄曲,"頛"从"耒",谓头如耒柄之倾斜。
面色憔悴如火烧焦	臐	jiao1	指容颜憔悴枯瘦。《说文·面部》："臐,面焦枯小也。从面焦。"	《说文》："焦,火所伤也。"《玉篇》："焦,火烧黑也。""臐"从"焦",谓脸色如火烧黑般憔悴。
头痛如削	痟	xiao1	《说文·疒部》："痟,酸痟,头痛。从疒,肖声。"	张舜徽《说文解字约注》："痟之言削也,言隐隐作痛如见割削也。"
萎靡如皮	疲	pi1	本义为疲劳,困乏。《说文·疒部》："疲,劳也。从疒,皮声。"	"疲""旇"所从的"皮"声中有义。(殷寄明,2007:108-109)"皮"指被剥下的动物之皮,有软弱、不伸展的特点,"疲""旇"从"皮",分别以"皮"之靡弱比拟人之萎靡和旗之偃靡。
	旇	pi1	本义为旌旗披靡。《说文·㫃部》："旇,旌旗披靡也。从㫃,皮声。"	
酒气上行如烟熏	醺	xun1	《说文·酉部》："醉也。从酉熏聲。"	"醺"源于"熏","熏"指烟熏,"醺"指喝醉后酒气熏人。

续表

隐喻主题	构造隐喻表词的汉字	拼音	字的本义	文字构造解释
车坚如磬	䡼	keng1	本义指车坚牢。从车，殸声。	䡼所从"殸"声中有义，段玉裁《说文解字注》："殸，籀文磬。"䡼从"殸"，以"殸"喻车像磬一样坚牢。
高屋如巢	轈	chao2	战车的一种，车身高大，上面有一个像鸟巢一样的板屋，用以瞭望敌情。	"轈"从"巢"，以鸟巢喻战车上高架的板屋。
车较如耳	䡈	mi2	本义指天子所乘车上的金饰车较，即车箱两旁木板上作扶手用的曲木或曲铜钩，又称车耳。从耳，麻声。	䡈从"耳"，以人耳喻车较。
铃声如鸾鸟和鸣	鸾	luan2	君王所乘马车上马衔铁两边的铃铛。	《说文·金部》："鸾，人君乘车，四马镳，八鸾铃，象鸾鸟声，和则敬也。从金，从鸾省。"鸾从鸾省，以鸾鸟之声喻鸾铃之音。
玉瑵如爪	瑵	zhao3	车盖玉瑵。指车盖弓末由玉装饰的爪形部分。	《说文·玉部》："瑵，车盖玉瑵。从玉，蚤声。"段玉裁《说文解字注》："瑵、蚤、爪三字一也。皆谓盖橑末。指爪字作叉，当云车盖玉叉也。""瑵"所从"蚤"声中有义，以指爪拟诸"瑵"形。
玉瑑如篆	瑑	zhuan4	《说文·玉部》："瑑，圭璧上起兆瑑也。从玉，篆省声。"指玉器上雕饰的凸纹。	徐错《说文解字系传》："瑑，谓起为垅，若篆文之形。""瑑"的声符兼表义，篆文和玉器上的雕纹相似，故称玉器雕纹为"瑑"。
玉璙逶迤如水流	璙	liu2	《说文·玉部》："璙，垂玉也。冕饰。从玉，璙声。"璙是古代帝王冠冕前后垂下的玉串。	徐错《说文解字系传》："自上而下，动则逶迤，若水流也。"
瑟纹如瑟弦	瑟	se4	《说文·玉部》："玉英华相带如瑟弦。从玉，瑟声。"指纹理如同瑟弦之玉。	以瑟弦喻玉之纹理，因名之为"瑟"。

第二章　Metalude 和《说文解字》汉字隐喻语料库的构建　　79

续表

隐喻主题	构造隐喻表词的汉字	拼音	字的本义	文字构造解释
霞色如瑕	霞	xia2	《说文·雨部》："赤云气也。从雨叚声。"指彩霞。	《同源字典》中，瑕、霞（赮）、瘕、鰕、騢同源，《说文·玉部》："瑕，玉小赤也。""霞"源于"瑕"，因与"瑕"的颜色相似而得名。
騢色如鰕	騢	xia2	毛色赤白相杂的马。《说文·马部》："騢，马赤白杂色，谓色似鰕鱼也。"	"騢"源于"鰕"，"鰕"即是"虾"，烹煮后色红，因以"鰕"名之；"騢"以"鰕"之色来比拟马之毛色。
人病如玉病	瘕	xia2	《说文·疒部》："瘕，女病也。"指妇女肚子里结块的病。	"瑕""瘕"同源，瑕是玉上的赤斑，玉尚洁白，故"瑕"为玉之病，"瘕"源于"瑕"，"瘕"谓人之病。二者义通。
（树木）枝柯横生如草散乱	格	ge2	指树木的枝柯。《说文·丰部》："格，枝格也。从丰，各声。"	《说文·丰部》："丰，艹蔡也。象艹生之散乱也。""丰"像草散乱生长之形，格从"丰"，以草散乱之形比拟枝柯横生的样子。
门扇开阖如鸟翅	扇	shan4	本义为门扇。	《说文·户部》："扇，扉也。从户，从翄声。""翄声"当依徐锴《说文解字系传》作"翄省"，"翄"指鸟翄，门扇开阖犹如鸟翅，因此"扇"从户从翄省会意。
门形如圭	闺	gui1	上圆下方的门，上面没有房屋覆盖。	《说文·门部》："闺，特立之户，上圜下方，有似圭。从门，圭声。""闺"的形状像玉圭，因此从"圭"。
环突如角	觼	jue2	《说文·角部》："觼，环之有舌者。"	指有部分突出的环，突出的部分像角，故"觼"从"角"。
馗形如龟	馗	kui2	本义指向多方通达的道路。	《说文·九部》："馗，九达道也。似龟背，故谓之馗。馗，高也。从九，从首。"段玉裁《说文解字注》："龟背中高而四下，馗之四面无不可通，似之。以叠韵为训也。""龟""馗"叠韵，以龟背喻"馗"的形制。

续表

隐喻主题	构造隐喻表词的汉字	拼音	字的本义	文字构造解释
呼号如虎啸	諕	hao2	本义为呼号。《说文·言部》："諕，號也。从言、从虎。"	呼号声高于平时语声。"諕""號"从虎，以虎的叫声比喻號声之高。
火是眼睛	蔑	mie4	指火不明亮。《说文·苜部》："蔑，火不明也。从苜，从火，苜亦声。"	"苜"的字义为眼睛不正，引申而有眼睛不明之义。"蔑"从"苜"从"火"，训为"火不明"，以目之昏喻火之不明。
女子体态修长柔弱如毛发	姌	ran3	《说文·女部》："姌，弱长貌。从女，冄声。"指女子柔弱修长的体态。	姌 所从"冄"声中有义。《说文·冄部》："冄，毛冄冄也。象形。凡冄之屬皆从冄。""冄"的金文字形作，象须髯或枝条之形；姌从"冄"得声义，谓女子体态之柔弱修长与毛发或枝条类似。

第三章

基于语料库的《说文解字》字（词）汇隐喻模式研究

第一节 汉语符号的隐喻起源

一 隐喻的认知性

17—18世纪的意大利哲学家维柯（Giambattista Vico）认为，语言的本质和起源是隐喻的，早期的语言每一个词都是一种隐喻。20世纪80年代，随着莱考夫与约翰逊合著的 *Metaphors We Live By* 一书的出版，隐喻被提升到人类认知方式的高度，开始备受关注。莱考夫与约翰逊在书中开头部分这样说道："Our ordinary conceptual system, in terms of which we both think and act, is fundamentally metaphorical in nature."（我们思维和行动所依据的概念系统，本质是隐喻性的。）[①] 由此得出的推论是，隐喻性语言只是隐喻思维派生出来，反映隐喻思维的。人类思维方式的隐喻性直接导致了语言的隐喻性，隐喻性可以说是语言的本质特征。

隐喻本质是通过对B的知识来理解和经历A，其前提是二者属于不同的认知领域，其基础是二者的象似性。而隐喻的替代理论揭示了可以用B来替代A。"隐喻利用一种概念表达另一种概念，需要这两种概念之间的相互关联。"[②]

[①] George Lakoff, Mark Johnson, *Metaphors We Live By*, Chicago: University of Chicago Press, 1980, p. 3.

[②] 赵艳芳：《认知语言学概论》，上海外语教育出版社2001年版，第99页。

罗曼·雅柯布逊（Roman Jakobson）在"The Metaphoric and Metonymic Poles"一文中指出，隐喻和换喻是构建人类一般语言和行为（即概念化）的两种基本的思维方式，并在人类一般行为和语言中得到体现。隐喻的基础是象似性（similarity），换喻的基础是邻近性（contiguity），而在正常的言语行为中，会由于文化模式、语言方式、说话人个性等的影响，出现对其中一种方式的偏好。① 在"Towards a theory of metonymy"一文中，拉登（G. Radden）与佐尔坦·考莫科斯（Zoltán Kövecses）对语言符号ICM中的概念、形式和事物的关系进行了转喻研究，结果发现语言在本质上植根于"形式转指概念"的转喻；如以"桌子"字样转喻概念"桌子"（table for table），而形式和概念结合在一起的符号可以转指客观事物，如词语"玫瑰"转指真玫瑰花（word rose for a certain real rose）。由此，拉登与考莫科斯得出了"人类语言本质上是转喻的"这样的结论②。在能指与所指没有必然联系的语言符号系统里，这个结论或许成立。但对于属于表意系统的汉字符号，这个结论是站不住脚的。

在《普通语言学教程》中，欧洲符号学奠基人索绪尔指出，语言符号能指与所指的关系是任意的，由此，很难设想语言符号能指与所指间会有任何联系。但索绪尔也在《普通语言学教程》中声明，他在该书中的研究仅限于表音文字；而汉语是表意文字，是汉民族的第二语言，其中的文字也是概念的符号。汉字以象形文字为基础，汉先民在造字时，寓意于象，借象表意，汉字符号形式和内容间存在着象似性的联系。本节拟从汉字符号能指与所指的关系出发，研究汉字的隐喻性，并证明隐喻思维对于汉字生成的促进作用。

二 汉字的起源与隐喻思维

关于汉字的起源有两种主流观点：结绳记事和图画说。二者都说明汉

---

① Roman Jakobson, "The metaphoric and metonymic poles", in René Dirven, Ralf Pörings, eds. , *Metaphor and Metonymy in Comparison and Contrast*, Berlin, New York: Mouton de Gruyter, 2003, p. 41.

② G. Radden & Z. Kövecses, "Towards a theory of metonymy", in Panther Klaus – Uwe, G. Radden, eds. *Metonymy in Language and Thought*, Amsterdam/Philadelphia: John Benjamins Publishing Company, 1999, pp. 17 – 59.

字的创造并不单纯是为了记录语言，而是为了记事。许慎在《说文解字·叙》中做了这样的总结性描述："古者庖羲氏之王天下也，仰则观象于天，俯则观法于地，视鸟兽之文与地之宜，近取诸身，远取诸物，于是始作易、八卦，以垂宪象。及神农结绳为治而通其事，庶业其繁，饰伪萌生。黄帝之史仓颉，见鸟兽蹄迒之迹，知分理可相别异也，初造书契。"这段话说明，汉字符号来源于客观之物，经历了"易，八卦"→"结绳"→"书契"这样的演变过程。在《说文解字·叙》中，许慎指出了"文"与"字"的区别："仓颉之初作书，盖依类象形，故谓之文，其后形声相益，即谓之字。文者，物象之本；字者，言孳乳而浸多也。"则"文"指象形、指事这两类以观物取象为基础的独体字，而"字"是在"文"的基础上派生出来的合体字。"文"是最初的汉字形态，是汉字的基础。

许慎在《说文》中，把造字法归结为六书，分别是"象形"、"指事"、"会意"、"形声"、"假借"和"转注"；而假借和转注是用字之法，并不产生新的字形。祝敏申在《〈说文解字〉与中国古文字学》指出，象形和指事是汉字进化的第一层次，会意和形声是汉字进化的第二层次。唐兰先生的三书说把汉字结构分成"象形""象意""形声"三类，并在《中国文字学》中提出，象形文字和象意文字是上古时期的图画文字，形声文字是近古时期的声符文字。可见象形字的确是汉字的初始形态。

"日""月""水""火""草""木""人""手""心""口"等典型的象形独体文字，其符号形式并非所指称事物的具体描绘，而是表现了所表征范畴的特征。这即是象形汉字和图画的区别所在。"日"并不是真的太阳，"木"也并非像甲文所绘那样只有三个枝丫，这些形象只是与所指称的事物有所相似，从而在文字交流中隐喻所指的客观物类，成为有意义的符号。

被许慎列入指事字的"上""下"甲文形式分别是"⼆""⌒"的样子，由一短横相对于一长横的空间关系表示上下概念，简直就是"上""下"两种空间关系的意象图式，其中长横可视为路标（landmark），短横可视为动体（trajector）。表回旋意义的"回"字，甲文作"☉"，直接描绘了事物回旋的情状。"八"字，甲文用两个方向相反的笔画表示，作")("，《说文》："八，别也。象分别相背之形。"按唐兰先生"三书说"

的汉字归类法,"上""下""回""八"当归入"象意"文字。不管是"象形"还是"象意",都离不开一个"象"字。以上字例反映了造字之初,古人在隐喻思维的推动下,在字形和抽象概念之间创造了象似性,以达到见"文"知"意"的目的。

还有一类指事字,是在象形字上作标记标识认知对象。如"本""末",分别是在"木"字下面和上面加了一横,指出要表达的部位是"树根""树梢"。则这类字是以象形文字为基础,所加的指事符号仿佛是着重号,提醒人们意义的重点所在。此类符号的创造,亦离不开隐喻思维。

最初的象形文字表达的是具体的事物。当先民们从具体概念中逐渐获得了抽象思维的能力时,就借助表示具体事物的词语表达抽象的概念。如"永"字,甲金文形体是河流之形,本义是"水流长远"。《诗·周南·汉广》:"江之永矣。"

而"永"又有"时间长远"的意思。《诗·卫风·木瓜》:"匪报也,永以为好也。"再如"羊"字,甲文象羊头形,本义指羊。《说文》:"羊,祥也。""羊"与"祥"通,出现在古器物铭文上的"吉羊"就是"吉祥"。羊是草食动物,性格温顺和善,肉可食,皮可衣,因为这种实用性,被汉先民视为吉祥的象征。"美""善""義"均从"羊"构形,《说文》:"美,甘也。从羊从大。"《诗·卫风·硕人》:"美目盼兮。"《说文》:"善,吉也。从言从羊。""義"甲文从"羊"从"我"("我"本义是一种兵器),《孟子》:"义,人之正路也。"则"羊"由其给人温饱的功能而象征美好、善良等种种抽象的品性。汉民族有一种习惯的思维方式,就是借物寓意,借具体事物表达抽象内容。这一点表现在诗歌中,就是对"比兴"手法的大量应用,《周礼·大师》郑众注:"比者,比方于物也;兴者,托事于物";而表现在汉字构形上,则是对"取象表意"的偏爱和执着,在符号能指和所指之间创造"象似性",使能指和所指有一定的关联。这是隐喻的思维方式。

汉字发展第一阶段的象形文字,其能指与所指之间的关系如图3-1所示。

字形由客观事物和头脑中的概念而来,而字形又可隐喻概念和所指物,与概念和所指物之间存在着象似性。

会意字是以象形独体字为基础的合体字,《说文》:"会意者,比类

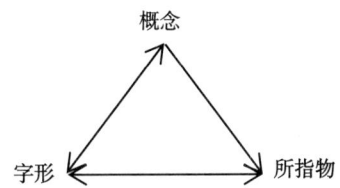

图 3-1 汉字象形文字能指与所指之间的关系

合谊,以见指伪,武信是也。"所谓会意就是会合两个或两个以上的文字符号,来标识一个新的所指的造字方法。古人在创造会意字时,根据日常的所见所感,对所表达意义进行有形的描绘。三木为"森",三人成"众",字形和所指的象似性显而易见。人依着树木是休息的"休",大人背着婴儿是保护的"保";手放在木上是采摘的"采",这些汉字就像是生动的图画,因其象似性,指向所表达的意义。还有一类会意字是"以义会意",如"昶"字,《说文解字》:"昶,日长也。从日、永,会意。"日指时间,永指长久,日久为昶。则这类字和形声字一样,虽然字形与所指意义并无直接的关联,其构形部件仍是最基础的独体象形文字。

形声字后起于象形字,段玉裁《说文解字注》:"形声即象声也。其字半主义、半主声。半主义者,取其义而形之;半主声者,取其声而形之。"形声字的大量出现,是汉字"因形见义"的根本特性与"表音需求"调和的产物。汉字系统呈现出由表意文字向表音文字发展的趋势,这是为学界所公认的。但形声字表意符号仍然体现汉民族隐喻思维的象形性,因此它们依然是一种象意类文字。

三 结论

汉字起初并不是为了记录语音而存在,字形和所表达的内容之间因为相似而产生了直接的联系。能够用文字来指称客观事物,这本身反映了造字主体的理性思维已经发展到了一定的高度;而主体在字形和事物之间创造象似性的偏好,则是运用隐喻思维的结果。造字之初,汉字字符形式和其指称概念因相似而融合成汉字符号,因相似而发生形式对所指的替代,由此,产生了充满诗情画意的汉字,并为灿烂的中华文化定下了优美的文字基调。

第二节　词汇隐喻的形成和演变

一　什么使隐喻的历时研究成为可能?

特里姆[①]曾经抱怨，有关概念隐喻的历时研究似乎被长期忽略。事实上，在20世纪90年代，斯维瑟也对此进行了评论。斯维瑟认为："语义变化的研究已经历了一段很长时间的忽视，主要原因是语言史的语音方面分析相对系统分析来说更易于开展。语义转换通常被视为随意性、反复无常并且无规则可循；建立与之相关的普遍规则几乎是不可能的。"[②]（Sweetser，1990：23）迟至2003年，特里姆还坚持认为，"这种忽视的原因之一是语义演变表面上的随意性导致了过去的具体研究成果较为缺乏。"

相对于历时角度，从共时角度为语义研究建立普遍模式更为简单，但对于历时分析的忽视让我们看到了问题：当代认知语言学家强调隐喻和词源学之间的关系，但他们对于两者关系的深入研究比较缺乏。到目前为止，在隐喻的历时方面的研究相对较少。其中，斯维瑟（1990）以及格拉茨和龚多拉斯（1995）的研究影响比较大。

二　词源中的隐喻

概念隐喻认为，隐喻和转喻是词汇语义变化的两种主要途径，结果导致词的多义性。[③]语言学家揭示了一种普遍的现象，即世界上几乎所有的人类语言，其词义通常是借助隐喻和转喻得以扩展的。这一事实证实了认知语言学的一个基本假设，即全世界的人都拥有操控思维、促进语言词汇

[①] Richard Trim, "The evolution of conceptual metaphor: towards a dormant networking hypothesis in English and French", paper delivered to the International Conference RAAM V: Researching and Applying Metaphor (program and abstracts), University Paris 13, France, September, 2003.

[②] Eve Sweetser, *From Etymology to Pragmatics: Metaphorical and Cultural Aspects of Semantic Structure*, New York: Cambridge University Press, 1990.

[③] Zoltán Kövecses, *Metaphor: A Practical Introduction*, New York: Oxford University Press, 2002, pp. 146-147.

隐喻拓展的隐喻或转喻概念系统。另一个事实是在跨语系历时语义变化中，词义从具体到抽象的变化也非常多见（Sweetser，1990；Jakel，1995）。也就是说，"词的原义（通常是一个具体的、有形的一件事或是一个动作）被转移到其他意义（通常是较为抽象的，在某些方面与原来的事或动作具有象似性的）上。"[①] 这恰恰证实了莱考夫的假设，即隐喻是一种从具体的源域到更为抽象的目标域的跨语域映射。爱默生（Ralph Waldo Emerson）明确指出：

> 任何用来表现道德或知识事实的文字，究其根本，都是从某些物质的外部形体中借介而来的。"对"指的是"笔直"，"错"则是从"扭曲"而来的。"精神"最初指的是"风"，"道德犯罪"指的是超越"界线"；"目空一切"原来的意思是"扬起眉毛"。我们用"心"去表达情感，用"脑袋"来描述思想。而"思想"和"情感"本身也是从有形物体借用过来的，现在已经专门用来表达精神世界。大多数这种变化过程不为我们所知，因为语言是在远古时期构成的，但同样的倾向每天可以在孩子们身上观察到。[②]

这里，爱默生的解读探讨了词义的两个层面，一是有形物质/具体性；二是无形物体/抽象性。在英语中，关于心和头两者的界定更为严格：心是感觉和情绪的地方，而头是推理和思考的地方。因此，爱默生才会说，"我们用'心'去表达情感，用'脑袋'来描述思想。而'思想'和'情感'本身也是从有形物体借用过来的，现在已经专门用来表达精神世界。"也就是说，不论有形还是无形，也不论是具体的抑或抽象的，依靠借用形成的隐喻关系都是存在的，而且通常多为从具体到抽象的投射，人类的隐喻思维多借此方式生成。但是，这种划分并不适用于汉语文化。在汉语中，心和脑的区分较为模糊，心（xing，字面意思是"heart"）不仅是情感也是思想的地方。此外，可以从汉字"脑"（nao，字面意思是"brain"）中看到，古代中国人创造这个汉字之时便认为头是思想的地方。因此汉语中的头和心都有推理和思考的官能。英语文化和汉语文化对

---

① Robert Claiborne, *Loose Cannons, Red Herrings, and Other Lost Metaphors*, New York: W. W. Norton & Company, Inc., 1988, p. 13.

② [美] 爱默生：《爱默生散文选》，姚暨荣译，百花文艺出版社2009年版，第6页。

于心和脑的官能的认知不仅影响了英汉语中有关思维的词汇的生成和发展，同时也影响到两种语言中涉及思维的隐喻主题的共时结构和历时变化。但是，无论两种文化在这方面的语言表达的差异有多么巨大，它们之间都有一个显而易见的共同点，即远古时期生成隐喻思维的理据每天都频繁地出现在那些天真无邪的儿童的行为举止上。

爱默生对于隐喻和词源学的关系的解读可以用图 3-2 来表示（此处以"对"为例）。

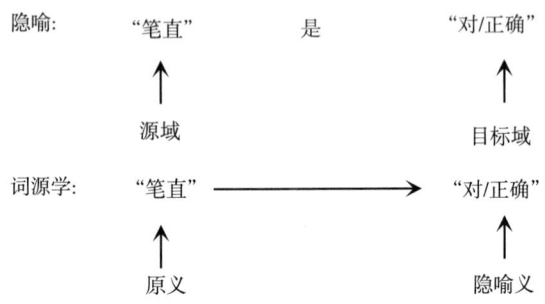

图 3-2　隐喻与词源学的对应关系

如图 3-2 所示，"对/正确的"的义项通过两种途径与原来的字面意义"笔直的"发生关系。这两种途经便是认知语言学的隐喻化和转喻化。① 爱默生指出，许多潜在的隐喻化和转喻化最初是语义发生"变化"（transformation）的理据，现在这些理据已经模糊化。以"对"为例，在这个词进入英语之前，借助"对/正确的是笔直的"这样一个隐喻概念，其词义发生了变化。根据牛津英语在线词典②和韦伯斯特在线词典③，"对"字源自拉丁语"rectus"，包含"笔直"和"正确"两个意思，但是作为词根的"reg-"意为"使得或致使……笔直"。根据皮尔斯（C. S. Perce）的符号学，一个词具有的象似性起源④已经失去了它的理据功能。从符号使用的角度来说，那些以英语为母语的人虽然十分了解

---

① Elizabeth Closs Traugott, Richard B. Dasher, *Rugularity in Semantic Change*, London: Cambridge University Press, 2002, pp. 27-33.

② http://dictionary.oed.com/cgi/entry/.

③ http://www.m-w.com/dictionary.

④ 关于相似性概念以及象似性和语言起源之间的关系，请参考哥特利（1997: 78, 127, 164, and 246）。

"right"的不同意义和用法,但是他们却很难完全理解其语义结构中的隐喻概念,也很难发现隐喻是这个词的语义发展的根源。

隐喻无疑是词的多义化的重要推手。借助家族象似性、类比性以及其他相关的认知机制,隐喻把通常毫无关联的领域系联起来,在字或词的语义结构中创造出新的义项。正如哥特利(1997)所言,"单词获得一词多义(即两种或两种以上的相互关联的意义)的过程存在两类明显的隐喻化,并因此确立起隐喻和词源学的联系。第一类是词义缩小①或扩展,作为概念来讲指的是变化或是演变"(Goatly, 1997: 31)。词的语义扩展更多是通过隐喻来实现的。例如,英语单词"brother"源自古英语单词"brōther"(意为"同母同父或是父母亲中有一方是相同的两个男人"②)。在隐喻主题"社会群体是一个家庭"、"国家是一个家庭"以及"家庭代表共同兴趣或思想"的作用下,最终生成新的词义"与你同在一群体中、或是与你在某方面兴趣相投、或是和你有相似思考方式的一个男人"。另一个英语词汇"germ"则经历了一个语义不断缩小的过程。1644年,该词最初的意义是"处于新生物的萌芽阶段"。这个最初的词义在词组"wheat germ"和"germ of an idea"中得以保留;1803年第一次在英语文献中出现用"germ"来表达"病菌"之意的用法;"germ"获得"有害的微生物"之意则可追溯到1871年。③ 作为这种历时性词义缩小的结果,即从"处于新生物的萌芽阶段"到"有害的微生物",单词"germ"开始指称"一种新事物,即细菌"。④

第二个过程是对较远语义场中的一个词进行隐喻转换,比如,使用"leg"指代桌子的一部分,或是用"birdie","eagle"分别指代高尔夫的标准杆的1杆和2杆。扩展和转换的结果在很多情况下差异不大。从历时的角度看,"current"的两种意义,即"水流"和"电流",从一个单一的意义发展成现在的两个意义(Waldron, 1967: 173)。但是从共时的角度看,对于当代语言体系的使用者来说,一词多义现象尤为常见,如同"leg"和"eagle"的隐喻转换例子。

---

① 莱考夫并不认为词义缩小是一种隐喻的过程,因为没有产生跨域映射。
② 见韦伯斯特在线词典和牛津英语在线词典。
③ http://www.etymonline.com/index.php?search=GERM&searchmode=none.
④ 哥特利(1997: 31)借助单词"germ"的例子试图证明,从共时视角看,表面上的隐喻转换实则是历时角度的词义缩小或扩展的产物。

对于这些语义变化来说，重要的是它们中的大多数是由隐喻产生和推动的。此外，哥特利认为，重要的是隐喻化过程已经在一种语言的词汇上留下烙印，因为隐喻扩展和转换已经词汇化，也就是说，它们已经作为另一种约定俗成的意义进入了词典（Goatly，1997：31）。换言之，作为概念的符号结构，词形是建立在隐喻关系上的，即通常为词形创造出新的含义，并在原义（字面的/隐喻的）和隐喻衍生义之间建立类比关系。因此，隐喻是一种促使单词或词源产生词义衍生的认知机制。但是另一方面，作为语义变化的一种结果，在一个词项上原来单一同时又是具体的意义经过隐喻和转喻的过程被切分成两个或两个以上的意义，从而形成了既有具体的又有抽象意义的一词多义现象。史蒂芬·厄尔曼（Stephen Ullmann）关于一词多义的研究，事实上是一种由多义隐喻分离历时语义的结果。譬如，厄尔曼以名词"board"为例，从原义"薄木板"分成多种意义：

a. 写字板
b. 桌子
c. 膳食
d. 全体委员

等等

这些意义分别是从以下途径得出：
转喻：事物指代构成此事物的材料
转喻：事物指代构成此事物的材料
隐喻：食物是木板
隐喻：人是木板

从历时角度看，这些隐喻和转喻引起单词"board"的语义扩展，产生新的语义场；但从共时角度看，作为历时扩展的结果，"board"是被分成"tablet"和"table"两个意义的。厄尔曼因此将隐喻视为一词多义的丰富来源：一个单词在保持原义的前提下可以有一种或多种比喻义；旧义和新义可以共存，只要它们之间不存在混淆的可能性。在许多情况下，隐喻都可能从词汇的中心意义中"辐射"出来（Ullmann，1962a：162）。

维柯在所著的《新科学》一书中提到他发现的原始语言中的一些隐喻模式，并试图以隐喻词源学为基础来构建一个基于具身化"诗性智慧"的原始思维模型。"原始思维是基于身体体验，而不是依据分析和推论的一种思维。"(Danesi,1993:52)维柯认为,词语的词源反映了人类的起源。他相信,"就像神话历史一样,词的历史可以为价值观和思维模式的变化提供宝贵的证据。"(Burke,1985:84)"我们发现,语言和文字的起源可追溯到第一批非犹太人。他们是出于一种自然的实际需要而学会运用诗学文字的诗人。"(Bergin & Fisch,1984:21-22)这些诗学语言本质上是隐喻的。因此,隐喻是每个民族语言中的重要组成部分。

从目前的语义理论看,维柯关于隐喻是概念意义起源的真知灼见意义重大。斯维瑟(1990)的论著《从词源学到语义学》是建立在维柯的主要原则之上,虽然斯维瑟似乎并未意识到这一点。但是,斯维瑟令人信服地指出,从人类经验而来的概念系统是基于隐喻的,词源学为研究人类的概念系统提供了可能的路径(Danesi,1993:64)。

正如马歇尔·丹尼西(Marcel Danesi,1993)所指出的,"语言是基本的符号学,意味着人们需要对思想进行编码,并且加强、传播以及保存它们。如同维柯描述的,语言是一种文化的内存(记忆),是文化意义的储藏室(知识库)。"(Danesi,1993:58)几乎在所有的人类原始语言中,基本的符号系统主要是通过观察符号与所指物之间的相似点而构建的。这种象似性已经在单词及其意义上留下痕迹。作为所指对象的相似符号——单词,在长期的使用中词及其含义已经经历了符号通俗化的过程,而这一情况至少产生了两大优势。也就是说,促使单词形式变化或其新义产生的象似性理据已被岁月隐匿,好似被覆盖上一层厚厚的灰尘,但是它们并未消失,而是在日常话语的交际中被普通的说话者忽略了。

人们在日常交际中往往忽略了隐喻和转喻的联系,这通常不会带来问题,在很多情形下反而有利于交际。然而,在学术研究中,这种忽视就会产生一些严重的问题,这种忽视甚至会影响人们对语言中隐喻本质的判断,因为语言隐喻代表的是古人创造字词时对于所指的认知。维柯发现,原始语言是诗性的,也是隐喻性的。原始语言发展成为当今的人类语言,经历了漫长的历史和文化的洗礼。因此。人类语言的隐喻在一定程度上保留了原始社会的思维和认知的痕迹。古人对于身体的感知先于对外部世界的感知,原始人类往往通过表示身体不同部位的单词来感知外部世界。两百年前,维柯已注意到隐喻化世界的人类中心说倾向。"所有语言中,大部分无生命物体的表达是从人类的身体和身体部位以及人类的感官和情感中转移而来的。无知的人类让自己成为宇宙的评价标准。"(Ullmann,

1957：214）

  我们可以从不同语言中证实人类中心说的倾向。但是，我们是从后代的视角来认知语言的隐喻化，而不是通过古人的视角来观察和发现的。实际上，古人可能有不同看法。换言之，这是一种不对称性的隐喻，即"说话者和听话者对于隐喻的意图和解读不一定对等"。这种隐喻的不对等性源于一种历史的不对等性，姑且称之为"历史主体性"，即指因时代跨越而产生不同的主体思想观点。比如，古代隐喻创造者的观点和现代隐喻使用者的观点就有很大的差异。

  隐喻的不对等性观点必然导出"隐喻是一个文化历时演变的动态过程"的推论，所以有必要对基于隐喻的文化作历时方面的探讨。先看一个关于幽默语词汇的有趣例子。"当我们将某人描写成一个热血的人或是铁石心肠的人或是智力平平的人，我们意识到话语中包含了隐喻。然而，在过去，我们会认为这仅仅是在谈论人的身体和素质。"（Pope，1985：179）

  单词"germ"最初的意思是"seed"（种子，胚芽），这一含义仍保留在短语"wheat germ"（种子的胚芽）中。但在英语的历史上，曾经有一个时期，人们在用"germ"表示疾病时，会自认为是按照字面意思来使用它的，那时的人们认为疾病事实上是由种子引起的。但后来，种子致病的观念消失了，"germ"的含义也因此缩小，仅仅表示"微生物"之意。因此我们先是脱离了最初的字面含义，然后是隐喻义，到现在只剩下非隐喻的字面意义（Goatly，2007：119）。尽管哥特利对于不对等性隐喻的关注主要是在共时方面，但是这种解读也同样适用于汉语中阴阳五行的字（词）汇隐喻。总之，以上论述说明，词源中存在隐喻、存在隐喻和词源发展的相互依赖关系，而且隐喻还是语词的词源义发展演变的重要因素，这也是我们开展隐喻历时研究的前提和动因。

  既然在神话和语言中隐喻思维都是存在的，那么"我们必须倒退到神话和语言这两条分散线的起点上，而不是在它们的前进路上去寻找方法"，而且必须从"隐喻的本质和含义"上开始（Cassirer，1946：84）。就词汇隐喻而言，词义的扩展和转移、新词的创造以及同源词的产生通常来自隐喻思维或被解读为隐喻思维的结果。一种语言中由一个隐喻思维产生的所有单词通常是同源词。至今，认知语言学家和词源学家已经发现英汉两种语言在同源词的词源结构上有很多隐喻模式（任继昉，1992；Wu，1984；Trim，2003；Traugott & Dasher，2002）。以下几节将着重讨论英汉单词的词源学中的隐喻例证。

三 汉语词源中的隐喻

英语中的字母按字母顺序排列，但汉字不同，汉字具有象形特征。这意味着汉字在一定程度上具有象似性。汉字的象形特征有助于词源隐喻研究。正如德里达（Derrida）所观察到的，最早的文字记录是象形的，"如同第一个单词，第一个象形汉字在模拟表征和隐喻替换上都是一个图像。"（Derrida，1998：282）

但事实上，汉字比英语单词复杂。有些汉字是独立的意义单位，但很多汉字是和其他汉字或字根组合形成新的汉字。汉字相当复杂，关于其特性的描述，至今未有一种被广泛接受的观点。虽然"汉语书写系统和拼音文字一样都是规约符号"，但可以被"去规约化"和"再象似化"（Ding，2005：277）。这种"再象似化"是用来揭示在汉字历史演变过程中形成使单词成为单词本身的符号隐喻关系，比如探讨语言中的象似起源，从而揭示隐藏在规约化结构中的共时差异和历时性因素。

四 汉字结构中的隐喻

按照许慎在其论著《说文解字》中提到的汉字分类系统，汉字可被分成六类：象形（pictographic）；指事（indicative）；会意（associative）；形声（picto-phonetic）；转注（annotative）；假借（borrowing）。丁尔苏（2005）指出，在汉字的六种分类中，后两类（转注和假借）只是关于汉字之间的关系问题，与汉字的结构性特征并无关联。因此，就汉字的结构而言，在许慎的分类法中，汉字只有四大类，或者说汉字的结构形成有四种方法。问题的重点是在这四类汉字的形成过程中都可以发现隐喻的象似性起源。

第一种类型是象形文字使用简易的图形形式表征指代的物体。汉字"建"在甲骨文中就像是一个船夫手持船杆站在船上的简易图画。根据许慎的《说文解字》，在汉朝，"建"字的原义是指制定王室的法律。因此我们可以看到，汉字"建"在字的形状上，船被隐喻化使用，指代王室、王朝，借助"组织是船"的隐喻实现了隐喻转换，同时对汉字"建"在语义结构上最早的图形意义"船"的消失过程进行了初始化。

第二种类型是指事汉字。举个例子，汉字"上"和"下"包含一长一短的两个笔画。当短的一划在长的之上时，这个形状指示的是"上"的概念，但当长的一笔在短的之上时，指示的是"下"的概念。因此"上"和"下"的意义分别借助"上是短"和"下是长"两个隐喻得以表达。

第三种类型是会意字，即将两个或两个以上可以独立表意的构字部件组合在一起来表示一个新的概念。甲骨文中，会意字"休"（repose, sleep on bed）看似一个人站在树下。它通过转喻链：

树下的一个人＝舒适地躺卧＝舒心的休憩＝在床上睡觉

从而获得词义扩展。

第四种类型是形声字。比如，形声字"坟"（grave）是由语义符号"土"（soil）和语音符号"文"组成。值得注意的是，语义符号"土"仅表明物体"坟"所类属的一个上位范畴的名称，而没有直接表示汉字的意思。汉字"坟"在其形成过程中产生"坟墓"（grave）的意义，表明了我们的祖先找到坟墓和泥土堆之间的标引性的邻接性关系，并且运用这种邻接性作为新词创造的一种转喻理据，从而在以下的会意关系链中获得意义。

"泥土"→（泥土堆）→"坟墓"

五　汉语词汇构造中的隐喻

在古汉语中，一个汉字对应一个词，但在现代汉语中，一个汉字仅对应一个词素。这是由于在秦后期到汉代的那个时期，古汉语出现了一种由盛行单音节词向盛行双音节合成词的转变。汉语中长期双音节合成词化带来的结果是，在很多情况下汉字开始表征词素。通常，双音节词的构成很大程度上受到词素所代表的不同事情之间的隐喻关系的影响。古人早已意识到这一点。

（1）双音节单词"方心"（表示"公义和公平"之意），由词素"方"（square）和"心"（heart）组成，在两个隐喻中获得了词义。

公义/公平是方。

感觉是心。

（2）云海（sea of clouds, stretch of clouds），由词素"云"（cloud）和词素"海"（sea）构成，通过以下隐喻实现词义。

无限是海。

六 汉字/词语语义演变中的隐喻

在古汉语中，频繁运用词的隐喻义容易使这些词的语义范畴发生变化。比如，汉字"穷"在古汉语中是形声字，甲骨文上表示一个人被关在洞穴内，因此它的原义是指"空间范围内"，之后经由图3-3呈现的隐喻用法扩展成不同词义。

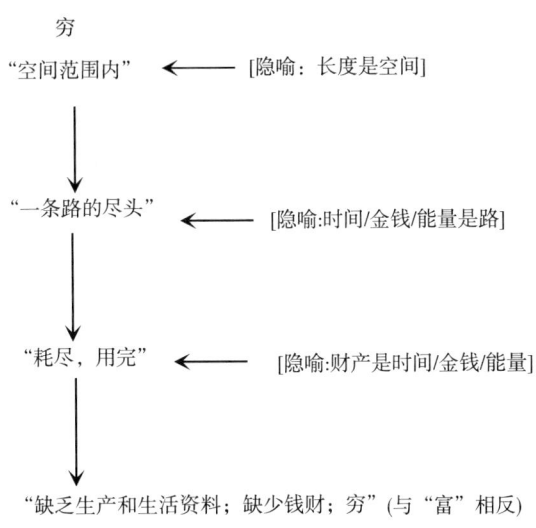

图3-3 "穷"字语义扩展中的隐喻

第一个语义变化借助汉语隐喻"长度是空间"来缩小"穷"字的意义（"空间范围内"→"一条路的尽头"）。对于古人来说，一个人站在一条路的尽头便是绝望，也就是说"没有办法摆脱困境"。这种认知影响汉字创造的理据。一个人站在路的尽头通常会让人联想到一个绝望的囚徒，因此汉语中就造出汉字"囚"来表征这个认知。在甲骨文中，"囚"字看似一个人被困在牢房中（一个有限的空间里）。其原义是指"囚禁某人"，但之后词义扩展成"一个人陷在困境中并且很绝望"。原来的汉语隐喻"长度是空间"通过单向空间（长度）代表三维空间（牢房或监狱的）的转喻实现了"穷"的词义缩小。

"穷"字的第二个语义变化（"一条路的尽头"→"耗尽，用完"）基于人类身体体验实现了转喻"路代表时间/金钱/能量"：通往一条路的尽头的路程通常被假定为是一段较长的路（至少对于古人来说是如此），因此人们到达路的尽头必须经过长途跋涉以至于感到筋疲力尽。也就是说人们到达路的尽头，通常是耗尽了体力、金钱或时间。因此基于"穷"字的第二个语义变化的隐喻本身是基于体验转喻：在某位置上的个人状态代表这一位置。

第三种语义变化借助了派生隐喻"时间/金钱/能量是路"。此隐喻将宝贵的资源（时间、金钱以及体力）视为做事的必要手段。

以上基于"穷"字的语义变化的三种隐喻都是转换隐喻。其中，第一个隐喻将原来的三维意义转换成单向的所指物；第二个隐喻将表示路的意义转换成表示宝贵的资源（时间、金钱以及体力）之意；第三个隐喻将表示宝贵资源之意转换成表示做事的方法。

七 英语词源中的隐喻

斯维瑟（1990）分析了"控制是视觉监控"隐喻在印欧语的词汇发展中所发挥的重要作用。这一隐喻的基础是对于某物体防护或保持控制，通常涉及被控物体的视觉监控；而人类视觉的范围与个人的影响或控制的范围具有象似性（Sweetser，1990：32-33）。因此，英语表示"强壮，充满活力"的词根＊weg-演变成英语单词"watch"和"wake"，并且在法语和拉丁语中继续保持其"监督"和"监视"之意。此外，这些词汇化隐喻也说明了另一个隐喻"控制是力量"。斯维瑟认为，感官动词（比如看see、听hear、感觉feel等词）的来源之一是表示人类感觉器官的名词，比如，动词"to eye"来自名词"eye"，拉丁文单词"audire"来源于前缀 aus-［耳朵］。两个词都是通过"感官是身体部位"的隐喻主题得以实现，后者的基础就是"身体部位的功能代表身体部位（原因代表结果）"的转喻。可见，即便语义变化是由转喻产生，但从共时角度看其结果却是隐喻性的。因此，由隐喻或转喻引起的语义转变是历时的过程，但是由语义转变产生的一词多义现象却是共时性的，或者可以说，它是作为语义变化的历史过程的结果。斯维瑟（1990）通过对多重认知域的语义结构分析，提出了一种新的见解。她的研究将莱考夫的共时分析和语义演变的历时分析相结合，研究结果发现：

外在感知词汇显示出与内在自我和内心情感词汇之间系统的隐喻性关系。这些词汇间的联系并不是任意的对应，而是在外在和内在情感相同或相似的范围内具有高度的理据性关联。同时它们也不是孤立的对应，……这些词汇都属于一个较大系统即概念隐喻中的一部分内容。(Sweetser, 1990: 45)

也就是说，以上提到的英语单词发生的这些语义演变并不是一种孤立的现象，而是概念隐喻系统的词汇化，或者说，就是英语词汇的原始象似性的概念转喻促使词汇的语义发生变化。

八 英语词汇构成的隐喻理据

哥特利(1997)将英语词汇的构成和隐喻之间的密切关系概括为以下两点：

(1) 词汇的构成涉及词义的隐喻扩展和转换；
(2) 词汇构成的任何变化，产生或伴随着词的加缀、合成或是习语化，这些将会进一步掩饰或掩盖了隐喻。

英语词汇的构成与汉字的构成在方式上大不相同，但可以肯定的是，隐喻扩展是英汉两种语言词汇构成的主要手段。

表 3-1　人是动物隐喻以及该隐喻在单词构成中的实现[①]

转换		后缀的形容词	复合词	动词+介词/副词	(Classical) burying of adjectives from species 从物种方面
名词到动词	名词到形容词/前置定语				
Badger(折磨), dog(跟踪、尾随), cow(威胁、恐吓), crow(夸耀), Fox(欺骗、假装), hog(使拱起), wolf(狼吞虎咽地吃东西), fleece(骗取)	cub(初出茅庐的), chicken(胆小的), cuckoo(愚笨的、疯狂的), wildcat(鲁莽的、不可靠的), mousy(胆小的)	Beefy(结实的), catty(警觉的、阴险的), horsey(爱马的、爱赛马的), kittenish(献媚的), mulish(固执的), shrewish(脾气暴躁的)	catcall, copycat, crowsfeet, frogman, harelip, harebrained, horseplay, monkey-business, night owl, nitwit, outfox, pigheaded, pugnose, pussyfoot, rat-race, roadhog, scapegoat, black sheep	beaver away, clam up, chicken out, hare off, horse around	bovine, leonine, simian, reptilian

哥特利(1997)通过观察由隐喻形成的大量英语词汇，发现隐喻在

[①] 表 3-1 引用自哥特利(1997: 95)，对应的中文翻译来自《21世纪大英汉词典》。

英语单词构造上发挥的重要作用。比如，表 3-1 中的英语词汇的不同构造源自"人是动物"的隐喻主题在英语中的不同词汇化方式。表 3-1 显示，通过转换、合成、加缀和习语化，一些动物单词被用来描述人类的行为、特征和外貌。比如，单词"dog"从一个名词转换成一个动词，意为"人像狗似的追猎、追踪或尾随"。单词"cub"作前置定语时用于描述一个年轻、没有经验的人。动物和人类在某些方面的确具有相似的特征，尽管它们之间的区别特征也是非常明显的。可是，在"人是动物"的隐喻主题的词汇化表达中，特征的重要差异被遮蔽了，凸显的是二者之间的象似性。"人是动物"的隐喻主题的词汇化体现为英语的各种词汇合成或生成方式。例如，一些动物的单词通过添加后缀来描述人类的特征。比如，后缀词"catty"可用来描述一个狡猾恶毒的人。人类在外貌上与动物的相似之处也透过隐喻的方式表现在英语词汇的结构上。比如，复合词"harelip"指的是一种由唇部胚胎发育失败而导致的上唇一处或多处裂痕的先天性缺陷，即"唇裂"①。同汉字的结构一样，英语词汇的构造中也包含大量的隐喻信息。

在英语词汇构造的变化上，哥特利也指出，"语言的形态变化使得隐喻词汇化，并使这种词汇化融入到语义系统中。"（Goatly，1997：105）比如，ravenous（形容词，表示"特别饥饿"）来源于 raven（名词"一种黑色的大鸟，嘴大而直，尾巴长、呈楔形"），词义衍生的理据就是"人是动物"这个隐喻主题。它的基础是"部分代整体"的转喻：用乌鸦来指代乌鸦身上具有的最突出特征。然后，曾经支持这个原义转化的隐喻理据消失了，但人们还在用"ravenous"来表示"特别地饥饿"，却没有意识到其隐喻拓展。即便是以英语为母语的人在使用单词 ravenous ［ˈrævinəs］时也没有考虑到 raven ［ˈreivən］。在这种情况下，单词"ravenous"已经是一种没有理据的规约符号（而不是相似符号），这与丁尔苏（2005）所举的汉语例子很相似。这表明"丰富的后缀变化代表了单词所经历的词汇化程度"（哥特利，1997：106），因此，英语词汇的构造和隐喻一起将它们原先高度语用的含义与语义词典的义项结合到一起。同样地，隐喻拓展也是汉字结构义形成的主要工具。比如，句子"他很牛"（He is very able or strong.）中，汉字"牛"（n."ox"）从名词转化成形容词，意为

---

① http：//www.m-w.com/dictionary/cleft+lip.

"能干的、强大的"。另外，一个名词和动词组合在一起形成了一个新的隐喻复合词，比如，鸟瞰［niao kan，字面意义："像鸟一样看"；隐喻义："事物的概括描写或主题的概况"］。习语化同样是汉字形成的一种来源，比如，炒鱿鱼［chao you yu，字面意义："煎炒鱿鱼"；隐喻义："被解雇"］是从广东话衍生而来的一个流行俚语。因鱿鱼一炒就会卷起来，工人被解雇就要卷铺盖走人。因此，这个词语就拓展成"被解雇"。然而，汉语中通过添加后缀的隐喻拓展比英语少很多。英语词汇很多是通过新的隐喻来实现语义拓展，相比之下，汉语更喜欢利用"旧瓶装新酒"的转注和假借来构造新字和新词并拓展新的义项。

九 结语

本节通过探讨隐喻与词源学的关系，证明了隐喻和转喻是词汇的原始象似性起源，它们在语义演变的各个方面都发挥着重要的作用。隐喻和转喻是语义变化的强大理据，也是一词多义的来源。两者既是共时的也是历时的。就英汉语词汇的历时语义演变而言，隐喻和转喻都是语义变化的理据和一词多义的来源，是探索词义文化理据和历史变迁的重要工具。从共时的角度看，隐喻和转喻是语言语用方面的创造因素。因此，概念隐喻的共时和历时分析都是十分重要的。通过语义变化"途径"的历史分析，可以阐明词汇域之间的共时语义联系。此外，共时联系也有助于解释过去语言学史上词义变化的原因（Sweetser，1990：45-46）。

第三节 表意汉字的构造与意象图式思维

意象图式（image schema）是认知语言学的一个重要概念。认知语言学认为，意象图式来自人与世界的互动体验，是比意象（image）更加概括和抽象的心智表征，是隐喻映射的基础。"'意象图式'能够以类推的方式来建构无限的感知、意象、事件等。"意象图式和意象都是前概念的认知结构，对概念的形成、理解和表达起着重要的作用。以往的研究表明，汉字的创造和表现方式都与意象思维有着密切的联系，可以说，汉字是意象思维的产物。本节拟在此基础上，进一步讨论汉字构造表意与意象图式之间的关系。关于这个论题的研究现状，根据在中国知网输入关键词

"意象图式"和"汉字"所进行的搜索，和对与这两个关键词有关的论文的阅读，目前所发现的只有一篇探讨汉字结构与意象图式的论文。这篇文章主要是就汉字的结构，提出了以下几种意象图式：（1）外包结构；（2）内包结构；（3）上下结构；（4）左右结构。这些结构似乎与莱考夫和约翰逊所提出的意象图式关系不大，而且，出发点是汉字的结构，并没有涉及构造表意的问题。因此，对于汉字构造表意与意象图式的关系，目前尚缺乏相应的研究。

一　什么是意象图式

概念隐喻理论的创始人莱考夫和约翰逊于 1987 年分别在各自的著作中提出并论述了意象图式理论。"意象图式是在持续的认知活动中反复再现的模式（pattern）、形状（shape）和规律（regularity）。""意象图式是感知互动及感觉运动中不断再现的动态模式，这种模式赋予我们的经验以连贯性和结构。"① 意象图式以感官知觉经验为基础，是图式化的意象，是比具体意象更为抽象的前概念的认知结构，反映了事物、事件或现象中反复出现的关系模式。意象图式并不局限于某种单一的知觉模式，但其中视觉意象图式占主导地位。约翰逊列出了二十七个基本的意象图式，如 CONTAINER（容器图式）、BALANCE（平衡图式）、BLOCKAGE（阻塞图式）、ATTRACTION（吸引图式）、PATH（路径图式）、LINK（连接图式）、CENTER-PERIPHERY（中心-边缘图式）、CYCLE（循环图式）、PART-WHOLE（部分-整体图式）、FULL-EMPTY（满-空图式）、CONTACT（接触图式）、COLLECTION（聚集图式）等。② "因为意象图式是通过空间关系经过高度抽象而获得的，因此绝大多数意象图式可以用线条等简单图形来表示。当然，图形本身并不是意象图式，它只不过是一种高度抽象的模拟。"③ 如路径图式（PATH）、循环图式（CYCLE）可以用图形表示为：

---

① Mark Johnson, *The Body in the Mind*: *the Bodily Basis of Meaning*, *Imagination*, *and Reason*, Chicago: University of Chicago Press, 1987, p. 29, xiv.

② Ibid., p. 126.

③ 李福印：《意象图式理论》，《四川外语学院学报》2007 年第 1 期。

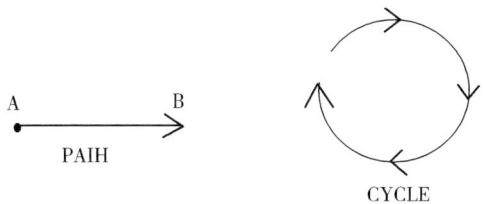

图 3-4　路径图式和循环图式①

二　汉字和意象

华夏先民通过观物取象,依类象形创造了汉字。汉字可以分为独体的文和合体的字,《说文解字·叙》(以下简称《说文解字》为《说文》):"仓颉之初作书也,盖依类象形,故谓之文。其后形声相益,即谓之字。文者,物象之本;字者,言孳乳而寖多也。""文"包括六书中的象形字和指事字,是最基础的汉字,指事字又被称为"象事"字,有两种:一种以图形的方式描摹了事物的抽象关系,如"一""二""上""下";另一种是在象形字的基础上附加标指性符号构成的,如"本""末""曰""甘"。象形字和指事字都是以形表意的符号,字形的来源是造字主体心智中的意象。典型的象形字如 ⊙(日)、☽(月)、㲽(水)、灬(火)、艸(草)、木(木)、人(人)、手(手)、心(心)、口(口),都是符号化的意象,字形通过唤起认知主体心智中的意象而指向所表达的概念。汉字构造中符号化的意象不仅能表达具体的事物,还能通过转喻和隐喻表达抽象的概念。如高(高)字以楼观的形象转喻其特征"高";"大"以一个四肢伸展的人的形象转喻其特点"大";永(永)以空间中河流的形象隐喻时间的长远。

三　表意汉字构造中的意象图式

(一)　字例

汉字的形体构造不仅反映了造字主体心智中的意象,还反映了造字主体心智中的意象图式,接下来我们就对汉字表意构造中的意象图式做一番

---

① Mark Johnson, *The Body in the Mind: the Bodily Basis of Meaning, Imagination, and Reason*, Chicago: University of Chicago Press, 1987, p. 115, 121.

探讨。

(1)"上""下"图式：甲骨文"⌒"（上）、"⌒"（下）以一条短线和一条长线的相对位置关系表达"上""下"这两个抽象的空间概念，短线在长线之上是"上"，在长线之下是"下"。"⌒""⌒"二字的构造与认知语言学家所描述的"上""下"空间的静态意象图式相似，说明先民在造这两个字时，运用了心智中关于"上""下"的认知意象图式。

(2)"回旋"图式：甲骨文"回"字形作"ᓷ"，《说文·口部》："回，转也。从口中，象回转形。""ᓷ"以螺旋形的线条描述了事物回转的轨迹。"亘"（音 xuan）从"回"构形，小篆作"回"，《说文·二部》："求亘也。从二，从回。回，古文回，象回形。上下，所求物也。""亘"由"回"分化而来，甲骨文字形与"回"相同，二者古本一字。从"亘"声构成的字有"宣""垣""趄""咺"等。《说文·宀部》："宣，天子宣室也。从宀回聲。"段玉裁注《说文》"宣"下："天子宣室。盖礼家相传古语。引申为布也。明也。徧也。通也。缓也。散也。""宣"有遍布的意思，这个意义从"亘"而来，"亘"义为回旋，回旋则遍布。《说文·土部》："垣，牆也。从土亘聲。""垣"是短墙，有围绕遮蔽的作用，从"亘"声亦取其义。《说文·走部》："趄田，易居也。从走亘聲。"趄指换田而耕，换庐而住。罗振玉《增订殷虚书契考释》："此（趄）当是盘桓之本字，后世作桓者，借字也。"张舜徽《说文解字约注》："因引申为凡循复之称，故古代轮流休耕之制谓之趄田。""趄"中"亘"声兼表义。《说文·口部》："咺，朝鲜谓儿泣不止曰咺。从口，宣省声。""亘"本义为回旋，回旋往复有不止之意，"咺"不仅从"亘"得声，亦取其义。在"宣""垣""趄""咺"四字中，"亘"是一个兼表义的声符，所表示的意义均由"回"中的回旋图式引申而来，也就是说，古人造这四个字的认知理据都是心智中的回旋意象图式。

(3)"循环"图式：《说文·勹部》："旬，徧也。十日为旬。从勹、日。""旬"的甲骨文字形为"ᓖ"，"日"是后来加上去的义符，表示"旬"所记词义与时间有关。《上古汉语词典》："旬，指十天。从甲日到癸日指一旬。"古代计日，十日为一个循环，所以甲骨文的"旬"画一个圈表示时间的循环。从"旬"的字形我们可以窥见古人对时间的理解：一圈圈地循环，周而复始；这种循环相对抽象，但通过蕴含于字符"ᓖ"中的空间循环图式,得到了形象化的表达。

(4)"包围"图式:《说文·囗部》:"囗,回也。象回匝之形。凡囗之属皆从囗。"《玉篇·囗部》:"囗,古围字。""囗"的本义为围绕,金文字形为〇,与"回"字的甲骨文字形"㊉"相似,后来为了书写的方便,字形变为方形的"囗"。《说文》"囗"部字中"囗"在构字时表达的意义大致有三类:圆形,如"圜""團"等;回转,如"囩""圐"等;包围,如"圈""囿""圄""囷"等;其中最后一个意义构字最多,这当与"囗"本身的围绕义有关。"囗"的字形反映了古人对于"圆形""包围"和"回转"的认知图式。

汉字"㊉"(回)、"@"(亘)、"㊂"(旬)、"〇"(囗)的字符形式都是绕圈的线条,但前三个字符所绕的圈没有封闭,故而多用来表达"回转""循环"之义,而"〇"是一个封闭的形状,因此常用来表达"包围"的意义。"㊉"(回)、"@"(亘)和"㊂"(旬)三个字的字符形式反映了人类基本意象图式中的循环图式(见图 3-4 循环图式 CYCLE),这个循环图式是一个有方向的环形轨迹,与上述表达回转、循环之义的古汉字字符形式很是相像。"〇"(囗)作为构字部件多用来表达环绕包围的意义,所表达的"包围"图式与人类基本意象图式中的容器图式(CONTAINER)相类。

(5)"背离"图式:"八"字,甲骨文作")(",字形用两个方向相反的笔画表示分别背离之义。《说文》:"八,别也。象分别相背之形。"王筠《说文释例》:"此象人意中之形,非象人目中之形也。凡非物而说解云象形者皆然。""分"字从"八",所记录的词义为"分别";"公"字也从"八",《说文·八部》:"公,平分也。从八、从厶。八犹背也。韩非曰:'背厶为公。'"")("的字形正如王筠所言"象人意中之形",表达了造字主体关于"分别背离"的认知图式。字形体现了"背离"图式的汉字还有"北"、"非"、"舛"、"𦥑"、"㡀"(乖)。《说文·北部》:"北,乖也。从二人相背。"《说文·非部》:"非,违也。从飞下翅,取其相背。"《说文·舛部》:"舛,对卧也。从夂㐄相背。凡舛之属皆从舛。"《说文·𦥑部》:"𦥑,乖也。从二臣相违。读若班。"《说文·㡀部》:"㡀,戾也。从而川,古文别。""北""非""𦥑""㡀"在《说文》中均训为违背,"舛"字形为两只相背的脚,在《说文》中训为"对卧",许慎对"舛"的训释因形说形,与文献中"舛"的词义不相符合。"舛"的本义是"违背"。《康熙字典》:"《博雅》舛,偝也。……《增韵》舛,错也。"汉贾谊《治安策》:"本末舛逆。"唐王勃《滕王阁序》:"时运不齐,命途多舛。""舛"在文献中的词义有"逆""错"之义,这个意义从"舛"的字形而来。

汉字"八""北""非""舛""亚""⺀"有着相同的抽象结构,"八"的字形更是以直接的方式表达了这个抽象结构,这个抽象结构就是造字主体心智中关于"背离"这一意义的意象图式。汉字中水平方向的背离意象图式还有一个垂直方向的变体,汉字"䜴"的构造即体现了这一变体。"䜴"见于《说文·言部》"䛒"字下,是籀文"䛒"。"䛒"有乖背义,《玉篇·言部》:"䛒,逆也。""䜴"即以相悖的两个"或"("或"为古文"国")字通过背离图式直接表达了"䛒"的乖背义。

(6)"同比"图式:汉字"从""比""友""叩"的构造也是以组合两个相同的构字部件会意,但与前述"八"类汉字不同,"从""比""友""叩"中的构字部件朝向的是相同的方向。《说文·从部》:"从,相听也。从二人。凡从之属皆从从。""从"由两个相随的人会意,表示相听从。《说文·从部》中有"從",从"辵"从"从",训释为"随行也"。《说文·比部》:"比,密也。二人为从,反从为比。凡比之属皆从比。"训释中的"密"指相亲密。"昆"字从"比",有"同"义。《说文·日部》:"昆,同也。从日,从比。"《玉篇·日部》:"昆,同也,并也,咸也。"《说文·又部》:"友,同志为友。从二又,相交友也。"高鸿缙《中国字例》:"字从二又(手)合作,原为动词,周末渐与朋字同称,遂为名词。""友"的甲骨文字形为"⺀",金文字形为"⺀",小篆字形为"⺀",均以两只方向相同的手会意,手加手,像是帮助的样子,所以字义为"朋友"。《说文·卩部》:"叩,二卪也。巽从此。阙。"罗振玉《增订殷虚书契考释》:"从二人跽而相从之状。疑即古文巽(恭顺)字。""巽"字从"叩",有柔顺之义。《康熙字典》:"《韵会》:'巽,入也。柔也,卑也。'……《易·巽卦疏》:'巽者,卑顺之名。'"

(二)对以上字例的综合分析

上述根据意象图式构造的汉字字例中,"⼆"(上)、"⼀"(下)"⊙"(回)、"⊙"(亘)、"⺀"(旬)、"○"(口)、")("(八)的字符样式如图示的意象图式,使相对抽象的概念得到了形象直观的表达,这类字可以归入裘锡圭先生所说的"抽象字",其字符形象描述了抽象的事物关系和动态。"北""非""舛""𠅃""㐁"(乖)和"从""比""友""叩"的字符构造所表达的是较为具体的意象,前一组字的意象有共同的"背离"图式,后一组字的意象有共同的"同比"图式,这两组字的构造同样体现了造字主体的意象图式思维,是意象图式可以还原为多个意象的反映,其中意象图式决定了这类字的字形所表达的意义。

在认知隐喻理论中,意象图式被认为是隐喻映射的基础,根据隐喻映射的恒定原则(the Invariance Principle),所谓隐喻,即是将源概念域的意象图式以与目标概念域内在结构一致的方式映射到目标概念域。隐喻通过意象图式的映射,使相对抽象和结构模糊的目标概念更加清晰可感,易于把握。在这一节讨论的字例中,从"亘"的"㖧"字本义为婴儿泣哭不止,"不止"的意义属于时间范畴,相对抽象,这个抽象的概念通过"亘"字回旋意象的图式投射,得到了形象化的表达:一圈又一圈地循环,即是"不止"。"旬"字的本义为甲日到癸日的时间循环,时间的循环相对抽象,造字主体以空间的循环形象相比附,将空间的循环图式投射到时间,从而创造了字符"𠣙",后来又加上义符"日"表明"𠣙"所表示的是时间的循环。通过"㖧"和"𠣙"的构造,我们可以窥见古人以空间图式表达时间的隐喻思维。

四 结论

以上的讨论证明,表意汉字的形体构造不仅反映了造字主体心智中的意象,还反映了造字主体心智中的意象图式。构造反映意象图式的表意汉字有两类:① 此类汉字的形体直接模拟了造字主体心智中的意象图式,并借字形表达事物的关系或动态模式概念。②这类汉字的构造所反映的是认知主体心智中的意象,意象图式即蕴含于字形所表达的意象中,且在意义的表达中起着决定性的作用。字形结构蕴含有相同意象图式的表意汉字所表达的意义往往相同或相近。汉字是华夏先民的认知成果,对汉字构造中意象图式的研究,有助于了解华夏先民的认知心理,进一步认识汉字构造的理据和规律。

第四节　汉字构造中抽象意义具象化的认知规律

汉字以象形表意为基础，具象性是汉字的重要特征。汉字所具之象不是具体的物象，而是经过认知加工之后的意象。王作新先生提出，汉字是一种意象符号，单体文和意象组合式复体字的表现方式具有通过意象使理性思维具象化的特征。但对于汉字构造如何通过意象使理性思维具象化的问题，学界尚缺乏深入而系统的研究。为了对这个问题作出尝试性的解答，本节拟从汉字的意象性出发，援引认知语言学的意象图式、隐喻和转喻理论，探寻汉字具象表意的认知规律，并以《说文解字》[①]中构造蕴含有"丝"意象的汉字为例，进一步论述汉字构造中抽象意义具象化的思维方式，探寻汉字系统中蕴含的认知结构，阐释汉字构造方式和民族文化的关系。

一　相关理论简介

以体验哲学为基础，从认知的角度解释语言现象的生成及变化规律，是认知语言学的主要内容。认知语言学认为，语言是认知的产物，"现实—认知—语言"是认知语言学的核心原则，其中认知过程可详细析解为：感觉（sensation）—知觉（perception）—意象（image）—意象图式（image schema）—认知模型（cognitive model）—范畴化（categorization）—概念化（conceptualization）—意义（meaning）[②]。人类的认知过程表明，意义（即概念）源于人类和现实世界的互动体验，直接源于身体经验的意象和意象图式是前概念的（pre-conceptual）认知结构，是形成概念和语言的基础。

（一）意象和意象图式

"'意象'就是对以前感知过（但当前并未作用于感觉器官）的事物的反映，是过去感知留下的痕迹的再现。"[③] 作为认知过程的一个重要环

---

① 以下简称《说文》。
② 王寅：《解读语言形成的认知过程——七论语言的体验性：详解基于体验的认知过程》，《四川外语学院学报》2006年第6期。
③ 朱翠英：《现代心理学导论》，湖南科学技术出版社2005年版，第100页。

节，意象产生于认知主体和现实的互动体验，是认知主体对某一类对象的感知形象进行抽象、概括的结果，是头脑中知识的一种重要表征形式。从其产生的感觉通道来划分，意象可以分为视觉意象、听觉意象、动觉意象、嗅觉意象、味觉意象和触觉意象等。

"'图式'（Schema）是指人们在感觉、知觉和表象（意象）的基础上，把有关经验和信息加工组织成某种常规性的认知结构，能够较为长期地储存于记忆之中，具有概括性和抽象性。""意象"和"图式"的概念结合而成"意象图式"。[1]约翰逊对意象图式作了详细的论述："意象图式是在持续的认知活动中反复再现的模式（pattern）、形状（shape）和规律（regularity）。"[2] 约翰逊列出了二十七个基本的意象图式（Johnson，1987：126），如 CONTAINER（容器图式），BALANCE（平衡图式），PATH（路径图式），LINK（连接图式），CYCLE（循环图式），等等。认知隐喻理论认为意象图式是隐喻映射的基础。在隐喻映射中，人们将具体概念的意象图式映射到抽象概念，从而获得对抽象概念的理解和描述。

与约翰逊略有不同，拉纳德·兰盖克（Ranald W. Langacker）[3] 认为意象图式是基本的认知能力，这种认知能力使我们抽象出不同经验中内在的共同之处。比如，起点—路径—目标（Source—path—goal）图式所描述的是在任何表征空间中从一点到另一点进行心理扫描的能力。兰盖克把意象图式的原型称为概念原型（conceptual archetype），概念原型以我们的身体经验为基础，具有一定的抽象性，体现了日常身体经验中由意象图式能力所抽象出的普遍模式。意象图式比概念原型更为抽象，二者位于同一个连续体（continuum）的不同阶段，意象图式蕴含于相应的概念原型之中。比如，一个在空间中运动的物体就是"起点—路径—目标"图式的概念原型；一个容器和其中的内容就是"容器"意象图式的概念原型。概念原型通过意象图式能力向外扩展延伸，形成辐射型范畴。

兰盖克的意象图式理论沟通了意象和意象图式之间的联系。"概念原

---

[1] 王寅：《解读语言形成的认知过程——七论语言的体验性：详解基于体验的认知过程》，《四川外语学院学报》2006 年第 6 期。

[2] Mark Johnson, *The Body in the Mind: the Bodily Basis of Meaning, Imagination, and Reason*, Chicago: University of Chicago Press, 1987, p. 29.

[3] R. W. Langacker, "Reference-point constructions", *Cognitive Linguistics*, 4 (1), 1993, pp. 1–38.

型"将抽象的意象图式还原为意象,这种意象本身蕴含了抽象的意象图式,可以称为原型意象。原型意象是在人们的认知活动中反复再现的意象,原型意象的拓扑结构即是意象图式。

(二) 隐喻和转喻

"隐喻的本质是用一种事情或经验去理解和经历另一种事情或经验。"(Lakoff & Johnson, 1980:1) "隐喻由两个域构成:一个结构相对清晰的始源域(source domain)和一个结构相对模糊的目标域(target domain)。隐喻就是将始源域的图式结构映射到目标域之上,让我们通过始源域的结构来构建和理解目标域。"(蓝纯,2005:112) 隐喻使我们能够通过一个较为具体的概念来理解和表达另一个较为抽象的概念。"转喻是同一个ICM(理想认知模型)中的一个概念实体(源始域)为另一个概念实体(目标域)提供心理可及的认知过程。"[1] 转喻可通过与抽象概念相关的具体形象或场景,来唤起抽象概念,从而使抽象概念具体化。

按照认知语言学的观点,前概念的知识结构通过隐喻和转喻的思维方式形成了抽象概念。雅柯布逊指出[2],隐喻和转喻是意义概念化的两种基本的思维方式,二者在构建人类的一般行为和语言中都发挥了巨大的作用。隐喻的基础是跨域象似性(similarity),转喻的基础是邻近性(contiguity)。抽象概念的产生过程可以描述为:从身体经验产生了前概念的知识结构如意象、意象图式,再由此通过隐喻或转喻的方式产生抽象的概念。

二 汉字和意象

汉字源于先民对自身和所处的生存环境的观察体验。根据《说文解字·后叙》中许慎对汉字起源的叙述,古人对天地俯仰观察,"近取诸身,远取诸物",黄帝的史官仓颉,"见鸟兽蹄迒之迹,知分理可相别异也",模拟物象,"依类象形",从而创造了汉字。表意汉字的字形构造特

---

[1] G. Radden, Z. Kövecses, "Towards a theory of metonymy", in Panther Klaus – Uwe, G. Radden, eds., *Metonymy in Language and Thought*, Amsterdam/Philadelphia: John Benjamins Publishing Company, 1999, p. 21.

[2] Roman Jakobson, "The metaphoric and metonymic poles", in René Dirven, Ralf Pörings, eds., *Metaphor and Metonymy in Comparison and Contrast*, Berlin, New York: Mouton de Gruyter, 2003, p. 41.

点是"因义赋形""以形表义"。"汉字是靠着它记录的汉语的词的词义来构形的,这正是表意文字的特点。这一点从甲骨文时就是如此了。"①

表意汉字的字形是汉先民观物取象的认知成果,其所表达之象是经过心理加工的物象,是对某一类事物总体特征的抽象和概括,已打上了主观认识的印记。因此,表意汉字的字形所表达的是"意象"(image),是认知主体对某一类感知觉形象进行抽象、概括的结果,而不是客观事物的具体形象。古人在造字过程中,"观物取象",通过对"物象"的观察,形成了胸中的"意象",并诉诸"字象",以"立象尽意"。"字象"和"意象"之间具有相似对应的关系,"意象"是表意汉字的字形和所记录的词义之间的中介物。

汉字中有丰富的意象。在汉字形成的初期,先民们对世界的认知水平还处于混沌初开的阶段,以概念和逻辑为基础的理性思维尚不发达,主要依靠前概念的意象思维来认识和把握世界,对世界的知识主要以意象的形式储存于头脑中。因此,汉字的创造就是先民将心中的意象符号化的过程。汉字的具象性首先在于汉字的构造唤起了认知主体心智中的意象。有的字符形象是单纯的物象反映,如"⊙"(日)、"☽"(月)、"⛰"(山)、"%"(水)之类的"象物字";有的字符形象中蕴含了意象图式,如甲骨文中的"抽象字"②"⼆"(上)、"⌒"(下)、"⊙"(回)、")("(八)。后一种字形反映的是所记录词义的抽象意象,是对某一类意义的总体形象的概括描写。

汉字符形中的意象还可使抽象的意义具象化,而这种具象化的主要方式是转喻和隐喻。例如,"高"的甲骨文"甯"像一个楼阁的形象,以高耸的台观形象来转喻"高"这一特征。"弜"(强)从两个"弓"构形,字义为强大。弓为强者之物,与强大有关,因此在"弜"的构造中用于转喻相关特征"强"。甲骨文"⺂"(永)的字形像流动的河流形象,这个字在古籍中的常用义项为"永久",字形以空间中河流的形象隐喻时间的长远。

以上主要讨论了以字符形象表现和唤起意象的汉字,这些字主要是表意的单体文和意象组合式复体字,但字符形象并不是汉字与意象联系的唯

---

① 王宁:《〈说文解字〉与汉字学》,河南人民出版社1994年版,第10页。
② 裘锡圭:《文字学概要》,商务印书馆1988年版,第110—111页。

一方式。许多汉字符号的所指本身就具有意象性，因为文字符号形式和意义的规约化，即使文字符号变得不再象形或者本来就不象形，依然能通过和意义的约定关联唤起相应的意象。只要熟知符号的意义，不论是象形的"𣲖"，还是简化以后的汉字"水"，抑或是作为偏旁的"氵"，在认知主体心中，都一样唤起了关于水或液体的意象。有的复体字的具象性即是源于这种由文字符号意义所引发的意象。如形声字"暖"，本义指温暖，所从的"日"虽已不再像太阳的形状，仍然能通过符号意义引发关于太阳的种种心理意象，使符号"暖"在表达意义时有了暖融融的阳光的感觉。

总的来说，表意汉字的字形相似对应于造字主体心智中的意象，是符号化的意象。表意汉字的符号形象要么反映客观事物的心理意象，如"ᗰ"（山）、"𣲖"（水）；要么概括描写某一类意义的总体形象，反映认知主体心智中的意象图式，如"⼆"（上）、"⼀"（下）；字符意象可以通过转喻和隐喻使抽象的概念具象化，如"高"（高）、"永"（永）。汉字不仅通过字符形象来唤起意象，当文字符号的所指意义具有意象性时，文字符号的意义也能唤起认知主体心智中的意象。

三 汉字中将抽象意义具象化的丝意象

中国是人工养蚕取丝的发源地，桑蚕纺织是中国从古至今的一项重要产业，丝绸文化源远流长。"丝"是中国人生活中熟知的事物。对"丝"的认知和情感最终凝成了关于"丝"的认知意象和图式结构，这些意象和图式结构有的融入了与"丝"有关的象形符号之中，如"糸"（糸）、"丝"（丝），有的则通过文字符号的意义得到了体现，如"结"的符号意义就唤起了"结"的意象。汉字符号形式或意义中的"丝"意象不仅被用于表达具体的意义，还被用来表达相对抽象的意义，使理性思维得到了具象化的表达。接下来我们就从认知的角度，对汉字构造以"丝"意象表达抽象意义的方式展开分析，以期以小见大，对汉字通过意象使理性思维具象化的规律有所揭示。

（一）"乱丝"意象

《说文·乙部》："亂，治也。从乙，乙，治之也；从𤔔，郎段切。""亂"（简化为"乱"）是𤔔的分化字。《说文·𤔔部》："𤔔，治也，幺子相乱，𠬪治之也。读若乱同。一曰理也。"段玉裁《说文解字注》："𤔔，治也。此与乙部亂音义皆同。"《说文》对𤔔的字形说解错了，𤔔是个会意字,金文字形象上下两手在整理架子上的乱丝,所以叉的本义是理丝。"字从H,像收丝的互,是用来收丝的架子。从爪从又是说人一只手拿着丝,另一只手拿着丝架子收丝,所以有成功治理的意义。"① "叉"的字形所描绘的是以手理丝的意象,但其所记录的词义是"治理",体现了由具体到抽象的认知规律。"治理"的概念较为抽象,但抽象的概念并非无象可言。"治丝"是古人熟悉的生活场景,是一种具体的"治理"实践;用具体的意象转喻相关的抽象概念,是表意汉字常见的造字方式。

"亂"在《说文》中训为"治",但在古籍文献中,"亂"的常用意义正与"治"相对,义为"混乱"。"惟治乱在庶官。"(《尚书》)② "德惟治,否德乱。"(《尚书》)《说文》中又以"亂"训"紊",义为"混乱"。《说文·糸部》:"紊,乱也。从糸文声。""若网在纲,有条而不紊。"(《尚书》)"紊"的词义为"混乱"。

"亂"的字形所表现的"理丝"意象取得了"治理"和"混乱"这两个正相反的意义,原因在于"亂"的不同词义采取了对"理丝"意象的不同观察视角,凸显了"理丝"意象中不同的方面。对此现象可以用认知语言学的"图形—背景"(Figure-Ground)理论来解释。"治理"义所凸显的是"治理乱丝"背景中"治理"的形象,"混乱"义所凸显的是"治理乱丝"背景中"乱丝"的形象。

但随着汉语的发展和词语意义明确化的需要,"亂"所记录的这两个相反义项中只有"混乱"义保留了下来,这大概是因为"亂"的构字意象中乱丝的形象要比治理的形象更突出,所传达的词义也更直接的缘故。事物之乱,当以乱丝为最,纠结缠绕,难理端绪。因此,"乱丝"是凌乱事物的典型代表,属于原型意象,在造字主体的心智中留下了深刻的印象。"混乱"是"乱丝"的突出特征,以"乱丝"的形象表达"混乱"之义,可以归入"物象代指物象特征"的转喻。"亂"所表达的"混乱"之义又不仅仅限于乱丝,而是扩展到所有具体或抽象的杂乱状态,从具体的"亂"到抽象的"亂"之间,依靠的是"乱丝"意象所蕴含的图式从具体到抽象的隐喻投射。"糸"部下"紊"的词义与"亂"相同,《说文》:"紊,乱也。从糸文声。""紊"是从"糸"的形声字,其词义"紊

---

① 杨树达:《积微居小学述林》,中华书局1983年版,第8页。
② 此处所引用的先秦文献均来自语料库在线网站的古代汉语语料库,http://www.cncorpus.org/ACindex.aspx。

乱"当也源于与"糸"相关的"乱丝"意象。

在古代诗词中，存在着以"乱丝"隐喻事物或情绪的混乱的隐喻表达。《全唐诗》："到郡方逾月，终朝理乱丝。"《全宋词》："江头心绪，乱丝千结。"① 汉语词语"缭乱""乱纷纷"中分别用到"糸"部的字"缭""纷"，也反映了"乱丝"意象对汉语表达的影响。汉字构造和汉语表达中的"乱丝"意象的隐喻投射是相一致的，二者源于同样的文化心理。

(二)"结"意象

"结"由丝绳绾系而来，是汉先民生活中习见和常用的事物，在中国传统文化里有着悠远的历史和丰富的含义。"结"因其习见和常用而成为一种文化意象，凝聚了汉民族与"结"相关的体验和感情。中国人将对"结"的体验和认识投射到抽象的事理，寓意于象，使抽象的事理通过"结"得到表述。这种隐喻的思维由汉字始，贯穿了汉语的诗歌和词汇，使汉字和汉语洋溢着诗情画意。

1. "终结"意象

《说文·夂部》："冬，四時盡也。从夂从夂。夂，古文終字。""冬""终"同源，甲骨文"∧"（冬）兼表"冬""终"两项词义。甲骨文的冬字"∧"像一缕丝，两头打结，以此表达终结之义。《广雅·释诂四》："冬，终也。"《广雅·释诂一》："终，极也。"《释名·释丧制》："终，尽也。""慎厥终，惟其始。"（《尚书》）"终"与"始"相对，指事件的结束。除了"终尽"义，"冬"还有一个历史悠久的义项"冬季"②，"冬季"是一年的"终尽"，因此"冬"的这两个义项是相关的。"冬季"和"终尽"的概念源于人类对事件连续性的认知，相对抽象。"海因(Heine) 等人将人类认识世界的认知域排列成一个由具体到抽象的等级，认为这是人们进行认知域之间投射的一般规律：人>物>事>空间>时间>性质。"③ 甲骨文"∧"（冬）以两头打结的丝缕之形（丝线及其尽头）表达了"冬""终"的抽象意义，将"结"意象投射到了较抽象的时间和事件认知域，以"结"隐喻一段时间或一件事情的结束。

---

① 所引用语料来自语料库在线网站的古代汉语语料库，http：//www.cncorpus.org/acindex.aspx，索引词为"乱丝"。

② 许伟健：《上古汉语词典》，吉林文史出版社1998年版，第127页。

③ 赵艳芳：《认知语言学研究综述（二）》，《解放军外国语学院学报》2000年第6期。

"∩"的形义联系与中国人以"结"意象来隐喻"终了"之义的文化心理是相一致的。词语"结局""结束""结账""结尾""了结""总结"中的"结"字均有"终了"之义。《说文·糸部》:"结,缔也。从糸吉声。""结"的本义是"打结"。"上古结绳而治。"(《周易·系辞下》)"结"作名词,指结扣。《广雅·释诂四》:"结,终也。"

2. "郁结"意象

"结"除了可表示"终了"的意义之外,还可以用来隐喻难以排解的情绪。如"心结""怨结"。"心之忧矣,如或结之。"(《诗经·小雅·正月》)"我不见兮,我心苑结。"(《诗经·小雅·都人士》)"结"的"郁结"义也体现在汉字的构造中。据曾昭聪先生的考据,与"结"同音的形声字声符"介"有"结"的语源义:"《说文·马部》:'骱,系马尾也。'段注:'《语篇》作"结马尾";《广韵》作"马尾结","结"即今髻字。……按远行必结其马尾。'帉,头巾。《广雅·释器》:'帉,帻也。'即用一块头巾蒙覆于头,头巾两端于后面打结。《广雅·释诂四》:'紒,髻也。'紒,束发为髻。《集韵·霁韵》:'紒,束发也。'妎,不明白。《广韵·霁韵》:'妎,心不了也。'即似有结于心而未解开也。'结'义为介声之语源义。"① 《同源字典》中"结""髻""紒""妎"为同源字②,亦可证明曾先生的考据可信。依此说,"介"作为形声字声符兼有表义功能,其义为"结"。在"妎"字的构造中,"介"的语源义"结"以隐喻的方式与"妎"所记录的词义发生联系,即"心不了也"是"心中有结未解开"。"忦"与"妎"字的构造表义方式类似,《说文·心部》:"忦,忧也。从心介声。"在"忦"字中,"介"以表义和表音的双重身份参与字形的构造,以"结"来隐喻心中的忧愁,"忧愁"是"心结"。

"结"是丝绳绾系的疙瘩,其特点之一是难以解开。古人将"结"的意象和它的这一特征投射到情感认知域,将"难以排遣的情绪"视为"心中的结"或"心结",等待着系上它的人把它解开。

对形声字"骱、帉、紒、妎、忦"的声符语源义的分析再次表明,汉字不仅通过字符形象表达相应的心理意象,有些复体字的字素在参与

---

① 曾昭聪:《形声字声符示源功能述论》,黄山书社2002年版,第52页。
② 王力:《同源字典》,商务印书馆1982年版,第412页。

构字时的意义（语源义或字素所指意义）也能表达造字主体心智中的意象，这种通过构字部件的意义所体现的意象是汉字构造具象性的又一来源。

（三）丝连意象

丝线在生活中的一个重要作用是连缀衣物，系结饰品。汉先民通过对丝线联系功能的体验，在头脑中形成了相关的"丝连"意象。汉字"系"、"聯"（联）、"繼"（继）、"续"的构造即体现了"丝连"意象的表意功能。

《说文·系部》："系，繋也。从糸丿聲。凡系之属皆从系。"《说文·耳部》："聯，连也。从耳，耳连于颊也；从丝，丝联不绝也。""系""聯"多与丝线有关，因此二字分别从"糸"从"丝"构形，以义符"糸"与"丝"转喻提示文字的意义。"系"在古文献中，不止表示实际上的"系缚"，还指抽象的关系。"系之以姓而弗别，缀之以食而弗殊，虽百世而昏姻不通者，周道然也。"（《礼记》）"聯"（联）不仅可以指具体的连属，还可指抽象的联系。"以本俗六安万民：一曰媺宫室，二曰族坟墓，三曰联兄弟，四曰联师儒，五曰联朋友，六曰同衣服。"（《周礼》）"系""聯"二字所表达的意义兼具体和抽象两边；在商务印书馆1998年出版的《辞源》修订本中，"系"的第一义项为"联属"，"聯"的第一义项为"连接，联合"，都是抽象义。"系""聯"的构造先是通过义符"糸"与"丝"转喻"系""聯"的具体动作，再通过具体的"系联"意象到抽象的"联属"的隐喻投射实现了文字构造对文字抽象意义的表达。

《说文·糸部》："繼，续也。""繼"是继的小篆字形，左边从"糸"，右边的部分是上下两束丝相连之形，以丝线相连的意象表达了相继之义。"续"与"繼"意义相同，亦从"糸"构字，以丝意象表达相续。《说文·糸部》："续，连也。""繼"与"续"均可指时间或事件的抽象相续。"继之者，善也。"（《易·系辞》）"善继人之志。"（《中庸》）"以似以续，续古之人。"（《诗经》）"似续妣祖，筑室百堵，西南其户。"（《诗经》）在商务印书馆1998年出版的《辞源》修订本中，"繼"的所有义项都是抽象义，"续"的首义项为具体的连接义，其余义项为抽象义。"繼""续"二字构造中的丝意象不仅转喻了与丝相关的具体的相续，更进一步通过隐喻投射实现了对其抽象意义的表达。

"丝连"可以表达事物在心理上的联系与连续,与之相应"丝断"意象也被用来表达事物关系的断绝,即汉字"断"(斷)、"绝"。

《说文·斤部》:"斷,截也。""斷"的左边像上下有两束丝的样子,右边从"斤",指斧子,两者会以斧斤断丝之意。《说文·糸部》:"绝,断丝也。从糸从刀从卩。"《广雅》:"斷,绝也。""斷""绝"的构造以断丝意象转喻了相关意义"断绝"。"斷(断)""绝"二字都可指抽象的断绝意义。"覆宗绝祀。"(《尚书·五子之歌》)"是故圣人为之断决以三日为之礼制也。"(《礼记》)

"系"、"聯"(联)、"繼"(继)、"续"、"斷(断)"、"绝"在据义构形时,均借助丝的象形字符,但相应的词义并不局限于对丝线相关状态的描述,而是上升到抽象的层面,通过将"丝线"的意象投射到抽象的"联系"概念,以"丝线"来隐喻和表达"联系",人、事、物之间的联系就像丝线在其中相牵一样,可"系"可"联",可"继"可"续",可"断"可"绝"。

事物间的联系如丝,世代间的关系也如丝。汉字"胤""孙"的构形表义正是这种认知方式的体现。《说文·肉部》:"胤,子孙相承续也。从肉,从八,象其长也。从幺,象重累也。""胤嗣"即为后嗣之人。金文"胤":"𦙍"。"胤"从"幺",《说文·幺部》:"幺,小也。象子初生之形。"许慎对幺的字形说解有误,"幺"为束丝的象形。"古'幺'、'玄'同字。李孝定:实为'糸'之初文,后孳衍为两个意思:一是'絲',这个'絲'是两缕合并而成,如果只是一缕就是'幺',是极言其微小的意思。"①《说文·系部》:"孙,子之子曰孙。从子从系。系,续也。"甲骨文"孙":"𦥔"。后代是前人的相续,古人用丝绳的形象表达这种世代间的相续,"胤"从"幺","孙"从"系","幺"和"系"在金文和甲骨文中的字形都是束丝的形象,以此表达后代承续前人之义。

在汉民族的意识里,无形的丝线联系着个人和他(她)周围的世界。汉语词汇中的"关系",如"社会关系"、"亲属关系"、"关系网"和"结缘"、"结亲"、"结义"等也反映了这种认知心理。"联系是丝线"的隐喻思维是汉民族传统的思维方式,这种思维方式以汉先民对丝线的体验为源头,创造了相应的语言和文化,并通过语言和文化代代相传。

---

① 邹晓丽:《基础汉字形义释源》,北京出版社1990年版,第125页。

在"联系是丝线"的隐喻思维中，丝线的意象中蕴含了连接图式（LINK），是连接图式的原型意象。约翰逊[1]认为连接图式是存在于人类心智中的基本图式，人们在和生存环境的互动活动中，体验到了各种具体和抽象的连接关系：新生儿的脐带、孩子和父母的牵手、台灯接通电源的电线，事件在时间上的连续，事件的因果联系，亲属关系等；这些关于空间连接和时间连接的经验有一个共同的连接图式结构，这个连接意象图式可以用图示的方式描述为：

A ⎯⎯ B

其中 A 和 B 经由一个结构相连，图中的直线代表这个结构。

隐喻思维"联系是丝线"源于抽象联系和丝线意象中所共有的连接图式，因为连接图式的存在，抽象的联系才有可能在汉字中通过丝线意象得到表达。

四 结语

本节运用认知语言学的意象图式和隐喻、转喻理论对汉字构造具象表意的认知方式进行分析，在此基础上，以《说文》丝类汉字为例，进一步探讨了汉字构造通过意象将抽象概念具象化的认知过程。本节总结出以下规律。

（1）"具象性"是汉字的重要特征，汉字所具的象可以分为两个层次：字象和造字主体储存于记忆中的意象；字象是象形、指事和形合会意字的字符形象，是对相应意象的模拟，二者之间具有象似性。字象通过所对应的意象与所表达的意义取得联系。字象源于意象，在具象表意的汉字构造中，意象起着根本性的作用。汉字构造有两种表现意象的方式：一种是字象；一种是以意义参与构字的构字部件的符号所指。

（2）汉字中的意象是造字主体对身体经验的认知成果，同时也是造字主体进一步构建抽象概念的认知工具。汉字中有的意象比较直观，具有图形性，有的意象比较抽象，其中蕴含了认知图式，是意象图式的原型。造字主体生活中习见从而熟知的意象往往有图式化的倾向。汉字意象通过转喻和隐喻的思维方式实现对抽象意义的具象表达。

---

[1] Mark Johnson, *The Body in the Mind: the Bodily Basis of Meaning, Imagination, and Reason*, Chicago: University of Chicago Press, 1987, pp. 117-119.

（3）汉字构造的具象表意方式体现了中华民族传统的"立象尽意"的表达方式，这种表达方式使中国的文字、文学和哲学都充满了诗情画意。就隐喻方面而言，汉字构造中同一意象的隐喻投射具有连贯性和系统性，体现在所记录词义相关联的汉字的构造往往有相同的隐喻理据。汉字构造中的隐喻思维与中国文化中的隐喻思维方式相一致，在汉语的词汇、诗词中也有所体现。

第五节　汉字构造中义符"网"的隐喻投射

一　引言

根据认知隐喻理论，隐喻是构建人类概念系统的认知机制，思维的隐喻性决定了隐喻在人类的各种交流模式里都有体现。因此，自20世纪70年代末和80年代初隐喻研究的认知转向以来，认知隐喻研究呈现探究人类各种交流模式中的隐喻表达的趋势，课题范围不断拓展，涵盖了词汇、语法、语篇、语用、非语言等诸多层面，其中即包括文字构造层面的隐喻研究。

西方学者早已认识到表意文字具有隐喻性：意大利的哲学家詹巴蒂斯塔·维柯在《新科学》中指出，人类早期的文字是一种"诗性文字"，这种文字出现于有发音的字母之前，隐喻是其重要特征。[1]法国哲学家孔狄亚克（Etienne Bonnot de Condillac）和加拿大批评家弗莱（Frye）认为具有象形特色的汉字与隐喻关系密切。[2]中国则早在东汉的文字学著作里，已有从隐喻角度对汉字构造理据的说解。

汉字以象形表意为基础，文字构造和所记录的词义之间往往有着理据性的联系，而隐喻正是汉字构造的理据之一。研究汉字构造中的隐喻理据，对探究汉民族的认知方式和文化心理、认识汉字和汉语言文化的关系有着重要的意义，同时，还有利于检验和发展认知隐喻理论。目前这个领域的研究成果为数寥寥，还有许多工作要做。为弥补相关研究的空白，接下来，我们就以《说文解字》中含有义符"网"的汉字为研究对象，对

---

[1] ［意］维柯：《新科学》（上），朱光潜译，安徽教育出版社2006年版，第250—251页。
[2] 张沛：《隐喻的生命》，北京大学出版社2004年版，第130页。

汉字构造层面的隐喻作一番探索。

传说上古时期伏羲发明了网以助渔猎，作为中国先民生活中的必需品，网的形象和功用在先民们的生活中反复出现，经由心物同构过程演变成为汉民族心智中的意象图式。词语法网、天网、情网、关系网、通信网……语言表达都体现了"网"图式的隐喻投射；诗句"心如双丝网，中有千千结"来自宋代著名词人张先的作品《千秋岁》，以网喻心，其中的"千千结"来自"网"意象图式的精细化投射。"网"图式的隐喻投射不仅存在于汉语语言表达层面，还存在于汉字构造层面。汉字构造层面有哪些"网"隐喻？这些隐喻是否也体现于汉语语言表达层面？相对于英语中的"网"隐喻而言，汉字构造中的"网"隐喻反映了中国文化的哪些特点？接下来的研究将对以上三个问题进行解答。

二　汉字构造中的"网"隐喻

《说文解字·网部》："网，庖犧所结绳以渔。从冂，下象网交文。凡网之属皆从网。""网"部下共收录了34个汉字，其中有25个都是指各种形制、功用的网，这25个字中的义符"网"所用的是"网"的本义。此外，"䍤"指"积柴水中以聚鱼也"，"罩"释义为"钓也"，"罨"为"覆也"，这三个字中的部首"网"在文字构造表词的过程中转喻了"网"的捕鱼功能；"羁"指"马络头"，马络头是网状物，故羁从"网"，构造中的义符"网"在表词过程中转喻了网状物。在剩下的五个"网"部字中，义符"网"隐喻表达了文字所记录的汉语词语的意义。除了"网"部字，《说文解字》中被归入他部的含有义符"网"的汉字还有"贝"部的"買"（买）、"賣"（卖）二字，这两个字中的义符"网"也与它们所记录的汉语词语之间构成了隐喻关系。对这七个汉字中的"网"隐喻具体分析如下。

（1）"利润是可以网捕的事物"。《说文解字·贝部》："買（买），市也。从网、贝。《孟子》曰：'登垄断而网市利。'"《同源字典》中，"买""卖"是同源字，"卖"由"买"分化而来；起初"买"的意义兼"买"与"卖"两边，后来"买"分化出"卖"指"卖出货物"，"买"专指"购进"。[①]"买"的甲骨文字形为"買"，像贝在网中之形，造意为

[①] 王力：《同源字典》，商务印书馆1982年版，第119页。

"网贝",贝是古代的货币之一,在"罝"字中转喻利润;"买"以获利为目的,造字者以"网贝"隐喻"买卖",仿佛交易是撒网渔猎,为的是捕获利润。

(2)"系统是网"。《说文解字·网部》:"署(署),部署,有所网属。从网,者声。""署"的本义为布置,部署,作名词指官署。《汉书·高帝纪》:"部署诸将。"《篇海类篇》:"署,官舍曰署。"段玉裁《说文解字注》"署"下:"网署犹系属。若网在纲,故从网。"徐锴《说文解字系传》:"署,置之,言网络之若罘网也。""署"从"网"构字,指在不同的地方布置人员或官署,这些人员或官署彼此之间有联系,属于同一个系统,如同网络一样,因此造字者以"网"喻之。

(3)"法律是网"。《说文解字·网部》:"置(置),赦也。从网直。""置"的本义为赦免,构造从"网"从"直","网"喻法律,"直"喻无罪之人。法律"误网"(错误地用网捕捉)无罪之人,自然要赦免之。《说文解字·网部》:"罷(罷),遣有罪也。从网、能,言有贤能而入网,而贳遣之。《周礼》曰'议能之辟'。"据许慎的说解,"罷"(罷)的本义当为放遣进入法网的贤能之人;所从之"网"指法网,所从的"能"指贤能人士。《说文解字·网部》:"罪(罪),捕鱼竹网。从网、非。秦以罪为皐字。"据《说文解字》,"罪"(罪)的本义为捕鱼竹网,秦朝用"罪"(罪)代替了"皐",指犯法的行为。《说文·辛部》:"皐,犯法也。从辛从自,言皐人蹙鼻苦辛之忧。秦以皐似皇字,改为罪。"秦改"皐"为"罪"有文字构造方面的根据。"罪"(罪)从"网"从"非",若按照"置(置)""罷(罷)"构造表词的方式类推,则"网非"的造意当是违法之人落入法网,以"罪"(罪)指犯法的行为合情合理。

隐喻"法律是网"属于"系统是网"的子范畴,法律本身也是一个系统;以网喻法律系统,强调了法律对罪恶的惩罚功能:"网"为渔猎,"法"为网罪。《盐铁论·刑德》:"网疏则兽失,法疏则罪漏。"《后汉书·庞参传》:"今皆幽囚,陷於法网。"

(4)"言辞是网"。《说文解字·网部》:"詈(詈),骂也。从网,从言。网罪人。"《说文·网部》:"罵(罵),詈也。从网,马声。""詈"(詈)、"罵"(罵)俱从"网"构形,这里的"网"是由斥骂的言辞交织而成的"网",用以"网罪人"。

三 汉字"网"隐喻在汉语中的体现情况

以上所识别的四个汉字构造中的"网"隐喻在汉语语言表达层面均有体现：①"利润是可以网捕的事物"。汉语中有"网利"之说，《商君书·赏利》："则不能以非功网上利。"②"系统是网"。汉语单音节词"网"引申可指像网一样的组织或系统，如"商业网点""通信网"。③"法律是网"。《淮南子·氾论训》："夫法令者，网其奸邪。"成语"网漏吞舟"比喻法令太宽，使坏人漏网。④"言辞是网"。词语"罗谤""罗织罪名"均以"网罗"喻毁谤诬陷。《南齐书·循吏传·刘祥》："岂有事无髣髴，空见罗谤？"宋苏轼《再乞郡札子》："考其所言，皆是罗织，以无为有。"

汉语语言表达层面的"网"隐喻比汉字构造层面的"网"隐喻更为丰富，如"情网""关系网""通信网"等即为汉字构造隐喻所无。汉字构造中的义符"网"是以汉语词语的身份参与汉字构造的，汉字记录表达了汉语词语，汉字构造中的"网"隐喻实际上就是汉语中"网"本义和"网"所参与构造的汉字所表达的词语意义之间的隐喻关系；因此汉字构造中的"网"隐喻与汉语语言表达层面的"网"隐喻有着密切的联系，后者是前者的基础；这就可以解释何以汉字构造中的"网"隐喻在汉语语言表达层面均有体现。

四 汉字"网"隐喻与英语"网"隐喻的对比

英语中具有"网"意义的单词有：net（网，罗网），web（蜘蛛等动物结的网），mesh（网、网状物、网眼），network（网状物，网状系统）。通过在《牛津高阶英汉双解词典》（OALED）中查阅以上词条，在英语词汇隐喻语料库 metalude 中检索以"net""web""mesh""network"为源概念的隐喻，并检索英国国家语料库 BNC（British National Corpus）；发现英语中亦有不少以"网"为源概念的隐喻表达。与汉语单音节词"网"对应的英文单词是"net"。在"net"的语用引申中，几乎可找到所有的汉字构造中的"网"隐喻：①罪恶之罗网。Caught in a net of crime.（落入罪恶的陷阱。）② 警方追捕罪犯的罗网。The wanted man has so far escaped the police net.（那个遭通缉的人至今仍未落入警方的罗网。）③如撒网般部署。spread one's net［布下罗网（以捉住某人或迫使某人就范）］；cast one's net wide［撒开大网（广泛地供应、活动、查询等）］；The company is casting its net wide in its search for a new sales director.（公司撒开大网到处物色新的销售主任。）④ 网捕利益。The deal netted (him) a handsome profit.［这笔交易（他）捞到可观利润。］⑤ network（网状系统；联络网）。a network of shops all over the country（遍及全国的商店网）；a communications network（通信网）；the old-boy network［（男的）老同学关系网］。此外，"web"可隐喻错综复杂的事物，如 a web of lies（一套谎言）。"mesh"亦可隐喻抽象的罗网，如 a mesh of political intrigue（政治阴谋的罗网）。

汉字构造隐喻"利益是可以网捕的事物""系统是网""言辞是网"在上述英文隐喻语料中均有体现。其中"言辞是网"中的言辞在英汉两种语言中都是不好的言辞（骂人的话、谎言等），这或者与"网"本身的捕捉功能有关，被网住不能脱身毕竟不是什么好事。相应地，像"网"一样的话语也不可能是好的话语。汉字构造隐喻"法律是网"在汉语文化中是常见的隐喻，但在英语文化中，却难以找到相应的隐喻表达。汉语词语"法网"可直译为"the web/net of the law"，在汉英词典中的对应翻译是"the web of justice"或"the net of justice"，但在 BNC 中检索"web of justice""net of justice""web of the law""net of the law"，均未找到相关的语言表达。可见隐喻"法律是网"在英语文化中鲜有体现。

五 隐喻"法律是网"与汉语文化

通过按年代在线检索汉语古籍语料库中含有词语"网"的语言表达，并识别其中的隐喻，可以看到春秋战国时期汉语表达中"网"多用本义。汉代出现了许多体现隐喻"法律是网"的表达，如《史记》中的"网漏吞舟之鱼"，《淮南子》中的"夫法令者，网其奸邪"，《盐铁论》中的"昔秦法繁于秋荼，而网密于凝脂"，等等。而且汉代绝大部分"网"隐喻都体现了"法律是网"。魏晋时期的"网"隐喻开始多样化，除了反映"法律是网"的表达，还出现了"世网""尘网""疑网"等表达。以上的调查表明，隐喻"法律是网"在汉语文化中有着久远的历史；在《汉语大词典》中，"法律"已被列为"网"的意义之一。

以网喻法律体现了"网"在华夏先民心目中的神圣色彩。古人认为，三皇之首伏羲发明了网罟，"以田以渔"（《易系辞下》）。古代有伏羲女娲的传说，伏羲、女娲皆人首蛇身，是中华民族的始祖；在中国民间，至今仍流传着对伏羲、女娲的信仰和崇拜。"网"既是中华民族始祖伏羲的发明，就有了一种"天赋神授"的意味。词语"天网"指上天的法律之网，"天网恢恢，疏而不失"出自《道德经》，指作恶之人逃不脱上天的惩罚。

隐喻"法律是网"反映了汉民族的深层认知心理。除了"法网""天网"外，这个隐喻在话语层面还有更为精细化的体现。词语"纲纪"可指"法律制度"，"朝纲"指"封建朝廷所制定的法度纲纪"，成语"纲目不疏"比喻"法令细密"；"纲"本为提网的总绳，"目"指"网眼"，"纲""目"隐喻"法律"的话语表达比单纯以"网"喻"法"更为细致，也说明了将法律看作是网的认知心理在汉语文化里很成熟。

六 结语

通过分析《说文解字》所收录的构造含有义符"网"的 36 个汉字，发现其中有 7 个汉字的义符"网"的本义和文字所记录的汉语词语意义之间构成了隐喻关系，这些隐喻关系反映了四个隐喻主题："利润是可以网捕的事物""系统是网""法律是网""言辞是网"。这四个隐喻在汉语语言表达层面均有体现，但汉字构造层面的"网"隐喻不如汉语语言表达层面的"网"隐喻那样丰富。在这四个汉字"网"隐喻中，除了隐喻"法律是网"外，其他三个隐喻亦可在英语中找到相应的表达。"网"在人类历史上一直是重要的渔猎工具，不同的民族对"网"的体验大致是相同的，这决定了在英汉语言中，"网"的隐喻投射有许多共通之处，但文化的差异又使英汉民族从不同的视角理解和投射相似的体验，由此产生了英汉语言中"网"隐喻的差异。

第四章

《说文解字》字（词）汇的跨语系词源对比

第一节 《说文解字》"女"部字的文化语义分析

一 《说文》"女"部字研究中存在的问题

陈建民先生在 1992 年发表的《语言与文化漫话》一文①中说："男女地位的不平等完全可以从汉字字形得到充分的证明。（陈建民，1992：129）陈先生在 1989 年出版的《语言文化社会新探》一书中已持有上述观点，并做了比较详尽的论述：

> 男女地位的不平等完全可以从汉字字形得到充分的证明。《说文》中女部下面有 258 个字，从这么多的字中可以看出妇女早先的社会地位。如姓，从女，远古时代许多部落莫长的姓氏大多从"女"。如神农姓氏"姜"，黄帝姓氏"姬"，虞舜姓氏"姚"。跟婚姻有关的"媳、嫁、娶、媒、婿"从女旁。"妙、姿、姝、姣"等褒义字，这些字赞美女性的美丽、美好。《白虎通》："嫁者，家也。"在氏族社会中，男子均要出嫁才有家。到了奴隶社会，出嫁的却是女子，女子到男方成亲落户才有家（陈建民，1989：101—102）。

我们认为，陈建民先生的上述观点是值得商榷的。汉语中有较多的女旁字，汉语中跟婚姻有关的字多从女旁，这些都是比较重要的文字现象。这些现象与上古母系社会的关系如何？这些女旁字是否能反映出上古母系

---

① 陈建民：《语言与文化漫话》，《宏观语言学》1992 年 9 月第 1 期。

社会的观念？从这些女旁字中能否看出早先妇女较高的社会地位并充分证明男女地位的不平等？这些问题都是研究文化和语言的关系时必须正视和弄清楚的。本节拟通过分析陈建民先生的上述观点对这些问题做初步的探讨。

二 通过文献考据挖掘汉字所体现的文化意义

人类语言产生之后，虽经漫长的演变史，仍然保留着某些古老的成分。人们可以从语言中看到古代社会的某些社会状况和文化现象。作为记录语言符号的文字本身就是文化的一部分。就文字的发展史而言，汉字是世界上现存的最古老的表意文字。正是由于这个原因，汉字才被看作是汉民族历史的活化石。但问题是化石本身并不是历史。化石中留有历史的某些遗迹，只有通过科学的方法研究化石中残存的历史遗迹，才有可能获得关于古代社会的某些比较可靠的信息。必须看到，被看作"活化石"的语言或文字对文化的反映其实是非常不完全，不充分和极其有限的。杨剑桥先生明确地指出："作为 Langue 的语言（指包括词汇、语法、语音在内的语言系统），其形式是有限的，因而反映的文化史实也是有限的。"[①]（杨剑桥，1991：38）"历史比较语言学虽然通过印欧语同源词的研究，给我们描述了原始印欧人的文化概况，但是这种概况无法联系成完整的历史图卷；同样，虽然通过北京地名'珠市口'、'辟才胡同'、'甘雨胡同'、'多福巷'等的考察，能够大致了解明清时代北京商业的结构和分布，如上述地名即'猪市口'、'劈柴胡同'、'干鱼胡同'、'豆腐巷'的谐音，但是当时整个商业图景的详细描绘，不能不依赖于史书的记载。甲骨文中'众'、'众人'，有人说是奴隶，有人说是自由民，也有人说是奴隶主，这种纷争不已的造成，并不是由于学者无能或故意标新立异，其根本原因就在于语言所给的信息量过小。"（杨剑桥，1991：38）这里，杨剑桥先生正确地指出，语言对古代民族文化的反映是不完全的。但杨先生把这种不完全反映的原因归究于"语言所给的信息量过小"，则是不妥当的。在我们看来，"众"的造字本意只能在它最早出现的铜器铭文中去寻求。现在有些"文化语言学家"缺乏科学的治学态度，出于实用主义的

[①] 杨剑桥：《关于语言与文化、思维的关系的几点思考》，《语言文字学》（人大复印报刊资料）1991 年第 10 期。

目的，不肯花工夫去研读古代文献，只是从某个字的字形出发，胡乱猜测，不管考释得正确与否，只要对自己的观点有利，就都不加区别，一概加以引用，结果是以讹传讹，使错误的东西被传得飘飘扬扬。世界上各民族的语言文字本身是带有文化信息的，汉语言文字也不例外。词书所收录的词义内容往往是前人在考释词语的运用中总结出的具有一般意义的结果，而不可能是词义的全部内容。只有在具体的文献语言中考证词语的运用，才能揭示词义中所蕴含的丰富内容和文化信息。所以，不是"汉字的信息量太少"，而是一个字一个字孤立地去看汉字，便无法挖掘出潜藏在汉字具体义中的丰富文化内涵。应该强调的是，汉字本身的文化信息是很丰富的。但要获得这些信息，必须在文化考据上下功夫。从微观入手，在文献考据中观察某一个汉字的具体运用才能细察深挖它在运用中所体现的文化意义。事实上，从文字中考据文化可以先根据词书所收的一般常见义进行分析，逐一建立假说，所分析的汉字达到一定数量后，便可形成网络。一方面可以将不同单字的分析结果置于网络中进行比较互证；另一方面也便于在文献考据中进行验证。这两个方面都有助于修正假说，以得出科学的结论。

三 对汉字文化意义的考据不能脱离汉语和社会历史

人类的历史已有几百万年到几千万年，可是，语言的历史才不过几万年到几十万年。我国早期的文字——甲骨文的历史才三千多年。在甲骨文出现之前，原始人类已经形成原始人类的社会，已拥有原始文化，已脱离了兽性，具有人性，并且已经有了语言。有了语言就会有语言的词汇及其意义（伍铁平、范俊军，1992[①]；伍铁平、孙逊，1993[②]）。透过词义才可以了解反映在词义中的看法和观念，并借以了解古人对词语所表示的事物的看法和观念。但是，由于没有文字的记载，在甲骨文出现之前的漫长历史中汉族先人的社会状况、风俗习惯、思想观念以及语言词汇的相当一部分是无法保留下来的。只有一部分以口头语言、宗教习俗或绘画等形式传给了造字先民。此外，祖先的思维方式和文化观念也会对造字先民的思想

[①] 伍铁平、范俊军：《评申小龙部分著述中的若干问题》，《北方论丛》1992 年第 2 期。
[②] 伍铁平、孙逊：《评鲁枢元著〈超越语言——文学言语学刍议〉》，《外语学刊》1993 年第 2 期。

及其造字活动产生一定的影响。早期造出的汉字是商代后期（从盘庚迁殷至纣亡，即从公元前 1300 年至公元前 1027 年）刻在龟甲、牛骨及其他兽骨上面的文字，即我们所说的甲骨文。受当时社会生产力水平和认识水平的限制，造出的甲骨文在数量上是很有限的。据报道，已发现的甲骨文字数在 4500 个左右，可认识的约 1700 字[①]（傅永和，1987：46）。而且，用甲骨文表述复杂的社会状况和先人思想本身就存在一定的困难，再加上造字先人认识水平和表达水平都较低，所以造字先人根本无法系统、准确、真实地将当时的整个社会状况以及当时人们的思想观念用甲骨文字记录下来。其实，从已挖掘出的甲骨文来看，大部分是关于占卜的，只有少数记事文字，这少数的记事文字也常常和占卜有关。由此可见，甲骨文中关于商代之前几千年、几万年甚至更长时间的母系氏族社会的记载，即使有的话，也是极少的。

　　文字是以它的形体符号来记录语言中的词，而声音形式和意义内容都是词所具有的，文字本身并不存在自身固有的音和义。只有当字读出相应的词的音时，才能成为记录这个词的书写符号。汉字是汉语的书面记录符号，字与词、字义与词义是有区别的。词是语言中表义的最小单位，是音义的结合体。词义可以反映概念。词义在语言中所具有的某些感情色彩也在一定程度上反映出语言使用者对事物的看法、情感和态度等。词的命名根据（motivation，或译为"理据"）则是词义与事物或现象的命名之间的关系。显然，只有首先了解表达一个概念的词的意义，才能弄清表达这个概念的词的造词理据，并进而了解古人造出用于记录这个词的字时的心理。脱离一个字所记录的词的意义内容，单凭这个字的字形去推测古人的造字心理只能是一种主观臆断。语言文字是人类文明的"活化石"，对研究人类的史前文化具有重要的价值。特别是古汉字，字形直接以它所记录的词的意义为依据，因此，字形便成为考义的重要因素。训诂学的目的就是要从脱节的形与义中追溯其原始的统一，从而利用其统一的状态因形而考义，也就是因字而见词[②]（陆宗达、王宁，1983：21）。问题是以形索义应遵循科学的训诂方法和原则。王筠在《说文释例·序》中指出："其字之为事而作者，即据事以审字，勿

[①] 傅永和：《汉字的演变（上）》，《语文导报》1987 年第 4 期。
[②] 陆宗达、王宁：《训诂方法论》，中国社会科学出版社 1983 年版。

由字以生事；其字之为物而作者，即据物以察字，勿泥字以造物"，意思是说：字之有义，是由语言而来，有文献可考定；而字之有形，是根据意义而造出的；考定形义关系应从客观所指出发，不能只凭人为的字形去附会。汉字形体不能简单套说文化，一个重要的原因是汉字构形系统是历史的积淀。"造字之初，人非一人，各绘各的形，各会各的意，因而普遍产生了一字多形的现象。"①（徐中舒，1985：215）再加上汉语民族在其自身的发展中，为了满足表达思想和进行交际的需要，不断地造词、造字。因此，汉字构形中包含的一些现象，究竟是哪一个时代文化的反映，是很难考证定论的。因此，如果不经过细致的文献考证，它们是不能用作考证历史的材料。泛说而无据，必会弄乱文化，也同时弄乱汉字研究。此外，汉字的发展受到诸多因素的影响，既有社会生活方面的因素，又有汉语语言发展方面的因素，既受汉语语言发展的制约，又有其自身的发展规律。古人造字，主要是以语言的交际运用以及能否造一个字形来表示语言中语词的意义（客观所指）为出发点的。正是由于象形、指事、会意等造字方法无法适应汉语发展的要求，古人才不得不借助于假借，并在假借的基础上发展出形声造字的方法。就汉字的偏旁而言，其演变也要受到汉字构形系统的制约，并不都能反映文化历史。研究文化与语言的关系不能脱离人类学、民族学、考古学、社会学、心理学和普通语言学。特别是利用语言文字资源探求古代文化现象，更应在历史文献语言中寻求佐证。离开了社会历史文化的全貌，单凭字形去探求古代或现代社会中的两性关系或女性的社会地位，可能会得出十分荒谬的结论。

早在1935年，王礼锡就在其译著《家族论》②的中译本序中说："外国之社会科学著作之征引中国材料者，常极荒谬。展转引证，讹谬益多，著者（指《家族论》原德文著者F.缪勒利尔）亦未能免此。如英译本（指《家族论》英译本，由 E. W. Stella Browne 译自德文原著）第178页说中国'婚姻'字系'娶夫'的意思（只是娶字有掠夺的影子，婚姻为娶夫之意则未闻；或以今婚姻字皆有女旁，遂误为女权之证欤？）；婚筵上尊重女方家族为母权之遗迹。（实则因为是女的嫁到男方家中，故女方亲

---

① 徐中舒：《怎样考释古文字》，载《出土文物研究》，文物出版社1985年出版。
② [德] F. 缪勒利尔：《家族论》，王礼锡、胡冬野译，商务印书馆1990年影印版。

属为客而男方为主，正是父系之证。）"（这里的父系当指父系社会，这段话引自商务印书馆1990年影印版《家族论》第6页）

四 《说文》女部字词义的复杂性

《说文》女部收字较多，但这并不能说明"早先妇女的社会地位是比较高的"。《说文》作于汉代，当时早已进入封建社会，男尊女卑的思想经过父系社会时期、奴隶社会时期和封建社会的长期发展已在当时人们的头脑中扎下根。况且，《说文》所收的字多为当时通行的，这些字并非都造于母系氏族社会。语言的发展总是滞后于社会的发展。在各种社会现象中，语言的相对保守性和稳定性是特别突出的。语言中的某些基本词汇甚至可以保持数千年而不发生根本性的变化。一种社会现象消失了，表示这种现象的语词还可能长期保留在语言的词汇中。一旦一种新的社会现象出现了，就必须有新的语词或者通过旧词词义的引申用法来指称它。就表示婚姻关系的词而言，汉代之前用于表示婚姻的旧词有一部分佚失或基本不用了，而另一些却保留或沿用下来；同时，一些表示婚姻关系中新现象的新词义开始出现；某些词语表面上未发生变化，但其内涵和外延或者扩大，或者缩小，或者完全改变了原义而获得新的意义。这些变化使得词语与它所反映的对象之间的关系更加复杂。这种复杂关系体现在《说文》上就是女部字词义系统的复杂性——《说文》的女部字绝不是纯粹某一个时代或某一种观念的反映。《说文》的女部字就其所表示的意义而言，可分成下面六类：（1）表示姓氏的字，如嬴、姜、姬、姚等。（2）表示婚姻的字，如嫁、娶、媒、婚等。（3）表示女系亲属的字，如妻、妈、姑等。（4）表示女官与女奴的字，如奴、妃、嫔等。（5）表示外貌或品质的字，如好、姝、婉、娇等。（6）表示对女性压迫、侮辱、歧视的字，如嫉、妄、妾、妇、婪、奸等。在上述六类女部字中，第6类是男尊女卑社会的产物。由于女官其实也是天子（多为男性）的奴隶，因此，第4类字不能反映妇女较高的社会地位。在表示婚姻的第2类字和表示女系亲属的第3类字中，有些字，如妻、娶、嫁、婚、姻等，也不能反映早先妇女较高的社会地位（详见下文分析）。第5类字有时表示的是女性的外貌美，并不能说明女性的地位高低。在封建社会，美丽的女子往往被封建帝王（多为男性）霸占，成为他们享乐和泄欲的工具。许多美女甚至红颜薄命，流落风尘，过着悲惨的生活。"要"字的上偏旁是颅毛，在甲文中像用颏毛戏弄妇女。"耍"字的本义为"玩耍、戏弄"。妇女的美貌也是供赏玩的对象之一。"媚"字本义指女子的秋波妩媚。由于女子的美貌为人喜欢,所以"媚"字在古汉语中有"喜爱"之意。又由于古今美女中有不少人以美色诣媚、巴结、讨好权贵,所以"媚"字古今相通沿用的一个义项是"诣媚、巴结"。可见,"媚"字虽本义指女子的美貌,但从古至今都是一个褒贬义并存的字。因此,在上述六类女部字中,只有表示姓氏的第 1 类字可能是母系氏族社会的产物,似可以反映出早先妇女较高的社会地位。其他 5 类女部字都无法反映出女性较高的社会地位。所以,根据《说文》中女部下面有 258 个字便推断说:"可以看出早先妇女的社会地位是比较高的",显然是错误的。

五 《说文》中表示婚姻的字反映了古代社会中男性对女性的统治

"嫁""娶""婚""姻"等表示婚姻的字多从女旁,也不能反映出早先妇女较高的社会地位。"娶"字在古代写作"取"。"取"字在甲骨文中形似用手取耳朵。古代战争中,用割取敌人的耳朵来计数报功,所以"取"字的本义为"获取"。《说文》:"娶,取妇也。"王力先生认为:"取、娶本同一字,后人特为取妇一义造'娶'字,并改读去声。"①(王力,1982:196)所以,"娶"字的本义为"夺取妇女作妻"。汉语的"妻"字在甲骨文中很像一个头上插着饰物的女子被一只手抓住。这些都是古代社会抢婚习俗在语言中留下的痕迹。结婚的"婚"字在早期的古汉语中写作"昏",也反映出远古时代的抢婚习俗。母系社会后期,部落内部禁止族内婚的做法以及各部落之间经常存在的敌对和战争状态造成许多部落的成年男子到其他部落去抢夺女子来作为妻子。部落战争中,战败部落被俘的女子自然也被胜利者霸占为妻妾或奴隶。陆宗达先生指出:"氏族社会中,处置战败敌人的男女有所不同:男子被杀死,妇女则作为妻子被收养入族,其他也就是奴隶。所以甲骨文'女'字作'ㄓ',象两臂背缚、跪倒之形。由此可见,妇女在这种家庭中,是与奴隶或牲畜同等看待的。"②(陆宗达,1980:153)上古时期,抢婚多在昏夜时分进行。后来,这种真抢婚的做法演变成为许多民族婚礼仪式中的"假抢婚",而

---

① 王力:《同源字典》,商务印书馆 1982 年版。
② 陆宗达:《训诂简论》,北京出版社 1980 年版。

且古时候婚礼仪式大多是在黄昏时举行。《说文》："礼娶妇以昏时"，《白虎通》也说："婚姻者，何谓也？昏时行礼，故谓之婚也。"说的都是这回事。所以古汉语中，"黄昏"的"昏"与"昏姻"的"昏"字相通。后来才以"昏姻"的"昏"字左边加女旁以示区别①（伍铁平，1984：15）。抢婚制所反映的是妇女在婚姻中的被动地位以及被占有、被奴役的情形。被抢来的女子实际上就是俘虏。可见，"婚"字根本反映不出早先妇女较高的社会地位。此外，由《白虎通》："嫁者，家也。"便推断"在氏族社会中，男子均要出嫁才有家"也是错误的。我们查阅了十多种国内外出版的原始社会史方面的专著，都没有发现有"在氏族社会中，男子均要出嫁才有家"的说法。现有的研究成果也表明：中国上古没有出现过由女性统治的"母权制"社会，只在距今5000年左右的新石器时代晚期，出现过"母系继嗣制"社会。在"母系继嗣制"社会中，社会组织以母系继嗣的规则为核心来建构，子女从母居，以母方姓氏为姓，丈夫也是从妻居，从妻姓，财产和血统均按母（妻）系继嗣规则传递。"母系继嗣制"社会的形成同当时特定的社会环境和自然环境有关。但即使是在"母系继嗣制"盛行的历史时期，男性在社会的政治、经济、军事、宗教等领域里，也都占据着统治地位和支配地位。当时著名的女性，如嫘祖、简狄等，都不是统治社会的"女主"，她们都是作为生儿育女、制丝织布、从事辅助性事务的"女祖"而流传下来。当时，男性在家庭和氏族中主要扮演舅舅和女婿的角色。因此，母系氏族社会中存在的是"舅权""婿权"，而非"母权"（详见《光明日报》1995年4月3日第2版的报道）。可见，当时根本没有"男子出嫁才有家"这种观念。"姻"字本义指"婿家"。《说文》训"姻"为"女之所因"。"因"字的本义为"依靠、凭借"。所以"姻"字指"（婿家为）女子所依托的对象"。它所反映出的也不是妇女较高的社会地位，而是古代妇女对夫家的依赖性。

六 《说文》男性字所反映的古代两性地位

《说文》中，"士"和"男"两个部的字表示的都是男子。收入《说文》"士"部的常用字只有三个：士、壮、壻。甲骨文中无"士"字。"士"字在金文中像一个人两脚并成一竖站立。本义指"达到结婚年龄的

---

① 伍铁平：《语言是社会的一面镜子——词汇比较研究》，《现代外语》1984年第2期。

男子",后来才引申出"学者"和"博学之人"的意义。"壻",从士,胥声,又作婿,本义是"丈夫"。"壮"字本义指人进入而立之年,后引申指"强壮""健壮"。"男"部有"男""舅""甥"三个字。男字从田,从力,表示在原始农业社会中,男子是田间的主要劳动力。舅与甥,都是男性,所以从男,并没有明显的男尊表现。其实,"男"字与"妇"字一样都反映了远古农业社会中男子和女子都是劳动者,只是社会分工有所不同。男女社会分工的不同固然会影响男女在社会中的地位,但这种影响并没有直接体现在"妇"和"男"字的字形上。既然陈先生认为,女部字中有女尊表现,那么为什么表示男性的"男"部字中找不到对应的男尊表现呢?顺便说明一下,汉语中表示婚姻的字(婚、姻、嫁、娶等)最初是不加"女"旁的。这一点我们已在上文说明过了。这里让我们来考证一下"昏""因"两个字加"女"旁产生的大致时代。在作于周代的《诗经》中,婚姻的"婚"都写作"昏"。但在《说文》所列"婚"字的小篆形体上,已加上女旁。可以推测,"婚"字加女旁应在东周和秦代。"姻"字的本字是"因"。三国魏张揖著的《广雅》中,婚姻的"姻"是不加"女"旁的。《广雅》说:"因,友、爱、亲也。"这里的"因"字分明指"婚姻"。"姻"字得以通用应当是在三国之后的男权社会。其他表示婚姻的字加"女"旁产生的年代在周朝之后的可能性较大,因为甲文和金文中形声字是很少的,到了小篆中形声字的数量才大增。很明显,表示婚姻的字加女旁多数是在父权社会中产生的。所以,仅凭"跟婚姻有关的媳、嫁、媒、婿等都从女旁",便断定妇女早先的社会地位较高,则是错误的。此外,形声字的产生有三个层次:①原始形会字;②加义符的孳乳字;③义音拼合字。考察"婚""姻""嫁""娶"这类形声字应首先看是哪个层次的字,然后再做具体分析。陈建民先生显然也忽视了这一点。

七 结语

语言是文化的载体。语言可以反映文化。透过语言可以窥见社会文化现象,对古代社会进行探讨。但这种探讨所得出的结果是否完全符合当时的实际情况还有待史料的佐证。通过语言和文字来研究古代社会和文化,古已有之。我国的传统语文学研究实际上是为哲学、政治和历史学服务的，所以，"本是在古文字上作出的研究，然而其结果则属于历史学的范围"①（王力，1981：143）。然而，语言与社会的发展是不同步的，二者之间的关系是十分复杂的。通过语言文字研究社会一定要有严格的科学态度，既要大胆假设，又要小心求证。这里批评的是陈建民先生的某些错误观点，绝无意否定陈先生对我国文化与语言关系研究的重大贡献。胡明扬先生在回顾四十年来国内宏观语言学研究（包括文化与语言关系的研究）时指出："（我国的宏观语言学研究）还很少采用比较科学严密的研究方法，多数人还习惯于使用传统的思辨和举例的方式来研究问题和阐述自己的观点，不少关键性的术语是未经明确界定的，不少论点是无法验证的，结果是很难开展严肃认真的学术讨论，这样也就阻碍了研究工作的深入和健康发展。"胡先生还进一步指出，为了中国的文化语言学研究能够深入和健康地发展下去，必须克服这些不足之处。②（胡明扬，1992：126）我们认为，中国当前某些人的所谓"文化语言学"的研究确实存在着上述问题。

第二节 "女婿"概念的跨语系词源文化对比

语言是人类文化的重要载体。有些古代文化现象早已消失，但在语言材料中仍留有它们的遗迹。所以，人们把语言看作是古代文明的"活化石"。英国著名科学家贝尔纳（J. D. Bernard）曾说过："语言是现今活着的古代遗物。语言研究应该是研究各期各地物质文化的一切残存遗产的基本补充工作。研究语言并研究物质文化残迹，再加上目前存在的原始民族来作证，就应该能提供古代社会生活的某些图景。"语言中的词汇实际上就是一种"化石"，它反映了最初创造并使用它们的那些民族和团体在当时所具有的思维和文化情况。通过比较的方法挖掘出词汇的原始意义，便可以了解古代社会的精神风貌。因此，对不同语系语言的词汇意义进行对比，可以揭示出人类精神和物质文化发展过程中某些具有普遍意义的现象，为哲学、人类学和文化学研究提供具有重要科学价值的佐证。本节试图通过将汉语和印欧语系部分语种中表示"女婿"概念的词汇做跨语系语言对比研究，揭示残存于语言中的某些古代社会观念。

---

① 王力：《中国语言学史》，山西人民出版社 1981 年版。
② 胡明扬：《中国的宏观语言学》，《宏观语言学》1992 年第 1 期。

一　汉字"婿"所反映的中国古代婚姻观念

母系氏族前期，婚姻方式是不娶不嫁的对偶"望门居"，多由男方采用"走婚"的方式实现同居。后来，这种"望门居"发展到"从妇居"，即丈夫到妻子家中"落户"。母系社会中，走婚式落户于妻家的男子有人身自由，属于本部族，可随时离开；父权社会中，男子卖身于妻家，"赘婿"无人身自由，属于女方部族。二者是有区别的。但这种"女主男从"的婚姻方式在汉字中留下的遗迹却不多。汉语中跟婚姻有关的字，如"嫁""婚""姻""妻"等，虽有不少是从女旁的，但只要细察一下它们的形、音、义，便会发现它们多为父权社会的产物，反映的是妇女在婚姻关系中被占有、被压迫、被奴役的地位。在仍能从中窥见某些"女主男从"婚姻观念遗迹的少数一些汉字中，文化内涵最丰富的当数"婿"字。

"婿"字原本从女，胥声，本义是"丈夫"。但在父权社会中，曾一度改作"壻"。可是，"壻"字终未能通用，"婿"反而古今通用。究其原因恐怕还是与"婿（壻）"所指的形象有关。在母系氏族社会中，男子到女方家中同居，所生子女属于女方家庭。在父权社会中，男到女家成婚者，是被人瞧不起的，故被蔑称为"赘婿"。"赘"字在古汉语中的本义为"抵押、以物质钱"，后引申指"多余的"。"赘疣"即指多余无用之物。"疣"意指人皮肤上的赘生物。"疣赘"指的就是人身上的多余无用的肉（瘤）。《索隐》："女之夫也，比于子，如人疣赘，是余剩之物也。"在封建社会时期的中国，特别是秦、汉时期，赘婿的地位十分低下。《汉书·贾谊传》："家贫子壮则出赘。"可见"赘"字本身就暗含了赘婿已变相将自己卖给女方家庭。所以，入赘婿虽然名为夫婿，实际上同奴仆一样，受妻家成员的奴役。府衙也往往视赘婿为不合礼教之人。在秦、汉的功令中赘婿往往和亡人、奴产子之类并列。秦王朝统一全国后大兴徭役，按照秦的徭役法，犯罪的人和赘婿是要首先被罚去服徭役的。汉武帝时，"发天下七科之适"，也就是发配七种人去边防作战。这七种人中就有赘婿，而且仅排在有罪之吏和亡命者之后，居第三。应该说，到了晋代，对入赘婿的态度已变得宽容了许多。据《世说新语》载，晋代太尉郗鉴曾派人到丞相王导家去挑选女婿。《世说新语·雅量》："郗太傅（鉴）在京口，遣门生与王丞相（导）书，求女婿，……门生归白郗曰：'王家诸郎亦皆可嘉，闻来觅婿，咸自矜持，唯有一郎坦腹卧如不闻'。

郗公曰:'正此好!'访之,乃是逸少(羲之),因嫁女与焉。"这段记述转载于《辞源》(商务印书馆 1988 年版)"坦腹"条下。《辞源》据此认定,由于这个典故,"后称人婿为令坦或东床"。但我们从《辞源》所收的这个典故并不能看出,"东床"与"女婿"有什么关系?为什么称"女婿"为"东床"?《晋书·王羲之传》也收入这个典故。《现代汉语词典》(商务印书馆 1983 年版)将这个典故译成白话文,收在"东床"词条下,现转抄如下:晋代太尉郗鉴派一位门客到王导家去选女婿。门客回来说:"王家的年轻人都很好,但是听到有人去选女婿,都拘谨起来,只有一位在东边床上敞开衣襟吃饭的,好像没听到似的。"郗鉴说:"这正是一位好女婿。"这个人就是王羲之。于是把女儿嫁给他(见《晋书·王羲之传》)。因此,后来也称女婿为东床。《晋书·王羲之传》所述不仅说明了以"坦腹"称"女婿"的由来,而且也说明了称"女婿"为"东床"的由来。由《世说新语·雅量》和《晋书·王羲之传》的记载基本相符来看,这段记载是可靠的。由上面的两段记载,可以看出:

(1)这个典故发生于晋代。郗鉴派门生去王导家挑婿时,曾让门生带信给王导,说明派门生去是为了"求女婿",王导并没生气。而且,这次"挑婿"显然得到王导的许可,甚至支持。这样才会出现下文"王家诸郎亦皆可嘉,闻来觅婿,咸自矜持"的情形。值得注意的是,郗鉴去挑婿的王家是当时(东晋王朝)两个最大的望族(王、谢)之一,其权势和地位均在郗家之上。所以,这个典故只能说明,当时"求女婿"已为世俗所接受,"被选婿"并不是一件丢面子的事情。当然,王羲之并未"入赘郗家",但"求女婿"这件事本身就说明,当时的妇女在婚姻关系中的地位较高,有选择丈夫的权利。据姚汉荣的考证结果,"在中国历史上,两汉魏晋南北朝,特别是魏晋南北朝,……相对于后世那些理学盛行的时代来说,这个时代的妇女还有比较多的自由。她们有公开的社交,可以自由择偶,寡妇也可以再嫁"。"帝王之家是这样,臣民百姓也一样。"[①] 陈平的夫人,就是一个"五嫁其夫辄死"的妇女,著名赋家司马相如的夫人,就是私奔的寡妇卓文君。

(2)《世说新语》为南朝刘义庆所作。刘义庆在书中已用"壻"字来代替"婿"。"壻"字从士旁。《说文》士部所收的常用字只有三个:

---

① 姚汉荣:《中国古代文化制度简史》,学林出版社 1992 年版,第 218 页。

士、壮、壻。"就原则上说，士部的字和男子有关"①，"士""壮""壻"这三个字在形、音、义上均无贬损的色彩。"士"字的本义为"从事耕种等劳动的男子"（见《辞源》第346页）。《说文》："士，事也。数始于一，终于十，从一十。孔子曰，推十合一为士。"邹晓丽认为："'士'是从'立'演变出来的。古代男子到结婚年龄称'士'，字是由'立'的两足合成一竖而成。"② "士"字在古代汉语中是用于男子的美称。《论语·秦伯》："士不可以不弘毅，任重而道远。"春秋末年以后，"士"逐渐成为统治阶层中读书人的通称。段玉裁认为"士"是"学者由博返约，故云推十合一"。《白虎通》："凡通古今、辨然否，皆谓之士。"可见，从"婿"字变为"壻"字，不仅在字形上发生改变，字义上也明显地"升格"（elevation）。这反映出当时的人们在观念上已把"婿"（女婿或夫婿）看作是"士"的一部分。但在后世，"壻"字不通行，而"婿"字反而通行。这可能跟宋元之后理教盛行有关。毕竟，"士"是男子的美称。在理学家看来，"婿"这种让女人来挑选甚至购买的男人是有损于男人形象的，不应被列入"士"的行列。也就是说，"婿"是从属于妇人的，只能从女旁，而不能从士旁。

在中国古代的婚姻中，男女之间历来就是不平等的，自从宋代以后，这种不平等更加深了。如果说，在此之前妇女在婚姻上还有一定的或较大的自由，从宋代以后，这种一定程度的自由也几乎给完全剥夺了③。宋代以后，理学家一面鼓吹妇女"从一而终"，一面又在"兼祧"的旗号下鼓吹合法的多妻制。在宋、元、明、清几朝，一方面，一夫多妻是相当普遍的现象，另一方面，贫穷的成年男子娶妻纳不起聘礼也是司空见惯之事。所以，尽管历代官衙都视赘婿为不合理教，但是赘婿现象仍能长存下去。直到民国时期，赘婿之事在各地仍是常见的。顾颉刚对解放前西康昌都地区遗留的古代赘婿风俗的调查发现，这些赘婿"名在一人之下，实则全家之奴。……宴之日，新郎即作喂猪、理粪、牧畜等奴隶工作。从此衣敝食粗，操重任苦矣"④。

---

① 周秉钧：《古汉语纲要》，湖南教育出版社1981年版，第102页。
② 邹晓丽：《基础汉字形义释源》，北京出版社1990年版，第20页。
③ 姚汉荣：《中国古代文化制度简史》，学林出版社1992年版，第224页。
④ 顾颉刚：《史林杂识初编》，中华书局1963年版，第108页。

二 日语中"婿"字的内涵意义

日语中曾大量借用汉字，但许多汉字进入日语后意义都发生了改变。就"婿"字而言，进入日语后，所指意义未变，但内含意义却发生了变化。上文已详细讨论了"婿"字的本义，很显然，中国的"赘婿"是没有地位的，更不能继承女方家庭的财产。但在日本，入赘的女婿却是到女方家庭来继承财产的，是女方家庭的继承人。所以，汉语的"婿"字和日语的"婿"在内涵意义上有很大的差异。这种差异实际上反映了汉族和日本民族在"招婿"上的不同观念和不同习俗。日本民族"招婿"的做法比较接近于欧美的一些民族。在封建社会时期的欧洲的一些民族中，由于女婿也可以继承岳父的地位、财产，所以使得上门女婿合乎礼教，因此要求两家门户相当。在拉美某些民族中，也有女婿脱离自己的家族、加入岳父的家族、成为岳父家族一员的做法。这种"招婿"本质上是"招子"，有点像我国"招养儿子"的习俗。总的来说，现代中国社会一般不再歧视入赘女婿，相应地，"婿"字在现代汉语中也无明显的贬损色彩。但今天的中国人在观念上仍然认为"妻应随夫"，反映在语言上便是多数中国家庭的子女随父姓以及某些方言对入赘女婿的称谓。例如，上海话将入赘女婿称作"逆舍女婿"，意思是说入赘婚跟通常女到男家的婚俗逆向而行。

三 英语"女婿"词汇的词源文化

英语中的"bridegroom"（新郎）在古英语中写作 brydguma，是由 bryd 和 guma 构成的复合词。bryd 为"bride"（新娘在古英语中的形式），guma 在古英语中意为"man"（男人）。所以，brydguma 的字面意义即为"新娘的男人"。brydguma 后经俗词源（folk etymology）变化为现代英语的 bridegroom（新郎）。这里顺便说明一下，"bridegroom"与"groom"（马夫）在构词理据（motivation）上没有必然的联系。bridegroom 的词源意义在某种程度上反映出母系社会的婚姻观念和家庭制度。

现代英语通常用 son-in-law 表示"女婿"概念。一些人类学家，如路易斯·亨利·摩尔根（Lewis Henry Morgan），曾抱怨 son-in-law 不是一个恰当的名称，无法表示非常普通、非常密切的亲属关系①。其实，son-in-law 最早出现在中世纪英语中，写作 sone-in-lawe，在古英语中见不到这个词。从法学史的发展来看，在法律上确定女婿享有儿子的地位、责任和身份是法律发展到相当程度才会出现的产物。英语的 son 在中世纪英语中写作 sone，在古英语中写作 sunu，意思都是"儿子"。与它同源的词有古高地德语的 sun、古挪威语的 sonr、哥特语的 sunus、希腊语的 hyios、梵文的 sunu 和 sute。这些词中，除了梵文的 sute 外，意思都是"儿子"。梵文的 sute 一词意为"he begets"，beget 的意思是"give existence to（as father）"〔（以父亲的身份）给予生命、生育子女〕（见《现代高级英汉双解词典》），he begets 强调在生育后代中起主要作用的是男性。所以，son 一词的词源意义反映出印欧民族在观念上将氏族、家族后代繁衍的希望和责任放在儿子身上。但 son-in-law 的词源意义所反映出的却只是 10 世纪以后英吉利民族在法律观念上将女婿看作儿子。沿着 son-in-law 的词源显然无法追溯出古代英吉利民族的"女婿"观念和家族关系。这恐怕也就是人类学家抱怨 son-in-law 命名不恰当的一个原因吧！英语中另一个表示"女婿"概念的词是 gener。这是一个源自拉丁语的外来词。拉丁语的 gener 进入英语以后，形、义均未改变。拉丁语的 gener 与希腊语的 gambros、梵文的 jāmātā、立陶宛语的 zentas 同源，意思都是"女婿"。拉丁语的 gignere 意思却为"beget"，也就是"（以父亲的身份）生儿育女"。法语中表示"女婿"的词是 gendre。gener 和 gendre 是同根词，都由印欧语词根的"gen-"衍生而成。而词根"gen-"的意义就是"beget"（见 *Webster's Word Histories*）。这就是说，表示"女婿"概念的词在这些民族的语言中都带有表示"生殖、繁衍后代"之义的词根"gen-"，在词源上都有"beget"之义。这反映出古人"招婿"和"生养儿子"一样都是为了达到生育后代、保证氏族或家族繁衍的基本目的。既然 son（儿子）与 gener（女婿）的词源义都是"beget"，而 son-in-law（女婿）这个名称又是后起的，那么我们有理由相信，在远古时候家族制度尚不发达，人们对"儿子"和"女婿"的区别是不明确的。据摩尔根在《古代社会》一书中介绍，在拉美一些民族中，也有女婿脱离自己父

---

① 〔美〕路易斯·亨利·摩尔根：《古代社会》（上、下），杨东莼等译，商务印书馆 1977 年版，第 490 页。

亲的家族,加入岳父的家族,并成为岳父家族一员的情况。有些美洲印第安人部落至今仍有"招子"的仪式。在中国民间百姓中,也有"招养儿子"的习俗。远古人极看重种族的人口繁育,既然"女婿"可以在这种对于种族发展来说最重要的生产中发挥与"儿子"同等的作用,那么,他们就有可能忽视二者在其他方面的差异,在观念上把他们看作是相同或相似的。这种观念比较显著地反映在 son 与 gener 这两个词的词源意义上。其实,son 与 gener 这两个词在词源意义上的模糊性也反映出远古人思维的模糊性。可见,词的意义同人类的思维一样,越往上溯,就越模糊。

四 结语

一种语言中词的意义及其构成形态往往与该语言使用集团的文化信仰和价值观念密切相关。世界上各个民族生活在不同的地区、不同的环境中,有着不同的文化传统和风俗习惯,他们观察事物的方式和角度也有所不同。客观世界的每种事物都具有许多方面的特征、属性或标记。人们在认知某种事物或给这种事物命名时,往往只能选择该事物的某些特征、属性或标记作为认知的依据或注意点,而忽视它在其他一些方面的特点或标记。尽管不同民族对于这些特征、属性和标记的选择有着差异,但这种选择并非完全是任意的,而是在某种程度上反映出造词者或语言使用集团的思想观念,表现为在不同语言中用于表示同一事物的词可能会有不同的造词理据或词源意义。对表示"女婿"这个概念的词进行跨语系对比,可以在一定程度上揭示出东西方民族对"女婿"这个认知对象的不同认知方式,以及东西方社会中"女婿"这一观念的演变。本项研究证明了这一点。

第三节 "婚姻"和"家庭"概念的跨语系词源文化对比

一 通过比较词源学研究人类社会文化

伍铁平教授于 1986 年在国际上首创了"比较词源学",并在国内外学术刊物连续发表了多篇探讨"比较词源学"的论文。这个理论一经提出便受到国际语言学界的高度评价和重视。自 1994 年以来，我们在伍铁平教授的鼓励和帮助下，运用比较词源学的理论和方法研究人类社会文化观念及其演变在语言中的反映，先后写出数篇论文，受到语言学同人的较好评价。于是，我们在 1996 年发表的《比较文化词源学初探》（刊《黄淮学刊》1996 年第 4 期）一文中尝试性地提出"比较文化词源学"这个新学科的名称，并说明了提出这个新学科名称的必要性。我们将 1996 年以及在此之前所做的比较文化词源学探索看作是对这门学科的初探。因此，本节可以视为对这个学科的"再探"。在这个"再探"中，我们试图通过不同语言中表示婚姻和家庭关系的词汇的对比研究来揭示人类的婚姻家庭观念及其演变。

二 婚嫁类字词的跨语言词源文化对比

汉语中跟婚姻有关的字，如"婚"、"姻"、"娶"和"嫁"等，多从女旁。这些表示婚姻的女旁字中，有些有母系社会观念的遗迹，有些有父系社会观念的遗迹，还有一些则二者兼而有之。因此，这些女旁字具有重要的文化价值，在文化语言学研究中应加以注意。我们认为，汉语女部字的词义系统是十分复杂的，对它们的研究应区别对待，具体问题具体分析，不能一概而论。一般认为，"家"的原始形式最早出现于母系氏族社会后期的对偶婚姻中。在这种婚姻中，男子实行"走访婚"和"从妻居"，不作为女方家族的正式成员，不享有女方家族成员的权利与义务。男子还可以随时离开妻子的家族，回到自己的氏族中去。这种婚姻关系中的男子同封建社会卖身于妻家的赘婿有根本的区别。在笔者看来，母系氏族社会时期离开汉语最初的造字年代非常久远，所以母系社会观念留在"婚"、"姻"、"娶"和"嫁"等女部字上的遗迹，是相当模糊的。

母系社会的婚姻观念遗留在印欧语言文字上的痕迹也同样是模糊不清的。以英语为例。英语的"marry"（结婚）一词在中世纪英语（Middle English）中写作"marien"。marien 来源于古法语的 marier，在现代法语中充当动词，词义是"为……主持婚礼"或"使结婚"。现代法语用 se marier 表示"结婚"，se marier avec qn. 就是"与某人结婚"。marier 由词根"mari"（丈夫）加上动词后缀"-er"构成。动词 marier 明显地突出 mari（丈夫）在婚姻中的主导地位。从词源上看，marier 来源于拉丁语的"maritus"。maritus 可作形容词和名词，作形容词时表示"已婚的"，相当于法语的"marie";作名词时指"丈夫",相当于法语中的"mari"。从这些词汇的词义及其演变中可以看出父系社会之后欧洲人的某些婚姻观念。一般的英语词源词典,例如 The Oxford Dictionary of English Etymology (ODEE), Chamber's Etymological Dictionary of the English Language 和 E. Partridge 编的 A Short Etymological Dictionary of Modern English 等只追溯到这里。但有些词典,例如 Webster's Third New International Dictionary (WT-NID) 则继续追溯下去,推测"maritus"一词可能来源于一个与希腊语(Greek)的"meirax"、威尔士语(Welsh)的"meroh"、梵语(Sanskrit)的"marya"同源的史前语言词汇,意为"少妇"(young woman)。如果 Webster's Third New International Dictionary 的这个推测是正确的话,那么我们就有理由认为,在印欧语的史前语言中是用表示"少妇"意义的词来表示结婚的,因此"marry"一词上遗留有母系氏族社会婚姻观念的遗迹。但问题是我们迄今无法弄清这个推测的可靠性和真实性程度究竟有多高。所以我们只能说,"marry"一词对原始母系社会观念的反映是模糊的。

　　由上文的分析可看出,"marry"一词在"maritus"之后的词义演变直接反映出父系氏族社会之后欧洲人婚姻观念的发展过程。如果从 maritus 再向上追溯,我们还会发现,与那个既表示"少妇"意义又表示"结婚"意义的构拟史前语言词语同源的三个词中,威尔士语的"meroh"意为"女儿,女孩",希腊语的"meirax"意为"女孩,男孩",梵语的"marya"意为"男人,青年男子,男仆,求婚者"。也就是说,在表达"结婚"这个概念时,威尔士语用表示女性的词,希腊语用既表示男孩又表示女孩的词,梵语则用表示男性的词。可见,这时"结婚"概念的表达正处于从用表示女性的词向用表示男性的词转化的过渡时期。

　　相比之下,汉语的"嫁"字上母系氏族社会婚姻观念的遗迹就更为模糊,甚至可以说,已模糊到无法鉴别出其中有无母系社会观念成分的地步。在甲骨文中也见不到"嫁"字。伍铁平先生认为:"'嫁'是'家'派生的,所借助的手段是古汉语能产的一种构词手段——改变声调。"[①](伍铁平,1984:15)"嫁"字在篆文中形似一女子步出家门,本意指"女子出嫁"。"家"字在甲骨文中像屋子中关着一头猪的形状。"家"的本义是"家庭"。它所反映出的是家庭对畜群的私有制。在上古时代汉族

[①] 伍铁平:《语言是社会的一面镜子——词汇比较研究》,《现代外语》1984 年第 2 期。

先人的牧业是从养猪开始的。猪对人类如此重要，古人用猪来代表各种家养牲畜也是可以理解的。历史唯物主义告诉我们：家庭是财产私有制发展的产物。一夫一妻制的个体家庭，是在原始公社末期私有财产发生的基础上产生的社会生活组织形式。也就是说，家庭出现于父系社会后期。原始公社的生产形式由狩猎和采集向畜牧和农业生产演变，畜牧业和农业生产又是主要由男子承担的，这就使男子在生产中的地位和作用越来越重要，于是母系氏族公社便开始瓦解，逐渐为父系氏族公社所取代，并开始出现了父系家长制的家庭。畜牧业和农业生产力发展也使较少的个体单位的生产成为可能，同时财产私有制本身也要求形成各自独立的经济单位。由于以上几个方面的原因，以父家长制和一夫一妻制为特征的个体家庭便产生了。上古时，"家"所代表的并不是夫妻关系。在汉民族先人看来，"屋内有（猪）为家"。"在当时，牲畜是最重要的财产，对家畜和家禽的占有启示了人类心灵深处一种最早的财产观念。……家庭的本质属性是财产关系。在罗马人那里，家庭的概念起初甚至不是指夫妻及其子女，而是指奴隶，也就是说妻子和儿女都是男性家长的财产和奴隶。"[①]（刘发岑，1991：64）妻妾的多少也是丈夫财产多少的标志。可见，无论是在古代的中国还是在古罗马，父家长制家庭的根本就是父家长的私人占有制。陆宗达先生曾指出：男子占统治地位的父家长制家庭是随着对畜群的私人占有制的发展而出现的，汉语的"家"字便是畜群完全转归家庭所有这种制度在文字上的反映[②]（陆宗达，1980）。

　　古罗马的父家长制家庭也同样在欧洲某些语言上留下痕迹。例如，在古意大利语中，famiglia（家庭）这个词指的是"属于一个人的全体奴隶（仆从、佣人等）"。北京外国语学院编的《意汉词典》（商务印书馆1985年版）注明这个词的第3个义项为"全体仆从，佣人"。商务印书馆1988年出版的《拉丁语汉语词典》（谢大任主编）标明"familia"（家庭）一词的本义指"（包括仆人在内）的所有家人"，后引申指"家奴"。其实，拉丁语的 familia 一词所指的就是由父家长操纵、支配的、由其妻室儿女及奴仆组成的团体。在某些遗嘱条文中，familia 可用于表示"传给继承人的遗产"。英语的 family 一词的本意与配偶及其子女无关，也是指

---

① 刘发岑：《婚姻通史》，辽宁人民出版社1991年版。
② 陆宗达：《训诂简论》，北京出版社1980年版。

在 pater familias（家族之父）的权力支配下为维持家族而从事劳动的奴仆团体。德语的 Familie、法语的 famille、英语的 family 都表示"家庭"，而且都源于拉丁语的 familia。familia 又来自拉丁语的 famulus（奴仆）。据 Webster's Third New International Dictionary（WTNID），famulus 可能与梵语的 dhaman（住处）和 dadhati（he puts）同源。这里的释义"he puts"可理解为"他（即父家长）安置（其家庭成员在某地居住）"。德国学者迈克尔·米特罗尔（Micheal Mitro.）等人在所著《欧洲家庭史》（华夏出版社 1987 年版，赵世玲等译）中推测说，familia 经由阿斯坎语的 famel 源于一种共同的印欧语系根词，基本意思是"家庭"（即包括家仆、家奴在内，居于同一房舍的全体成员）。据米特罗尔等人的研究，familia 表示父家长制大家庭的用法存在于整个中世纪和近代早期的欧洲。从 familia 到 famille 及 familie 的变化的发生时间在中西欧均不于 18 世纪。又据 The Oxford Dictionary of English Etymology（ODEE），familia 进入英语是早在 16 世纪。但发生从 familia 到 family 的变化的时间尚待调查。

现在我们还是回到对"嫁"字的探讨上。古汉语中，"家""居"同源，因为古人造字之初便认定家是给人居住的。封建男权社会中妇女失去独立人格，妇女出嫁才算有家，所以"嫁"和"家"也是同源的[①]（王力，1982）。《说文》："嫁，女适人也。""适"的本义指"往，至"，后引申为"女子出嫁"。适人即为"嫁人"。《白虎通》："嫁者，家也。妇人外成以出，适人为家。""适人为家"也是指妇女嫁人才算有家。因此，"嫁"字可以反映出男主女从、男尊女卑的社会观念以及女性在婚姻关系中的从属性、被动性和依附性。

综上所述，英语的"marry"（结婚）与汉语的"嫁"字在词源上有两个共同点。其一是它们对母系氏族社会婚姻观念的反映都是模糊的（尽管在模糊的程度上有差别）。其二是它们都比较明确地反映出父系氏族社会以后人类婚姻观念的演变。

三　不同语言文字对"妻子"概念的表达和词源文化

许多民族的语言中，对妻子的称谓方式中也留有对女性歧视和偏见的痕迹。古代中国男子可以有几个妻子，除正房的称为"妻子"外，其余

[①] 王力：《同源字典》，商务印书馆 1982 年版。

的均叫"妾"。"妾"就是小妻。"妾"字在古汉语中的本义指"女奴隶",在甲骨文中,其上部像一把平头刀或锥子,也有人认为像头顶戴重物。下部的"女",在甲骨文中像面朝左跪着的一个人,上身是直立的,下臂交叉在胸前,"这足以证明妇女在商朝时已经处于被统治的地位"①(左民安,1984:186)。"妻"字在甲骨文中形似一个头上插着装饰物、被一只手抓住的女子。《说文》训"妻"为"持事妻职也"。"妇"字在甲骨文中像一女子手拿笤帚打扫房间。所以,"妇"字的本义是"从事家务劳动的已婚女子"。《说文》:"妇,服也。从女持帚,洒扫也。"服为服劳役之意。打扫房间是一种典型的家务活,这里用它来代表各种家务劳动。《白虎通·嫁娶》:"妇者,服也。服于家事,事人者也。"所以,"妇是以服役而得名的,其地位则与奴隶相等。……妇之服役实际上也就与奴隶或人畜无别,因此可以说妇即奴隶之名。"②(陆宗达,1980:154)

古希腊语用 Oikurema 来表示妻子,Oikurema 这个词是一个中性名词,字面意义是"照管家务的人"。在雅典人看来,妻子除了生育儿女以外,不过是婢女的头领而已。所谓"婢女"就是奴婢,"卑"表"卑贱"之意。

英语中的 wife(妻子)一词,本义指"女人"。在中世纪英语中写作 wif,来自古英语的 wif,与古高地德语(Old High German)的 wib、古挪威语(Old Norse)的 vif 同源,意思都是"woman",而"woman"一词在英语中的通义有两个:(1) adult female human being(成年女子);(2) female servant(女仆)。*The Advanced Learner's Dictionary of Current English with Chinese Translation*(1982 年第 14 版)注明 woman 在古英语中可指"female attendant of a queen or noblewoman"(皇后或贵妇之女侍)。从词源上看,"woman"一词的本义是"女人","woman"在古英语中已引申指"女仆"。wif 在中世纪英语中已衍生出"家庭主妇"之义(此义仍然保留在现代英语的 housewife 一词上)。所以,wifman(woman 在中世纪英语中的一种写法)等在当时也有"家庭主妇"之义。现代英语的 woman 一词仍有"wife"和"mistress"之义。woman 指"女侍"的用法不仅保留下来,而且很常见。woman 还进一步引申指"女下属"等。此外,

---

① 左民安:《汉字例说》,中国青年出版社 1984 年版。
② 陆宗达:《训诂简论》,北京出版社 1980 年版。

wife 还常用于指从事粗重、琐碎工作的妇女，例如，charwife（女勤杂工）、washerwife（洗衣妇）、henwife（养鸡妇）。勤杂活、洗衣、养鸡这类活历来就是由女人（女佣、家庭主妇）来做的，英语用 womanish work 来统称这类杂活。据此可推测，这几个词中词根"-wife"的意义来自 wife 一词的本义（女人）或由此引申出的"家庭主妇""女仆"等义。英语中的 housewife 一词指的就是"a woman head of a family, who does the cleaning, cooking, shopping, etc."（见 The Advanced Learner's Dictionary of Current English with Chinese Translation, 1982 年第 14 版），即干家务活的家庭主妇。

法语中的"femme"（妻子）也有"侍女"之意，例如，femme de chambre 即为"女仆"；femme de charge 为"女管家"或"干粗活的女仆"；femme de menage 为"（按小时计酬的）女佣"；femme de journee 为"（按日计酬的）女佣"。法语中还把家庭主妇称作 menagere。menagere 由"menage"（家务）和阴性后缀"ere"（意指"从事某种职业的女人"）复合而成，字面意义是"做家务的女人"。

德语的 Weibchen 一词，本义指"女人，妻子"，现引申出"家庭主妇"义。德语的 Hausehre，本义是"家务"，引申指"家庭主妇，妻子"。可见，德语民族在观念上也把"妻子"与"家庭主妇"看作"做家务的妇女"。

日语中把妻子称作"女房"。"女房"本义指皇宫中女官住的房间，后引申指居住在房间中的人，即宫中女官。女官其实也是宫中的侍女。日语中还借入汉语的"妻"字。"妻"字初入日语时指夫妻双方，无男女之分，而今义只指"妻"一方。日本社会的大男子主义思想历来比较严重，当日本人认识到"妻"字的内涵意义后，当然不允许再用"妻"来指丈夫一方。

一些民族的语言文字中还反映出这些民族在观念上把妻子看作是"家庭（或囿于家庭的）主妇"。汉语中把"妻子"叫作"内人"、"贱内"、"屋里的"和"家里的"。汉语的"安"字，《说文》训为"静也，从女在宀下"是一个会意字。这里的"女"指家中操持家务的女子。汉语的"静"字本义为"静止"，在这里喻指家庭关系的安固和家庭生活的安定。可见，在古人的心目中，有房子有妻子在家操持家务就算安家立业了。罗常培先生说："（安字）就是说，把女孩子关在家里便可以安静。

由此可以想见中国古代对于女性的观念。"① 日语中把妻子叫作"家内"。德语中用"Hausfrau"（家庭主妇）来称谓妻子。Hausfrau 相当于英语的 housewife，意思都是"干家务活的家庭主妇"。法语的 la femme au foyer（待在家中的女人）实际上指的也是妻子，字面意义接近于汉语的"围着锅台转的妇女"。

四 词源所反映的人类抢婚习俗

汉语的"妻"字，在甲骨文中很像一个头上插着装饰物的女子被一只手揪住，这可能就是古代社会抢婚风俗在语言中留下的痕迹。中国古代有"娶妇做妻"之说。《白虎通》："娶者，取也。""娶"是一个后起字，古汉语中表示婚娶意义的字原先也写作"取"。王筠解释说："以取释娶，明'娶'为'取'之分别文也。字本作取。"《论语》："君取于吴而为同姓。"王力加了按语："取、娶本同一字，后人特为取妇一义造'娶'字，并改读去声。"②（王力，1982：196）可见，先有"取"，后才有"娶"。"取"字在甲骨文中形似用手取耳朵。古代战争中，用割取敌人的耳朵来计数报功，所以"取"字本义为"获取"。因此，"娶"字在古汉语中有"夺取妇女"的含义。以"取"字表示娶妻反映古代社会存在着掠夺婚或抢婚习俗。汉语的"昏"字本义为"日暮、黄昏"。由于原始社会的抢劫妇女多在黄昏时进行，所以最初结婚的"婚"字借用"昏"字。结婚仪式在黄昏举行的习惯也是从抢婚习俗演变而来的。

在原始社会和奴隶社会时期，抢掠妇女作妻妾的事盛行于世界各国的许多民族中。所以在许多民族的语言上留有古代抢婚习俗的遗迹。日语よぁとり的意义是"娶妻"，汉字写作"嫁取"，还保留了古汉语的"取"字。俄语的 брак（结婚，婚姻）是从 брать（取）派生出的，-к 是后缀，也就是从 братьсебе жену（取妻）获得意义。брать 在词源上有"夺取"之义③（以上两例引自伍铁平，1984：15）。法语中"妻子"叫作 femme，结婚就是 prendre femme，也就是娶妻，而 prendre 在法语中也有"夺取"之义。法语中把"娶某人为妻"说成是 prendre qn. pour femme，

---

① 罗常培：《语言与文化》，语文出版社 1989 年版，第 10 页。
② 王力：《同源字典》，商务印书馆 1982 年版。
③ 伍铁平：《语言是社会的一面镜子——词汇比较研究》，《现代外语》1984 年第 2 期。

字面意义就是夺取某人做老婆。英语中"结婚"也可以说成是 take [have] sb. to wife，字面意义是"娶某人为妻"。wife 在这里作动词用，相当于 wive，意为"做妻子"。take 和 have 在这里均有"夺取，取得"之义。德语中"结婚"可以说成"eine Frau nehmen 或 ein Weibe nehmen"，字面意义都是"夺取一个妇女"，动词 nehmen 意指"取得，夺取"。

可见，操汉语、日语、俄语、法语、英语和德语的民族在婚姻观念上至少有一个共同点，即都认为结婚同夺取妇女有关。

五 结语

由于人类的婚姻关系是一个极其复杂的社会关系，涉及多种多样的社会因素、心理因素和文化因素等，同时也由于语言对文化的反映是不完全的，因此本节所揭示的仅是古代社会婚姻家庭观念的概貌，而且其正确性有待历史资料的验证。我们认为，本项研究，作为文化语言学研究的一部分，其意义就在于通过它的研究为其他人文科学提供语言佐证和新的研究线索。

第四节 跨语系词源比较研究

一 词源研究历史上比较方法的发端：维柯与王国维的开拓之功

早在18世纪，意大利著名学者维柯就将不同语言的词源比较方法运用于其重要著作《论从拉丁语源发掘的意大利人的古代智慧》[1] 和《新科学》[2] 的写作中，通过词源的比较研究来提示人类重要思想在各个时期的演变和发展，以词源比较研究的成果作为哲学和其他理论或思想的佐证，取得了大量有价值的成果，展现了词源比较研究的重要价值。马克思在《资本论》中也经常运用词源比较来探求经济发展史和价值形态的演变过程。伍铁平在《〈资本论〉和语言学》[3] 中发现，正是通过词源研究，马

---

[1] ［意］维柯：《维柯著作选》，陆小禾译，商务印书馆1997年版。
[2] ［意］维柯：《新科学》，朱光潜译，人民文学出版社1997年版。
[3] 伍铁平：《〈资本论〉和语言学》，载韩敬体等编《语言漫话》，上海教育出版社1981年版，第163页。

克思区分了 worth（英语词，使用价值）和 value（法语借词，交换价值）这两个对于整个政治经济学都具有根本性意义的一对基本概念，马克思还通过英语词 mill（磨，磨坊，工厂）和德语词 Mühle（磨，磨坊）的比较互证来探索资本主义社会形成和发展过程中机械设施的演进。此外，马克思和恩格斯（Engels）的学生、法国著名工人运动领袖和社会主义理论家保尔·拉法格（Paul Lafague，1842－1911）在他的著作《财产及其起源》① 和《思想起源论》② 中还把维柯《新科学》的理论和方法运用于马克思主义关于人类正义、善、灵魂和神等的观念的起源和发展的研究。在《思想起源论》的第 2 章"抽象思维的起源"中，拉法格通过希腊语、拉丁语、英语、法语、西班牙语中表达相关概念的词的词源对比论证了人类抽象思想的产生和发展是与人类所处的自然环境和社会环境相关的。

　　英国著名的科学家贝尔纳认为，"语言是现今活着的古代遗物。语言研究应该是研究各期各地物质文化的一切残存遗产的基本补充工作。研究语言并研究物质文化残迹，再加上目前存在的原始民族来佐证，就应该能提供古代社会生活的某些图景。"③ 贝尔纳在这段话中不仅直接指出语言在历史研究中具有"活化石"的作用，是必需的"基本补充工作"，不容忽视，而且他还提出将史学研究与词源研究相互结合，"比较互证"，以取得对于古代社会生活的某些方面的更加科学和准确的认识。贝尔纳显然也注意到词源或语言所反映出的古代社会生活图景与古代社会生活的真实情景是不完全一致的，但是，语言是人类文化的主要载体，一个民族在某一个时代的文化不可能完全脱离语言而存在，总有一些会反映在语言的历史演变中，因此词源所揭示的文化有两类，一类与历史事实或历史观念相一致或大体一致，还有一类则与历史事实或历史观念不一致或基本不一致，因此词源考证的结果有待于史学、考古学和文献学研究成果的验证。同时，许多语言现象的出现是有理据的，一个时代的语言中会出现某种现象或变化也不全是偶然的，很多是时代因素和人为因素在起作用，通过词源研究提出合理的假设或者发现某些词源学上的证据来佐证史学研究的结

---

① [法]保尔·拉法格：《财产及其起源》，王子野译，生活·读书·新知三联书店 1962 年版。
② [法]保尔·拉法格：《思想起源论》，王子野译，生活·读书·新知三联书店 1963 年版。
③ [英]贝尔纳：《历史上的科学》，伍况甫等译，科学出版社 1959 年版，第 39 页。

果，也是很有裨益的。从这个意义上说，贝尔纳提出的将史学研究与词源研究相结合的"比较互证"的方法不失为一种科学的思维观念和研究方法。

在我国，汉语词源文化的研究有非常悠久的历史，而且文化训释在传统训诂学中占有重要的地位。陆宗达和王宁合著的《训诂方法论》（中国社会科学出版社1983年第一版）是我国训诂学史上第一部从理论上系统阐释训诂和词源训释方法的专著。在这部有重要意义的论著中，陆宗达和王宁吸收了西方现代语言学的理论和方法，把它们运用于传统的训诂学和汉语词源研究上，有力地推动了汉语词源研究的系统化。该书明确提出"训诂学唯有使其方法科学化，才有新的出路"。该书讨论了"以形索义"、"因声求义"和"比较互证"这三种重要的训诂方法（也是汉语词源研究的基本方法），主张将词源训释与历史文献的考证结果进行比较互证，提高词源训释的准确程度，通过积累大量单字的训释以达到建立系统的理论。黄金贵的《论古代文化词语及其训释》一文则详尽地论述了文化词语的意义阐释与历史文化证据的比较互证的具体办法。

王宁和黄金贵的比较互证方法都仅限于在汉语词源研究上的运用。但是，作为一种科学的研究方法，比较的意义远超出训诂学的领域。仅就语言学科的发展而言，比较法所产生的影响可以说是革命性的，历史比较语言学的诞生和发展就是一例。从所掌握的资料来看，我国倡导在学术研究中运用比较互证法的先驱当属国学大师王国维。陈寅恪在《王静安先生遗书序》一文中指出王国维的治学方法有三种："一曰取地下之实物与纸上之遗文互相释证。……二曰取异族之故书与吾国之旧藉互相补正。……三曰取外来概念与固有之材料互相参证。……吾国他日文史考据之学，范围纵广，途径纵多，恐亦无以远出三类之外。此先生之遗书所以为吾国近代学术界最重要之产物也。"[①] 陈寅恪的这段话不仅指出了王国维对于我国近代学术发展的贡献，而且说明了王国维是中国近代学术史上自觉运用比较互证研究法的学者，这三类比较互证研究构成了王国维学术研究的核心。也就是说，王国维之所以能学贯中西，在学术研究中取得杰出的成就同他对于比较互证法的自觉运用是分不开的。胡适（1923）在《〈国学季

[①] 陈寅恪：《金明馆丛稿二编》，上海古籍出版社1980年版。

刊〉发刊宣言》① 一文中指出发展国学研究的三大方法是：（1）扩大研究的范围；（2）注意系统的整理；（3）博采参考比较的资料。胡适严厉地批判了学术界中把国学当成中国自己的学问，把比较研究的方法看成是"附会"，因而拒绝采用比较研究的方法的错误思想，旗帜鲜明地指出"附会是我们应该排斥的，但比较的研究是我们应提倡的"。他举了好几个国学研究的实际例子来说明"有许多现象，孤立的说来说去，总说不通，总说不明白；一有了比较，竟不须解释，自然明白了"，因此胡适说："我们现在治国学，必须要打破闭关孤立的态度，要存比较研究的虚心。"最后，胡适向国学界发出三点号召：

第一，用历史的眼光来扩大国学研究的范围；

第二，用系统的整理来部勒国学研究的资料；

第三，用比较的研究来帮助国学资料的整理与解释。

由于汉语词源研究是国学研究的一个部分，因此胡适的主张很发人深思，对于汉语词源研究具有很重要的启迪意义。按照笔者的理解，要用历史的眼光来扩大国学研究的范围，就必须重视词源研究，为国学研究提供更多的语言佐证；而如果要用历史的眼光来进行词源研究，就必须如王宁所说"学习西方语源学的历史比较方法，进行民族语言的比较、方言的比较"②。王力在《新训诂学》一文中指出："一切的语言史都可被认为是文化史的一部分，而语义的历史又是语言史的一部分，从历史上去观察语义的变化，然后训诂学才有新的价值。即使不顾全部历史而只作某一个时代的语义的描写（例如周代的语义或现代的语义），也就等于断代史，仍旧应该运用历史的眼光。等到训诂脱离了经学而归入了史学领域之后，新的训诂学才算成立。到了那时节，训诂学已经不复带有古是今非的教训意味，而是纯粹观察、比较和解释的一种学问了。"③ 王力在《中国语言学史》（山西人民出版社1981年8月第一版）第207页上说："直到1947年，王力发表了他的《新训诂学》，其中讲了'旧训诂学的总清算'，提出了'新训诂学'，才算跟旧派宣告了决裂。"王力在该页上注明《新训诂学》原发表在《开明书店二十周年纪念文集》第173—188页上，后来

---

① 胡适：《治学方法》，辽宁人民出版社2000年版。
② 王宁：《关于汉语词源研究的几个问题》，《古籍整理研究学刊》2001年第1期。
③ 王力：《新训诂学》，载王力著《谈谈学习古代汉语》，山东教育出版社1984年版。

收在《汉语史论文集》第277—289页。在这里，王力强调了用历史的眼光去进行训诂或阐释词源的文化内涵的重要意义，指出新训诂学应当是"纯粹观察、比较和解释的一种学问"，所以，王力所倡导的新训诂学的研究方法就是观察、比较和解释，由此可见王力对于训诂和词源研究中的比较方法的推崇。杨树达在训诂和汉语词源考释方面也卓有成就。他在《积微居小学述林自序》中谈到他的治学道路时说："我研究文字学的方法，是受了欧洲文字语源学（etymology）的影响的。"赵振铎对此评论道"不同系统的文化交流，互相影响，互相吸收，对于学术的发展有重大的作用"①。这句话也同样适用于汉语词源研究。借鉴和吸收西方词源学研究的有益成分无疑会推动汉语词源学的发展，如果把中西方词源研究的成果和方法进行对比研究，那将不仅会拓宽我国汉语词源研究的路子，而且会深化其研究的深度。

从目前收集到的相关文献来看，第一个进行多语种词源文化比较的西方学者是上文提到的维柯。他在《新科学》和《论从拉丁语源发掘的意大利人的古代智慧》中大量运用印欧语系的多种语言的词源对比来揭示和阐释人类思想和文化的发展。在维柯之后，伟大的革命导师马克思和他的战友、上文提到过的拉法格也在他们的学术著作中运用了印欧语系的多种语言的词源对比的方法，例如，马克思通过对于雅利安语（即原始印欧语）、德语、希腊语、梵语、法语、意大利语、西班牙语等语言中表示植物、园艺、动物和驯养等词汇的词源比较来证明雅利安人发现和种植谷物晚于驯养动物的事实（详见中共中央编译局编译的《马克思古代社会史笔记》，人民出版社1996年版）。尽管马克思和拉法格比较的几种语言都属于印欧语系的不同语支，所揭示的现象的普遍意义不如跨语系的词源文化比较，而且只是把词源文化比较当作社会主义思想理论研究的一个辅助工具，并没有刻意使其成为一门专门的学问和方法；但是作为西方学术界运用多语种词源文化比较的先驱，其开创之功不可没。

第一个进行跨语系词源文化比较的学者当属我国的国学大师王国维。王国维在1904年至1905年撰写了《释理》一文②。王国维在该文中将汉语词"理"的词源与英语、法语、德语、意大利语、希腊语、拉丁语等

---

① 赵振铎：《中国语言学史》，河北教育出版社2000年版，第526页。
② 王国维：《王国维文集》，吴无忌编，北京燕山出版社1997年版，第352—369页。

印欧语系语言中表示与"理"相近概念的词的词源进行比较研究,以此来研究国人与欧洲人对于"理"概念的认识的异同。这项研究,尽管还有不够深入、详尽的缺憾,但是,从比较文化词源学的角度来看,《释理》一文在词源学界第一次将印欧语系的多种语言的词源中所反映的古代文化遗迹与汉语中表达相应概念的词(字)的词(字)源文化内涵进行了对比,它的意义已经超越了这个对比的本身。

二 罗常培的词源文化比较研究

在王国维之后开展比较文化词源学研究的第二位我国学者是语言学家罗常培。以前,我国语言学界在论及罗常培的贡献时往往只注意到他在音韵学和汉语方言研究上的杰出贡献,对他在训诂、词源和文化语言学研究方面的成就往往注意不够。1999 年是罗常培诞生一百周年。中国社会科学院语言研究所主办的《当代语言学》杂志专门把该刊 1999 年第 3 期用于纪念罗常培百年诞辰专号。该专号的首篇文章以"社会语言学的拓荒者"为题,对罗常培在古代汉语和现代汉语的音韵学研究、中国音韵史研究、汉语方言和少数民族语言研究以及社会语言学研究方面的贡献给予了高度的评价。比起过去对于罗常培的评价,该文的一个最大的进步是注意到罗常培《语言与文化》一书对于社会语言学和文化语言学的重要价值,将该书誉为"我国第一部文化语言学或社会语言学开创性著作"。这个进步显然是受到我国在 20 世纪 80 年代以来文化语言学研究热潮的影响。除了这篇首文外,该专号一共发表了 4 篇与社会语言学相关的论文和两篇书评。不知何故,这 4 篇论文都未提及罗常培的语言学研究实践。两篇书评中,一篇是对于美国学者德瑞克·比克顿(Derrek Bickerton)的专著《语言与人类行为》的书评,也未提及罗常培;另一篇书评是专评罗常培的论著《语言与文化》,作者是北京外国语大学的徐大明,文章的题目是"联系社会来研究语言——重读罗常培的《语言与文化》"。从这个题目就可以看出这篇评论的侧重点。事实也是如此,作者徐大明在该文中一开始就简要介绍了《语言与文化》一书的主要框架和内容,然后侧重从社会语言学研究的角度来评价该书的开创性贡献。作者显然忽略了《语言与文化》一书在训诂学和词源学研究方面的重要价值。刘又辛

(2002）在《谈谈汉语词源研究》①一文中指出，《语言与文化》是罗常培 20 世纪 40 年代在西南联大讲授训诂学的讲义基础之上形成的一部论著，关于借词的研究是这部书的核心部分，这部书的价值就在于它是我国"第一部考证古汉语中借词来源的专著，填补了汉语词源学中的一项空白"。从我们近年来对于汉语词源学研究文献的检索结果来看，《语言与文化》一书的第二章"从语词的语源和变迁看过去文化的遗迹"在论及汉语中"贝"字的词源文化内涵时也谈到英词语 fee 的词源中所反映的古代文化遗迹。此文同王国维的上述论文是我国 20 世纪上、中叶期间仅有的两篇涉及词源文化比较的论文，它们在词源学史上有开创之功，本应该引起汉语词源学界的重视并引发对于这个问题或现象的深入探讨。但是，在罗常培的词源对比之后的三十多年间，就再也没有人关注这个问题或进行过类似的研究。

罗常培学贯中西，通晓汉语和欧洲多种语言，既熟谙汉语的传统训诂学又受过西方历史比较语言学的严格训练，本来有很好的条件来开创比较词源学这个新学科。可是，他偏偏就错过了这个机会。这其中的原因可能有两个：其一是如刘又辛所指出的那样，他写《语言与文化》时把注意的焦点集中在借词的研究上，对于词源的阐释仅仅是顺便带过而已；其二是受西方历史比较语言学的影响太深，也有非亲属语言之间不可进行比较的想法，所以在《语言与文化》一书的第二章"从语词的语源和变迁看过去文化的遗迹"中，他没有将英语中 fee 的词源和汉语中"贝"字的词源放在一起讨论，而是将二者分开放在不同的部分分别论述。或许在他看来，英语中 fee 的词源②和汉语中"贝"字的字源之间在文化蕴含上的相关③仅仅是一种巧合。不管怎么说，罗常培以后未再讨论过这个问题，比较词源学也就此被搁置了三十多年。

三 伍铁平和比较文化词源学理论的提出

在历史比较语言学诞生之前的词源探索都只研究一个语言中的词的起

---

① 刘又辛：《治学纪事》，巴蜀书社 2002 年版。
② 罗常培将现代英语词 fee 的意义"钱"（应为"酬金"）与其词源义"牲畜"并列，不妥。
③ fee 的词源义是"牲畜"，与"贝壳"都是价值的不同体现物。

源。直到 19 世纪，作为历史比较语言学的组成部分的词源学才把词源的研究范围扩大到亲属语言的范围；但是它只在语义方面允许偶尔与非亲属语言进行类比，除此之外，它从未超越过亲属语言的界限。应该说，比较词源学是孕育于历史比较语言学之中，以历史比较语言学为母体，从中汲取有益营养，最后又突破了历史比较语言学的限制而诞生的一门新学科。

从 20 世纪 70 年代末在我国开始的对外开放和频繁的对外学术交流使我国学者的眼界大为开阔，对于西方学术思想的广泛引进和评介导致了中西比较成为我国学术界的一个热点。伍铁平在《比较词源再探》[1] 中列举出的学科就有比较文学、比较法学、比较神话学、比较民俗学等。伍铁平指出："这些比较学科的特点是其研究对象跨越国家或民族的界限，可以在全世界范围内进行共时和历时的比较。语言学虽然在 19 世纪产生了历史比较语言学，但是它同上述以比较为修饰语的学科不同，其研究对象仅限于亲属语言的历时比较。"[2] 因此，受此影响，伍铁平开始思考：是否有可能使词源的比较研究突破历史比较语言学的亲属语言内部比较的限制？怎样才能确保跨语系词源比较研究的科学性，以建立一门有牢固科学基础的比较词源学？

比较词源学的术语和理论框架是由伍铁平于 1984 年首先提出的。在《比较词源初探》中，伍铁平通过俄、汉语中表示"犬星座、暑天和假期""闰年的来历""方位和太阳的'移动'"等概念的词的词源以及表示气味和嗅觉的词语的语义演变的比较研究发现，不同语系的语言（如印欧语和汉语）在词源方面有可能产生吻合现象，这是因为人类有着共同的思维方式，在生活方面也有共同的一面；因此历来的科学词源家虽然一贯坚持一条原则：词源研究在语音上不能引用非亲属语言的材料，但在词的语义的形成和演变方面是可以广泛引证非亲属语言材料的。伍铁平同时也指出：不同民族除开有着共同的思维方式，生活方式有共同的一面以外，在生活方式、文化传统、风俗习惯等方面也还有不同的一面，因此在词源研究的语义对比中万万不可强不同为同，以免得出错误的结论。因此，为了确保词源比较研究的科学性，在从语义角度对不同亲属的词源进行比较研究时，必须遵循一个原则，那就是在探求每个语言的词源时，必

---

[1] 伍铁平：《比较词源再探》，《外国语文教学》1985 年第 1—2 期。

[2] 同上。

须在语音和语义方面都有充足的证据①。

伍铁平在他的多篇词源比较研究论文《比较词源初探》②、《比较词源再探》③、《"京都"和"首都"——比较词源三探》④、《欧洲许多语言中的一种普遍现象——用"中午"表示"南方",用"半夜"表示"北方"》⑤和《论语言中所反映的价值形态的演变》⑥中将汉语词源和相应的外语词的词源进行了细致的对比研究。他发现:人类不同民族的语言尽管表面上千差万别,但语言中所表达出的人类不同民族的思维和文化内涵确有不少共同性;语词的意义内涵是人类经验的历史积蕴,体现词语语义演变过程的词源意义能更好、更显著地反映古代文化的演变和发展;跨语系的词源对比可以使我们更清楚地了解人类历史的进程和文明的发展,可以帮助我们更好地认识人类文明的演变过程,从而对历史和文化研究作出贡献。正是基于上述认识,伍铁平认为,应该建立一门科学的比较词源学,进行具有原创性意义的跨语系词源比较研究。伍铁平于 1984 年在当年创刊的《福建外语》第一期上发表了一篇题为《比较词源初探》的论文。在该文中,伍铁平首次提出"比较词源学"(comparative etymology)这门新学科的名称。吴玉璋(1992)根据伍铁平的论述对比较词源学作出如下定义:

比较词源学是将不同语言(尤其是非亲属语言)中的词源的语义进行对比,并为古代思维和物质文明的研究提供语言佐证的一门边缘学科。⑦

比较词源学于 20 世纪 80 年代在中国的首先提出和发展有它的客观原因:

---

① 伍铁平:《比较词源初探》,《福建外语》1984 年第 1 期;《比较词源再探》,《外国语文教学》1985 年第 1—2 期。

② 《福建外语》1984 年第 1 期。

③ 《外国语文教学》1985 年第 1—2 期。

④ 《语文研究》1986 年第 1 期。

⑤ 《福建外语》1984 年第 3 期。

⑥ 《解放军外语学院学报》1992 年第 2 期,增订稿及其部分英译文刊英国《宏观语言学》(*Journal of Linguistics*)1994 年第 5 期,第 2 次增订稿刊《京师论衡》(庆祝北京师范大学一百年校庆中文系论文集,上册,北京师范大学出版社 2002 年版)。此文纠正了上引罗常培对 fee 的词义的错误阐释。

⑦ 吴玉璋:《论比较词源学》,《外国语》1992 年第 2 期。

首先是历史比较语言学对我国汉语词源学研究的影响。历史比较语言学对我国的语言学研究产生过革命性的影响。王宁说:"当代汉语词源研究,是从两个学术源头发展起来的:一个是基于西方历史语言学的词源学研究方法,另一个是基于中国训诂学的传统词源学研究",因此她认为"要想把词源探讨的历史时代再行推前,必须学习西方语源学的历史比较方法,进行民族语言的比较、方言的比较",主张吸收两个学术渊源的优点,寻找适合汉语实际的方法,建立起真正科学的汉语词源学。由此可见历史比较语言学对于汉语词源学研究的影响之巨大,而这种巨大的影响又直接或间接地促进了比较词源学的诞生。

其次是作为当代科学研究的基本方法的比较研究得到我国人文科学界,尤其是语言学界的普遍采用,以及比较语言学作为一门新兴语言学分支学科的发展,这些都促使训诂学家和词源学家更加关注词源研究中的比较方法。

此外,人类思维和语言与文化关系的研究使人类认识到人类文化具有很多的共同特点,再加上词源学研究的国际交流以及对于语言学普遍规律(普遍性)的追求和阐释,所有的这一切都有利于比较词源学的诞生和发展。

伍铁平认为他所提出的比较词源学有两个显而易见的事实可作为其基础,第一个事实是人类在逻辑思维上有很多的共同点,第二个基础是人类的生活方式方面也有许多共同点。人类学家摩尔根(Morgan)在《古代社会》上册[①]中指出:"人类的经验所遵循的途径大体上是一致的;在类似的情况下,人类的需要基本上是相同的;由于人类所有种族的大脑无不相同,因而心理法则的作用也是一致的。"伍铁平认为,摩尔根的这段话就包含了比较词源学赖以进行的两个基础。在笔者看来,摩尔根早就为比较词源学理论的诞生准备了人类学经验的证据。既然对于人类的语言来说,作为一种特定语言结构的词源"是语言原初历史的写照和古代文化的活化石",那么我们就无法想象,远古人类思维和生活经验的共同方面没有在这种"写照"和"活化石"中留下印迹。再进一步说,如果我们认可人类语言的词源意义中部分地保留有人类思维及其生活方式的印迹的话,那么词源意义及其所蕴含的文化信息的演变是否就可以视为某一个特

---

① [美]摩尔根:《古代社会》(上册),商务印书馆1977年版,第8页。

定时代或某一个民族在特定时代的思维或生活方式影响下的产物？笔者认为，无论是在汉语词源研究还是在比较词源学研究中，对于上述问题做出肯定性的答复都是无可厚非的；但必须具备两个前提。第一个前提是假设有充分的语言材料或文献资料的证据，也就是如胡适所言，"有一分证据说一分话"以及在此基础上的"大胆假设"。第二个前提也是胡适提出的"小心求证"，要对提出的假设进行仔细认真的求证。在对词源文化信息的假设上，王宁提出了两种求证方法，其一是通过历史文献对于词源分析的结果进行确证；其二是把大量的单个的词源考证结果连接成一个可以互相联系验证的网络。王宁的方法也可以运用于比较词源学研究。目前的比较词源学研究大多是将汉语中某一个类别文化词语的词源的系统研究成果和相应类别的外语词源研究成果进行比较研究。伍铁平认为，只要词源比较是建立在科学的基础之上，而不是对不同语系中词的语音偶合进行主观的猜测（在词源研究中，语音的对应关系只能在亲属语言范围内寻找，19世纪历史比较语言学所确立的这一原则无疑仍是正确的），那么比较词源学就应当在科学语言学中占有一席之地。

　　伍铁平本人的语言学研究经历、素质和他的研究方法也是促使他提出比较词源学的一个重要因素。伍铁平是一位治学严谨同时又富于开拓创新精神的语言学家。他熟练掌握俄语和英语，熟悉法语、德语、日语、西班牙语和波兰语等语言，对于古今汉语和少数民族语言的研究也有一定的了解，还具备了扎实的普通语言学基础。最重要的一点可能是得益于他对于比较研究方法的重视。邵敬敏和方经民在所著的《中国理论语言学史》中专列一节评述伍铁平的模糊语言学研究并且指出："伍铁平所进行的模糊语言学研究，从某种意义上说，也是一种比较词汇学或比较语义学的研究"[①]，该书第7章第9节在评述我国的对比语言学研究时再次指出："伍铁平重视多语种语义对比的研究，事实上，他研究模糊语言学的基本方法就是从语义角度对多种语言进行对比分析。伍铁平认为，他所做的模糊语言学研究换一个角度说，就是比较（对比）语义学的研究。"所以，从主客观上说，伍铁平都具备了首先提出比较词源学的条件。因此，比较词源学在20世纪的诞生是历史的必然。

[①] 邵敬敏、方经民：《中国理论语言学史》，华东师范大学出版社1991年版，第323—325页。

四 比较词源学理论在人类文化和思维观念研究上的应用

比较词源学就是将不同语系语言的词语进行跨语系词源对比的学科。伍铁平在创立"比较词源学"时就已经十分清楚该学科对于文化研究的意义。上引吴玉璋（1992）的定义一方面揭示了比较词源学与文化研究的密切关系，另一方面又模糊了"比较词源学"与"比较文化词源学"两个学科之间的界限。所以，提出"比较文化词源学"这个新学科的名称的目的就是明确"比较文化词源学"的学科性质，使它与纯粹的比较词源学理论研究区别开来，同时也可以借此表明它是以文化研究为导向的跨学科研究。通过对于迄今为止已发表的 26 篇比较词源学研究论文（不包括上文提到过的王国维和罗常培在解放前发表的那两篇涉及词源比较的论文）的调查，大部分论文都是以文化比较为目的的跨语系词源比较研究，只有 4 篇是以探索比较词源学的学科性质、目的、研究方法、应用价值和意义为目的的论文，可以视为纯粹的比较词源学理论研究论文，其他的论文都属于跨学科的比较文化词源学研究。这 4 篇纯粹的比较词源学理论研究论文是：

1. 伍铁平：《比较词源初探》，《福建外语》1984 年第 1 期。
2. 伍铁平：《比较词源再探》，《外国语文教学》1985 年第 1—2 期合刊。
3. 吴玉璋：《论比较词源学》，《外国语》1992 年第 2 期。
4. 刘宝俊：《比较词源学研究四例》，《民族语文》1999 年第 2 期。

就笔者所见到的国内外相关文献而言，从伍铁平 1984 年首次提出"比较词源学"以后的数年间，他连续发表了多篇比较词源学论文，使这个学科初具规模。

伍铁平：《从"旦日，客从外来"说到语言的普遍现象》，《汉语学习》1981 年第 1 期。

伍铁平：《"京都"和"首都"——比较词源三探》，《语文研究》1986 年第 1 期。

伍铁平：《欧洲许多语言中的一种普遍现象——用"中午"表示"南方"，用"半夜"表示"北方"》，《福建外语》1984 年第 3 期。

伍铁平：《农耕在语言和文字中的反映》，《文字改革》1984 年第 6 期。

伍铁平：《语言词汇的地理分布》，《中国社会科学》1984 年第 6 期（此文虽然侧重研究世界几十种语言中表示"书""纸""糖"等概念的词在世界上的地理分布，但也在其中的许多地方涉及这些词的词源及其比较）。

伍铁平：《世界主要语言中"锚"的来源是什么？》，《自然之谜》总第 16 辑（1984 年）。

伍铁平：《论语言中所反映的价值形态的演变》，《解放军外语学院学报》1992 年第 2 期。其增订稿刊《宏观语言学》（英国）1994 年第 5 期。

伍铁平：《语言是社会的一面镜子——词汇比较研究》，《现代外语》1984 年第 2 期。

伍铁平：《词义从具体到抽象的演变——比较词源探索》，《学语文》1984 年第 3 期。

伍铁平：《笔战？纸战？墨战？——论词的内部形式》，《外国语》1984 年第 6 期。

伍铁平：《比较词源学及其对语言教学的意义》，《百科知识》1994 年第 5 期。

伍铁平：《语言的模糊性和词源学》，《外语教学》1986 年第 1 期。

伍铁平：《关于"处女（的）"转义及其同文化的关系》，《词库建设通讯》（香港）1998 年 9 月总第 17 期，转载于《四川外国语学院学报》1999 年第 2 期。[1]

从古至今，汉语民族与印欧语民族在精神发展和社会生活的方方面面都有着许多的共同点，其中必然有一些共同点会在人类的各种语言或它们的词源上留下痕迹。上述论文所比较的仅仅是人类语言中蕴含的丰富词源文化的一个比较小的部分，有待于我们去比较、去挖掘的东西实在太多了。从 1981 年伍铁平开始比较词源学的探索以来，已经过去了二十多年，就笔者所见到的文献而言，我国学者所发表的论文仅有二十多篇，相对于我国语言学的其他分支学科而言，比较词源学和比较文化词源学的研究成果应该说是相当小的，但是它们的研究价值和意义却是显而易见的。

首先是对于我国的词源学研究而言，比较词源学的提出具有重要的意义，因为比较词源学不仅使得我国词源学研究的对象和材料变得更加丰富

---

[1] 这些论文后来都收入伍铁平著《比较词源研究》，上海外语教育出版社 2011 年版。

多彩而且带来了我国词源学研究方法上的变革。胡适在《治学的方法与材料》① 中反复强调研究的材料对于学术研究的重要意义，指出："不但材料规定了学术的范围，材料并且可以大大地影响方法的本身"，"同样的材料，方法不同，成绩也就不同。但同样的方法，用在不同的材料上，成绩也就绝大的不同"，"单有精密的方法是不够用的。材料可以限死方法，材料也可以帮助方法"。他举了瑞典学者高本汉（Bernhard Karlgren）的汉语音韵学研究的成就来作例子，"他（高本汉）用西洋音韵学原理作工具，又很充分地运用方言的材料，用广东方言作底子，用日本的汉音吴音作参考，所以他几年的成绩便可以推倒顾炎武以来三百年的中国学者的纸上功夫"，"三百年的古韵学抵不得一个外国学者运用活方言的实验"②。比较词源学和比较文化词源学理论的提出将不同语系的词源材料引入汉语词源研究中，不仅深化了汉语词源文化研究，而且拓宽了研究的范围，给我国的词源学研究带来了新的研究方法和全新的视角，为运用词源分析探求和阐释人类历史和文明进程方面提供了更具普遍意义的语言佐证。刘宝俊教授（1999）将比较词源学理论运用于汉语同我国的多种少数民族语言的词源意义的对比研究，阐明了比较词源学对于语言学本体研究的价值和在词源研究上的意义。他指出："词的理据大多可从一种语言的历史中找到；有的则需通过历史比较语言学、同亲属语言进行比较而获得。但是，有的疑难词还必须以语言类型学理论为基础，运用比较词源学的方法才能使词的理据显现出来。"因此，"比较词源学不仅对人类学、思维科学及认知心理的研究有重要意义，而且对语言学本身的研究也具有重要的

---

① 原载 1928 年 11 月 10 日《新月》第 1 卷第 9 号，收入《胡适文存》第 3 集第 2 卷。

② 转引自胡适《治学方法》，辽宁人民出版社 2000 年版。应该说明的是，胡适对于高本汉的评价过高。高本汉的《中国音韵学研究》（有中文译本，由赵元任、罗常培、李方桂翻译，做了一些改动并增加了不少按语，赵元任、丁声树详校，商务印书馆 1940 年版）有不少错误，赵元任、罗常培、李方桂翻译该书时加了很多译注以更正，1994 年该书缩印本出第一版时附了该馆编辑部 1987 年写的"出版说明"，又指出了高本汉书的一些错误。用活方言作材料是好的，但是不能因此否定三百年我国学者的"纸上功夫"。该书缩印本第 17 页"译者提纲"指出，高本汉著该书时还未读到《切韵》的各种残卷，没有见到《集韵》《韵镜》以及《切韵指南》的原书，而且高本汉所引《广韵》反切往往是《康熙字典》里所引错的反切，这些都是造成高本汉的书中有不少错误的重要原因。可见，如果高本汉了解并掌握"三百年我国学者的'纸上功夫'"，他的书中的不少错误是可以避免的。当然，高本汉是第一位将历史比较语言学运用于汉语古音构拟的西方学者，他对于汉语音韵学的发展作出了不小的贡献。

意义。中国的比较词源学不光可以以国外的民族语言材料为依据，还完全可以就地取材，充分发掘、利用国内丰富的少数民族语言材料，只要它们不存在同源关系或借贷关系，就可以大胆使用，就可以立足于我国的民族语言进行词源比较，建立起一系列的语义类型和词源通则，并将这些语义类型和词源通则应用到世界范围内的语言对比中去，去发现、挖掘、印证、检验其他语言中某些词的词源，为人类文化的研究和语言学研究作出贡献"[1]。邵敬敏和方经民（1991）则认为，伍铁平的比较词源学研究属于解释性对比研究，但是在方法上则以归纳为主，"他从具体的多语种语义对比分析入手，发现了许多过去被忽视的语言现象"[2]。王宁（1999）在高度评价伍铁平的比较词源学研究成就时指出："（伍铁平）重视准确地引进并运用西方语言学理论。"[3] 也就是说，比较词源学研究能够取得一些给人耳目一新的成果，同外语词源材料的引进和比较互证方法的运用有密切的关系。

其次，比较词源学研究对于普通语言学的发展也有重要的作用。历史比较语言学就是建立在对于欧洲和印度、伊朗的数十种语言的比较的基础之上的。伍铁平指出："普通语言学的建立也有赖于掌握至少几十种语言。这方面的一个光辉范例是特鲁别茨柯依（Nikolay Trubetzkoy）的《音位学原理》。这是一部普通语音学著作……作者掌握了几十种不同系属的语言，所以得出的结论比较可靠。"伍铁平又进一步指出："不懂得几十种语言，也不可能建立语言类型学这门新的学科。俄国人罗曼·雅柯布逊（后加入美国籍）是这方面的杰出代表。……雅柯布逊在他的著作中，经常列举几十种语言的材料，否则他不可能被世界公认为语言类型学的奠基人之一。"因此，只限于几种语言，就不可能做出语言普遍现象的结论。伍铁平的论文《男性直系亲属名称的类型比较》[4] 就是通过十五种不同语系语言（词源）材料的比较才得出了一些前人未发现的现象和规律。因此，比较词源学研究能够发现不同语系语言的一些发展规律，不仅开拓了普通语言学的研究领域，而且将普通语言学研究提高到一个更为科学的层

---

[1] 刘宝俊：《比较词源学研究四例》，《民族语文》1999年第2期。

[2] 邵敬敏、方经民：《中国理论语言学史》，华东师范大学出版社1991年版，第362页。

[3] 王宁：《汉语词源学将在二十一世纪有巨大发展》，《中国教育报》1999年8月24日第七版"语言文字"专栏。

[4] 《语言论文集》，商务印书馆1985年版。

次上，这对于建立更为科学的普通语言学理论具有重要的意义。此外，通过比较词源学的研究可以推断出某一语言中的外来成分，尤其是外来借词，这对于语言学研究无疑是有特别重要的意义。

最后，比较词源学理论具有广泛的应用领域。比较文化词源学就是比较词源学理论在人类文化（包括精神文化和物质文化）研究上的应用的成果。比较词源学研究所揭示的人类历史和文明进程中具有普遍意义的共同性可以帮助我们更好地了解人类社会精神文化和物质文化的演变过程，这对于人类思维发展史的研究，对于文化学、历史学、社会学、哲学以及心理学等学科的研究均有十分重要的意义。

应该说，比较词源学和比较文化词源学发展至今仍是一门"隐学"或"冷门"。比较词源学发展不起来，原因很多。从宏观上来看，可以把比较词源学发展缓慢的根本原因归结为我国语言学专业教育上的问题。伍铁平在《法国和德国的语言研究和教学等情况简介》[①]中指出，德国之所以能产生那么多的著名哲学家和语言学家的根本原因在于，德国严格的教育制度要求它的中学毕业生掌握2—3门外语，更为严格的大学学位和职称评定则训练了德国学者严谨认真的治学态度，使他们在从事科学研究时具有一丝不苟、刨根问底、穷尽文献的显著特点。这两点正是当今我国某些学者比较缺乏而又为比较词源学研究者所必须具备的。此外，我国的比较词源学或比较文化词源学研究在研究的系统性和深度上仍存在不少问题，在语言与文化的各个方面和各个层次的比较研究上也有不均衡发展的问题，整个比较词源学学科构建仍欠完善。针对上述问题，对今后我国的比较词源学或比较文化词源学研究提出下面几条建议。

（1）加强对国外出版的词源学及相关学科出版物的译介工作，大力引进国外的先进理论和方法，提高我国比较词源学研究的系统性和理论深度，改变我国比较词源学研究中存在的那种零敲碎打的做法。

（2）我国的词源学研究者应当兼收并蓄各种现代语言学理论以及世界上各个国家、各种语言的词源研究成果，将它们吸收、消化并运用于汉语的词源研究。这就要求学汉语出身的研究者多学几门外语，学外语出身的研究者除了要多学几门外语外，还要认真钻研汉语传统语言学。要知道，单一语系的研究成果不足以阐明语言的普遍规律。

---

① 《国外社会科学》1997年第4期。

（3）比较词源学研究必须不断吸收哲学、语言学、历史、社会学、思维科学、计算机科学研究的新成果，必须不断提高研究成果对于国内外人文科学和自然科学新成果的吸收和综合水平。这样做，不仅能使比较词源学研究成果在社会文明发展中有更高的应用价值，而且有助于比较词源学自身的学科构建。

外国人名索引

（以英语字母为序）

Adolf Hitler（阿道夫·希特勒）：30

Alice Deignan（艾利斯·戴格南）：9、10、14、15、16、20

A. Musolff（穆佐尔夫）：30

Andrew D. A. Smith（安德鲁·史密斯）：24

Andrew Goatly（安德鲁·哥特利）：2、3、4、5、6、7、8、15、16、18、21、36、37、38、39、40、88、89、90、92、97、98

Aristotle（亚里士多德）：1、2、12

A. Stefanowitsch（斯特凡诺维奇）：11、18

Bernhard Karlgren（高本汉）：159

B. Heine（海因）：112

B. K. Mujic（姆吉科）：11

C. Gevaert（格瓦特）：24、26、28

Charles Sanders Peirce（查尔斯·桑德斯·皮尔斯）：88、167

C. M. Chapetón（切皮坦）：14

Derrek Bickerton（德瑞克·比克顿）：151

D. Geeraerts（德克·格拉茨）：5、26、34、86

D. Noël（洛尔）：28

Elena Semino（埃琳娜·塞米诺）：11、13、14

E. Shutova（舒托瓦）：20

Etienne Bonnot de Condillac（孔狄亚克）：117

Eve Sweetser（伊芙·斯维瑟）：3、5、31、86、91、96

F. Boers（伯尔斯）：12、13

Ferdinand de Saussure（费迪南德·索绪尔）：3、23、24、82

Friedrich Engels（弗里德里希·恩格斯）：147

Geoffrey Leech（杰弗里·利奇）：36

George Lakoff（乔治·莱考夫）：2、3、4、7、22、24、31、32、37、39、81、87、96、100

Gerard J. Steen（杰勒德·斯廷）：19

Giambattista Vico（詹巴蒂斯塔·维柯）：3、81、90、117、146、147、150、169

Gilles Fauconnier（吉尔·福科尼耶）：15

G. Radden（拉登）：82

H. Tissari（蒂萨里）：14、24、25、27、28

Isocrates（埃索克拉提斯）：1

Jacques Derrida（雅克·德里达）：97、93

J. D. Bernard（贝尔纳）：132、142、143、147

J. Heywood（海伍德）：14

J. H. Martin（马丁）：14、21

J. J. Mischler（米施勒）：25

John of Salisbury（索尔兹伯里的约翰）：30

John Tyler（约翰·泰勒）：2

J. Simó（西莫）：13

Karl Heinrich Marx（卡尔·海因里希·马克思）：146、147、150

Kathryn Allan（凯瑟琳·艾伦）：23、31、32、33、34

K. Rolf（罗尔夫）：12

Lewis Henry Morgan（路易斯·亨利·摩尔根）：137、155

L. Goossens（古森斯）：15

L. H. Bybee（拜比）：23

L. H. Downing（唐宁）：11

Lynne Cameron（琳恩·卡梅伦）：12、14

Małgorzata Fabiszak（华比斯扎克）：24

Marcel Danesi（马歇尔·丹尼西）：91

Mark Johnson（马克·约翰逊）：2、22、81、100、107、116

Mark Turner（马克·特纳）：15

Max Black（麦克斯·布莱克）：16

M. Demecheleer（迪米切里尔）：17

Micheal Mitro（迈克尔·米特罗尔）：142

M. Short（肖特）：14

Nathalie Gontier（纳塔利·贡提尔）：33

Nikolay Trubetskoy（尼克莱·特鲁别茨柯依）：160

Northrop Frye（诺思洛普·弗莱）：117

O. A. Kyiv（基辅）：11

Paivi Koivisto-Alanko（考弥西斯图-阿兰考）：27、28

Paul Lafagure（保尔·拉法格）：147、150

P. Hanks（汉克斯）：16

Ralph Waldo Emerson（拉尔夫·瓦尔多·爱默生）：87、88

Ranald W. Langacker（拉纳德·兰盖克）：107

Randolph Quirk（伦道夫·夸克）：36

Richard Trim（理查德·特里姆）：24、25、33、86

Roman Jakobson（罗曼·雅柯布逊）：82、108、160

Roslyn M. Frank（罗斯林·弗兰克）：33

S. Grondelaers（龚多拉斯）：5、26、86

Stefan H. Höfler（霍夫勒）：24

Stephen Ullmann（史蒂芬·厄尔曼）：90

S. T. Gries（格里斯）：17

T. B. Sardinha（撒丁哈）：14

Thomas Hobbes（托马斯·霍布斯）：30

Tognini Bonelli（托尼尼·博内利）：17

Zoltán Kövecses（佐尔坦·考莫科斯）：82

参考文献

一　中文著作（含译著）

［法］保罗·利科：《活的隐喻》，汪家堂译，上海译文出版社2004年版。

曹先擢、苏培成：《汉字形义分析字典》，北京大学出版社1999年版。

陈枫：《汉字义符研究》，中国社会科学出版社2006年版。

陈家旭：《英汉隐喻认知对比研究》，学林出版社2007年版。

陈建生、夏晓燕、姚尧：《认知词汇学》，光明日报出版社2011年版。

陈立中：《阴阳五行与汉语词汇学》，岳麓书社1996年版。

丁尔苏：《符号与意义》，南京大学出版社2012年版。

董希谦：《〈说文解字〉一夕谈》，河南人民出版社1994年版。

冯英：《汉语义类词群的语义范畴及隐喻认知研究（二）》，北京语言文化大学出版社2010年版。

冯英：《汉语义类词群的语义范畴及隐喻认知研究（三）》，北京语言文化大学出版社2011年版。

冯艳、刘乇豚：《常用汉字语义研究》，人民出版社2012年版。

高远、李福印：《认知语言学十讲》，外语教学与研究出版社2007年版。

顾颉刚：《古史辨》，上海古籍出版社1982年版。

［韩］朴仁顺：《殷商甲骨文形义关系研究》，中国社会科学出版社2006年版。

郝士宏：《古汉字同源分化研究》，安徽大学出版社2008年版。

何金松：《汉字形义考源》，武汉出版社1996年版。

何九盈：《汉字文化学》，辽宁人民出版社 2000 年版。

胡易容、赵毅衡：《符号学–传媒学词典》，南京大学出版社 2012 年版。

胡壮麟：《认知隐喻学》，北京大学出版社 2004 年版。

黄德宽：《汉字理论丛稿》，商务印书馆 2006 年版。

黄易青：《上古汉语同源词意义系统研究》，商务印书馆 2007 年版。

姜玲：《英汉隐喻句对比研究》，河南大学出版社 2008 年版。

蓝纯：《认知语言学与隐喻研究》，外语教学与研究出版社 2005 年版。

李北达译：《牛津高阶英汉双解词典》，商务印书馆、牛津大学出版社（合作出版）2002 年版。

李恩江、贾玉民主编：《文白对照说文解字译述全本》，中原农民出版社 2000 年版。

李福印：《认知语言学概论》，北京大学出版社 2008 年版。

李福印：《语义学概论》，北京大学出版社 2006 年版。

李格非：《汉语大字典》，湖北辞书出版社 1996 年版。

李国南：《辞格与词汇》，上海外语教育出版社 2001 年版。

李国瑛、章琼：《〈说文〉学名词简释》，河南人民出版社 1994 年版。

李孝定：《汉字的起源与演变论丛》，联经出版事业公司 1986 年版。

［德］利普斯：《事物的起源》，汪宁生译，四川民族出版社 1982 年版。

梁思成：《中国建筑史》，百花文艺出版社 1998 年版。

陆玖：《吕氏春秋》，中华书局 2011 年版。

陆宗达、王宁：《训诂方法论》，中国社会科学出版社 1983 年版。

罗常培：《语言与文化》，语文出版社 1989 年版。

罗竹风：《汉语大词典》，汉语大词典出版社 2001 年版。

［美］皮尔斯：《皮尔斯：论符号》，赵星植译，四川大学出版社 2014 年版。

齐效斌：《人的自我发展与符号形式的创造》，中国社会科学出版社 2002 年版。

钱锺书：《管锥编》，中华书局 1979 年版。

裘锡圭：《文字学概要》，商务印书馆 1988 年版。

任继昉：《汉语语源学》，重庆出版社1992年版。

申荷永：《中国文化心理学心要》，人民出版社2001年版。

申小龙：《〈普通语言学教程〉精读》，复旦大学出版社2005年版。

沈兼士：《沈兼士学术论文集》，中华书局1986年版。

束定芳：《认知语义学》，上海外语教育出版社2008年版。

束定芳：《隐喻学研究》，上海外语教育出版社2000年版。

束定芳：《语言的认知研究：认知语言学论文精选》，上海外语教育出版社2004年版。

宋永培：《〈说文〉与上古汉语词义研究》，巴蜀书社2001年版。

苏立昌：《认知语言学与意义理论：隐喻与意义理论研究》，南开大学出版社2007年版。

苏立昌主编：《英汉概念隐喻用法比较词典》，南开大学出版社2009年版。

孙毅：《认知隐喻学多维跨域研究》，北京大学出版社2013年版。

[英]泰伦斯·霍克斯：《隐喻》，穆南译，北岳文艺出版社1990年版。

檀明山主编：《象征学全书》，台海出版社2001年版。

汤可敬：《说文解字今释》，岳麓书社1997年版。

唐兰：《古文字学导论》，齐鲁书社1981年版。

唐兰：《中国文字学》，上海古籍出版社2005年版。

王凤阳：《古辞辨》，吉林文史出版社1993年版。

王筠：《说文解字句读》，中华书局1998年版。

王克非：《语料库翻译学探索》，上海交通大学出版社2012年版。

王力：《古代汉语》，中华书局1962年版。

王力：《汉语语法史汉语词汇史》，山东教育出版社1990年版。

王力：《同源字典》，商务印书馆1982年版。

王力：《王力古汉语字典》，中华书局2000年版。

王力：《中国语言学史》，陕西人民出版社1981年版。

王铭玉、宋尧：《符号语言学》，上海外语教育出版社2005年版。

王宁：《〈说文解字〉与汉字学》，河南人民出版社1994年版。

王宁：《训诂学原理》，中国国际广播出版社1996年版。

王文斌：《隐喻的认知构建与解读》，上海外语教育出版社2007

年版。

王寅：《什么是认知语言学》，上海外语教育出版社2011年版。

王寅、赵永峰：《认知语言学著作述评》，高等教育出版社2010年版。

王寅：《中西语义理论对比研究初探——基于体验哲学和认知语言学的思考》，高等教育出版社2007年版。

王宇弘：《英汉语通感隐喻对比研究》，上海外语教育出版社2011年版。

王玉新：《汉字认知研究》，山东大学出版社2000年版。

王正元：《概念整合理论及其应用研究》，高等教育出版社2009年版。

[意] 维柯：《新科学》（上），朱光潜译，安徽教育出版社2006年版。

魏利霞：《汉语与英国英语中的动物隐喻认知研究》，科学出版社2013年版。

吴世雄：《隐喻，词源和文化：基于语料库的探索和方法论反思》，中国社会科学出版社2008年版。

吴世雄、章敏、周运会、诸葛晓初：《基于语料库的英汉词汇隐喻模式的比较研究》，中国社会科学出版社2016年版。

伍铁平：《比较词源研究》，上海外语教育出版社2011年版。

[日] 小川芳男编：《实用英语词源辞典》，孟传良等译，笛藤出版有限公司、高等教育出版社（合作出版）1994年版。

熊国英：《图释古汉字》，齐鲁书社2006年版。

许慎撰，段玉裁注：《说文解字》，中国戏剧出版社2013年版。

许慎撰，李翰文译注：《文白对照说文解字》，万卷出版公司2009年版。

许伟健：《上古汉语词典》，吉林文史出版社1998年版。

杨伯峻：《论语译注》，中华书局香港分局1984年版。

杨琳：《汉字形义与文化》，南开大学出版社2012年版。

杨树达：《积微居小学金石论丛》，商务印书馆2011年版。

杨树达：《积微居小学述林》，中华书局1983年版。

叶青：《尔雅》，大连出版社1998年版。

殷寄明：《汉语同源字词丛考》，东方出版中心2007年版。

殷寄明：《〈说文解字〉精读》，复旦大学出版社 2006 年版。
殷寄明：《语源学概论》，上海教育出版社 2000 年版。
游旭群：《普通心理学》，高等教育出版社 2011 年版。
岳好平：《英汉情感隐喻的认知研究》，湖南人民出版社 2010 年版。
臧克和：《汉字单位观念史考述》，学林出版社 1998 年版。
臧克和、刘本才：《实用说文解字》，上海古籍出版社 2012 年版。
臧克和：《〈说文解字〉的文化说解》，湖北人民出版社 1995 年版。
臧克和、王平：《〈说文解字〉全文检索》，南方日报出版社 2004 年版。
曾昭聪：《形声字声符示源功能述论》，黄山书社 2002 年版。
张登浩：《马斯洛心理健康思想分析》，浙江教育出版社 2013 年版。
张辉、卢卫中：《认知转喻》，上海外语教育出版社 2010 年版。
张辉（主编）：《认知语义学研究》，上海外语教育出版社 2011 年版。
张蕾：《英汉语篇表征的批评隐喻研究》，南开大学出版社 2011 年版。
张沛：《隐喻的生命》，北京大学出版社 2004 年版。
张相平：《"圆"词族系统性研究》，暨南大学出版社 2012 年版。
张玉金：《当代中国文字学》，广东教育出版社 2000 年版。
张再兴：《西周金文文字系统论》，华东师范大学出版社 2004 年版。
赵艳芳：《认知语言学概论》，上海外语教育出版社 2001 年版。
赵毅衡：《符号学》，南京大学出版社 2012 年版。
郑慧生：《汉字结构解析》，河南大学出版社 2011 年版。
周光庆：《通往中国语言哲学的小路：周光庆自选集》，华中师范大学出版社 2011 年版。
周有光：《汉字和文化问题》，辽宁人民出版社 2000 年版。
朱翠英：《现代心理学导论》，湖南科学技术出版社 2005 年版。
祝敏申：《〈说文解字〉与中国古文字学》，复旦大学出版社 1998 年版。
庄志兴、曹永毅主编：《当代英汉双解分类用法词典》，海洋大学出版社 1992 年版。
邹晓丽：《基础汉字形义释源》，北京出版社 1990 年版。
左民安、王尽忠：《细说汉字部首》，九州出版社 2005 年版。

二 中文学位论文

蔡永强：《汉语方位词及其概念隐喻系统——基于"上/下"的个案考察》，博士学位论文，北京语言大学，2008年。

陈永生：《古汉字与古埃及圣书字表词方式的比较研究》，博士学位论文，华东师范大学，2010年。

范爱贤：《汉语言隐喻特质》，博士学位论文，山东大学，2005年。

顾倩：《汉语词语的时空域及喻域研究》，博士学位论文，南开大学，2013年。

侯霞：《甲骨文与玛雅文象形字比较研究》，硕士学位论文，中国海洋大学，2008年。

林源：《〈说文解字〉心部字研究》，博士学位论文，复旦大学，2004年。

刘敬：《汉字构型与意义构建的认知研究》，硕士学位论文，燕山大学，2009年。

滕华英：《汉语同源词形成发展认知机制研究》，博士学位论文，华中师范大学，2008年。

杨子清：《Heart和"心"的概念隐喻对比研究》，硕士学位论文，南京师范大学，2012年。

张蕊：《英汉生死概念隐喻的认知对比研究》，硕士学位论文，国防科技大学，2005年。

三 中文报刊论文

［英］安德鲁·哥特利：《人类、动物与隐喻》，《国外社会科学》2007年第1期。

陈建初：《汉语语源研究的认知观》，《湖南师范大学社会科学学报》1998年第5期。

陈建初：《论"溧"、"慄"同源——语源研究中的认知观刍议》，《古汉语研究》1999年第4期。

杜凯、马利军、张积家：《情绪与温度的关系：情绪是否借助温度进行表征》，《心理研究》2013年第6卷第1期。

方国平：《"东司"表"厕所"义的由来》，《汉字文化》2009年第5期。

高航、严辰松:《汉语温度图式所衍生的概念隐喻》,《四川外语学院学报》2008年第2期。

贾玉祥、俞士汶、朱学锋等:《隐喻自动处理研究进展》,《中文信息学报》2009年第23卷第6期。

蓝纯:《从认知角度看汉语的空间隐喻》,《外语教学与研究》1999年第4期。

雷艳:《概念整合理论关照下的汉字教学》,《经济与社会发展》2011年第11期。

李福印:《意象图式理论》,《四川外语学院学报》2007年第1期。

李文莉:《"话语"的隐喻认知模式》,《涪陵师范学院学报》2004年第4期。

李鑫华:《隐喻象似初探》,《四川外语学院学报》2005年第2期。

李秀明:《〈说文解字〉"心部"字的隐喻研究》,《三明学院学报》2006年第1期。

李宇明:《论空间量》,《语言研究》1999年第2期。

林苈:《基于语料库中"愤怒是热"的隐喻研究》,《莆田学院学报》2009年第16卷第4期。

林书武:《"愤怒"的概念隐喻——英语、汉语语料》,《外语与外语教学》1998年第2期。

林星:《认知语言学的具身化假说和身体隐喻研究》,《外国语言文学》2009年第26卷第3期。

刘宝俊:《比较词源学研究四例》,《民族语文》1999年第2期。

刘婧、李瑛:《意象图式与汉字构造关系初探》,《四川教育学院学报》2009年第6期。

刘靖文、张青松:《汉字声符综论》,《阜阳师范学院学报》2008年第2期。

刘坛孝、王东山:《汉英语"圆／Round"空间隐喻的对比研究》,《山西财经大学学报》2011年第2期。

刘颖:《英汉纵向空间维度词认知隐喻的对比——以"高/低,high/low"为例》,《开封大学学报》2012年第1期。

罗梅:《帕尔默文化语言学视角下英语色彩词"green"的隐喻》,《佳木斯教育学院学报》2013年第9期。

罗檐宇：《网络生造字的创意与生成：概念整合视角》，《陇东学院学报》2010年第9期。

孟青：《从汉字中看隐喻的认知特征》，《科技信息》（学术研究）2008年第14期。

孟昕：《英汉经济文本中战争隐喻的语义及认知分析》，《枣庄学院学报》2013年第30卷第4期。

聂焱：《论汉字造字法中的隐喻思维》，《宁夏社会科学》2005年第6期。

齐振海：《论"心"的隐喻——基于英、汉语料库的对比研究》，《外语研究》2003年第3期。

求知：《概念隐喻研究的新视角——评〈隐喻、词源和文化：基于语料库的探索和方法论反思〉》，《暨南学报》（哲学社会科学版）2010年第32卷第5期。

曲占祥：《汉英"愤怒"情感隐喻认知的异同》，《广东外语外贸大学学报》2008年第6期。

史慧、麦范金、叶东海等：《面向自然语言处理的隐喻知识库的构建》，《桂林航天工业高等专科学校学报》2008年第13卷第3期。

束定芳：《近10年来国外认知语言学最新进展与发展趋势》，《外语研究》2012年第1期。

孙毅：《基于语料的跨语言核心情感的认知隐喻学发生原理探源》，《中国外语》2011年第6期。

覃承华、郭小娟、陆巧玲：《隐喻三性：普遍性、经验性及规约性》，《牡丹江大学学报》2011年第8期。

覃修桂、李颖杰：《英语温度域的意象图式及其隐喻系统》，《当代外语研究》2014年第6期。

王功龙：《汉民族意象思维与汉字的创生》，《辽宁师范大学学报》1997年第3期。

王娟：《〈说文·糸部〉字探解》，《文学教育》2008年第2期。

王军：《隐喻映射问题再考》，《外国语》2011年第4期。

王宁：《汉语词源的探求与阐释》，《中国社会科学》1995年第2期。

王善超：《论亚里士多德关于人的本质的三个论断》，《北京大学学报》（哲学社会科学版）2000年第1期。

王文斌、林波：《论隐喻中的始源之源》，《外语研究》2003年第4期。

王文斌：《论汉语"心"的空间隐喻的结构化》，《解放军外国语学院学报》2001年第1期。

王寅：《解读语言形成的认知过程——七论语言的体验性：详解基于体验的认知过程》，《四川外语学院学报》2006年第6期。

王治敏：《隐喻的计算研究与进展》，《中文信息学报》2006年第20卷第4期。

王作新：《汉字的表现方式与意象思维》，《华中师范大学学报》1999年第3期。

魏纪东：《论博喻对篇章的语义建构——再谈篇章隐喻》，《中国外语》2008年第3期。

吴东平：《古汉语颜色词刍议》，《孝感学院学报》2003年第23卷第5期。

吴恩锋：《论汉语"心"的隐喻认知系统》，《语言教学与研究》2004年第6期。

吴恩锋：《再论"心"的隐喻——兼与齐振海先生商榷》，《外语研究》2004年第6期。

吴建平、戴光荣：《英汉词汇化情感隐喻探索的新模式——评〈隐喻，词源和文化：基于语料库的探索和方法论反思〉》，《上海理工大学学报》（社会科学版）2012年第34卷第1期。

吴世雄、周运会：《基于语料库的英汉词汇化隐喻的认知研究初探》，《外国语言文学》2012年第29卷第4期。

伍铁平：《语言的模糊性和词典编纂》，《辞书研究》1984年第3期。

项成东：《"心为主"隐喻的认知分析》，《语言教学与研究》2010年第1期。

徐丹：《从认知角度看汉语的两对空间词》，《中国语文》2008年第6期。

许雅缘：《基于WordNet的隐喻自动处理研究》，《外语电化教学》2010年第6期。

杨唐峰、张秋杭：《Embodiment概念综述》，《西安外国语大学学报》2010年第4期。

殷融、苏得权、叶浩生：《具身认知视角下的概念隐喻理论》，《心理科学进展》2013年第2期。

袁红梅、杨春红：《英汉语中"愤怒"隐喻的认知对比与文化阐释》，《北京第二外国语学院学报》2008年第2期。

源可乐：《英语词典义项的排列策略》，《现代外语》2002年第3期。

岳好平、汪虹：《英汉时空隐喻的意象图式观》，《外语与外语教学》2011年第2期。

张标：《〈说文〉部首与字原》，《河北师范大学学报》1988年第1期。

张冬瑜、樊宇、李映夏等：《学科交叉视角下的隐喻识别研究进展》，《计算机光盘软件与应用》2013年第12期。

张凤、高航：《语言符号的图表象似性与隐喻象似性》，《山东外语教学》2003年第3期。

张辉：《汉英情感概念形成和表达的对比研究》，《外国语》2000年第5期。

张建理、丁展平：《时间隐喻在英汉词汇中的对比研究》，《外语与外语教学》2003年第9期。

张全生：《中国隐喻研究十年综述》，《新疆师范大学学报》（哲学社会科学版）2004年第3期。

张瑞华：《英汉"心"隐喻对比研究——与吴恩锋先生商榷》，《北京第二外国语学院学报》2008年第8期。

张霄军、曲维光：《国内外隐喻知识库建设综述》，《计算机应用研究》2008年第9期。

章国新、章敏：《莱可夫隐喻理论探析——来自当代英语词汇隐喻语料库的检验》，《莆田学院学报》2006年第13卷第4期。

赵艳芳：《认知语言学研究综述（二）》，《解放军外国语学院学报》2000年第6期。

钟力明：《隐喻思维在汉字造字中的显现》，《重庆科技学院学报》2010年第20期。

周晓陆：《释东、南、西、北与中——兼说子、午》，《南京大学学报》（哲学社会科学版）1996年第3期。

周有光：《人类文字的历史分期和发展规律》，《语文现代化论丛》

2006 年第七辑。

周有光：《文字发展规律的新探索》，《民族语文》1999 年第 1 期。

周运会：《表意汉字的构造与意象图式思维》，《南华大学学报社会科学版》2014 年第 3 期。

周运会：《论汉语符号的隐喻起源》，《牡丹江教育学院学报》2012 年第 1 期。

周运会、吴世雄：《国外语料库隐喻研究综述》，《外语学刊》2015 年第 1 期。

朱晓琴：《拟人隐喻的英汉对比研究》，《当代教育理论与实践》2011 年第 1 期。

四 英文专著

Allan, Kathryn. 2008, *Metaphor and Metonymy: A Diachronic Approach*. Oxford: Wiley-Blackwell.

Allan, Sarah. 1997, *The Way of Water and Sprouts of Virtue*. New York: State University of New York Press.

Barcelona, Antonio. (ed.) 2000, *Metaphor and Metonymy at the Crossroads*. New York, Berlin: Mouton de Gruyter.

Benczes, Réka. 2006, *Creative Compounding in English: the Semantics of Metaphorical and Metonymical Noun-noun Combinations*. Amsterdam: John Benjamins.

Bergin, Thomas Goddard & Max Harold Fisch. 1984, *The New Science of Giambattista Vico*. Ithaca, NY: Cornell University Press.

Berlin, B. & P. Kay. 1969, *Basic Color Terms: Their Universality and Evolution*. Berkeley: University of California Press.

Black, Max. 1962, *Models and Metaphor: Studies in Language and Philosophy*. New York: Cornell University Press.

Bloomfield, L. 1984, *Language*. Chicago: University of Chicago Press.

Burke, P. 1985, *Vico*. Oxford: Oxford University Press.

Bynon, T. 1977, *Historical Linguistics*. Cambridge: Cambridge University Press.

Cameron, Lynne. 2003, *Metaphor in Educational Discourse*. London:

Continuum.

Cameron, Lynne & Graham Low. 2001, *Researching and Applying Metaphor*. Beijing: Foreign Language Teaching and Research Press.

Cassirer, Ernst, 1946, *Language and Myth*. New York: Dover Publications Inc.

Cassirer, Ernst. 1955, *The Philosophy of Symbolic Forms*, Vol. 3. New Haven: Yale University Press.

Charteris-Black, J. 2004, *Corpus Approaches to Critical Metaphor Analysis*. Basingstoke: Palgrave Macmillan.

Chilton, P. 1996, *Security Metaphors: Cold War Discourse from Containment to Common House*. New York: Peter Lang.

Claiborne, Robert. 1988, *Loose Cannons, Red Herrings, and Other Lost Metaphors*. New York: W. W. Norton & Company, Inc.

Damasio, Antonio. 2003, *Looking For Spinoza*. Orlando, Fla: William Heinemann Harcourt.

Danesi, Marcel. 1993, *Vico, Metaphor, and the Origin of Metaphor*. Bloomington and Indianapolis: Indiana University Press.

Deignan, Alice. 1995, *Cobuild Guides to English 7: Metaphor*. London: Harper Collins.

Deignan, Alice. 2005, *Metaphor and Corpus Linguistics*. Amsterdam/Philadelphia: John Benjamins Publishing Company.

Derrida, Jacques. 1982, *Margins of Philosophy*. Chicago: The University of Chicago Press.

Derrida, Jacques. 1998, *Of Grammatology*, Translated from French by Gayatri Chakravorty Spivak. Baltimore and London: The John Hopkins University Press.

Dirven, René & Ralf Pörings (eds.). 2003, *Metaphor and Metonymy in Comparison and Contrast*. Berlin; New York: Mouton de Gruyter.

Durkheim, Emile & Marcel Mauss. 1963, *Primitive Classification. Translated from the French and edited with an introduction by Rodney Needham*. Chicago: The University of Chicago Press.

Fabiszak, Małgorzata. 2011, *The Concept of "Joy" in Old and Middle*

English: *A Semantic Analysis*. Wydział Anglistyki.

Fauconnier, Gilles. 1985, *Mental Spaces*: *Aspects of Meaning Construction in Natural Language*. Cambridge, MA: MIT Press.

Fauconnier, Gilles. 1997, *Mappings in Thought and Language*. Cambridge: Cambridge University Press.

Fauconnier, Gilles & Mark Turner. 2002, *The Way We Think*: *Conceptual Blending and the Mind's Hidden Complexities*. New York: Basic Books.

Geeraerts, Dirk & Hubert Cuyckens. (eds.), 2007, *The Oxford Handbook of Cognitive Linguistics*. New York: Oxford University Press.

Goatly, Andrew. 1997, *The Language of Metaphors*. London. New York: Routledge.

Goatly, Andrew. 2007, *Washing the Brain*: *Metaphor and Hidden Ideology*. Amsterdam: John Benjamins Publishing Company.

Graham, A. C. 1986, *Studies in Chinese Philosophy and Philosophical Literature*. Singapore: Institute of East Asian Philosophies.

Golding, Leon & O. B. Hardison, 1968, *Aristotle's Poetics*. Englewood Cliffs, N. J.: Prentice-Hall, Inc.

Haiman, John. 1985, *Natural Syntax*: *Iconicity and Erosion*. Cambridge: Cambridge University Press.

Harkins, Jean & Anna Wierzbicka. 2001, (eds.), *Emotions in Crosslinguistic Perspective*. Berlin: Mouton de Gruyter.

Harris, Roy & Talbot J. Taylor, 1989, *Landmarks in Linguistic Thought*: *the Western Tradition from Socrates to Saussure*. London and New York: Routledge.

Haser, Verena. 2005, *Metaphor, Metonymy, and Experientialist Philosophy*. Berlin: Mouton de Gruyter.

Heine, B. 1997, *Cognitive Foundations of Grammar*. Oxford: Oxford University Press.

Heine, B.; U. Claudi & F. Hünnemeyer. 1991. *Grammaticalization*: *A Conceptual Framework*. Chicago: University of Chicago Press.

Hudson, R. A. 1980, *Sociolinguistics*. London: Cambridge University Press.

Jakobson, Roman. 1965, *Quest for the essence of language*. In Bulletin of *the American Academy of Arts and Science*. Cambridge: American Academy of Arts & Sciences.

Johnson, Mark. 1987, *The Body in the Mind: the Bodily Basis of Meaning, Imagination, and Reason*. Chicago: University of Chicago Press.

Johnson, Mark. 2007, *The Meaning of the Body: Aesthetics of Human Understanding*. Chicago: University of Chicago Press.

Kövecses, Zoltán. 1986, *Metaphors of Anger, Pride and Love: A Lexical Approach to the Structure of Concepts*. Amsterdam: Benjamins.

Kövecses, Zoltán. 1990, *Emotion Concepts*. New York: Springer-Verlag.

Kövecses, Zoltán. 2000, *Metaphor and Emotion: Language, Culture, and Body in Human Feeling*. Cambridge/New York: Cambridge University Press.

Kövecses, Zoltán. 2002, *Metaphor: A Practical Introduction*. New York: Oxford University Press.

Kövecses, Zoltán. 2005, *Metaphor in Culture: Universality and Variation*. Cambridge/New York: Cambridge University Press.

Kövecses, Zoltán. 2010, *Metaphor and Culture*. Acta Universitatis Sapientiae, *Philologica*.

Kövecses, Zoltán. 2015, *Where Metaphors Come From: Reconsidering Context in Metaphor*. Oxford: Oxford University Press.

Lakoff, George. 1987, *Women, Fire, and Dangerous Things: What Categories Reveal about the Mind*. Chicago: University of Chicago Press.

Lakoff, George. 2007, *Ten Lectures on Cognitive Linguistics*. Beijing: Foreign Language Teaching and Research Press.

Lakoff, George & Mark Johnson. 1980, *Metaphors We Live By*. Chicago: University of Chicago Press.

Lakoff, George & Mark Johnson. 1999, *Philosophy in the Flesh: the Embodied Mind and Its Challenge to Western Thought*. New York: Basic Books.

Lakoff, George, & Mark Turner. 1989, *More Than Cool Reason: A Field Guide to Poetic Metaphor*. Chicago: University of Chicago Press.

Leech, Geoffrey. 1981, *Semantics: the Study of Meaning*. London: Penguin Books Ltd.

Levy-Bruhl, Lucien. 1923, *Primitive Mentality. Authorized translation by Lilian A. Clare*. London: George Allen & Unwin Ltd.

Mac Cormac, Earl R. 1985, *A Cognitive Theory of Metaphor*. London: The MIT Press.

Mark, Johnson. 1987, *The Body in the Mind: the Bodily Basis of Meaning, Imagination, and Reason*. Chicago: University of Chicago Press.

Mahon, James Edwin. 2001, "Getting your sources right. What Aristotle didn't say", In Cameron, Lynne, & Graham Low. (eds.) *Researching and Applying Metaphor*. Shanghai: Shanghai Foreign Langucge Education Press.

Mischler, J. J. 2013, *Metaphor Across Time and Conceptual Space: the Interplay of Embodiment and Cultural Models*. Amsterdam and Philadelphia: J. Benjamins Pub.

Morgan, Lewis Henry. 2000, *Ancient Society*. New Brunswick, NJ: Transaction.

Musolff, A. & Zinken, J. 2009, *Metaphor and Discourse*. New York: Palgrave Macmillan.

Paster, Gail Kern. 2004, *Humoring the Body*. Chicago and London: The University of Chicago Press.

Plowright, David. 2016, *Charles Sanders Peirce Pragmatism and Education*. New York/London: Springer Dordrecht Heidelberg.

Rakova, Marina. 2004, *The Extent of the Literal: Metaphor, Polysemy and Theories of Concepts*. Beijing: Beijing University Press.

Ricoeur, Paul. 1978, *The Rule of Metaphor. (translated by Robert Czerny, Kathleen McLaughlin, and John Costello, SJ)*. London: Routledge & Kegan Paul.

Saussure, F. de. 2001, *Course in General Linguistics*. Beijing: Foreign Language Teaching and Research Press.

Semino, E. 2008, *Metaphor in Discourse*. Cambridge: Cambridge University Press.

Stanford, W. Bedell. 1936, *Greek Metaphor*. Oxford: Basil Blackwell.

Steen, G. J. 2007, *Finding Metaphor in Grammar and Usage*. Amsterdam: John Benjamins Publishing Company.

Steen, G. J. et al. 2010, *A Method for Linguistic Metaphor Identification*. Amsterdam: John Benjamins Publishing Company.

Sweetser, Eve. 1990, *From Etymology to Pragmatics: Metaphorical and Cultural Aspects of Semantic Structure*. New York: Cambridge University Press.

Taylor, John R. 1989, *Linguistic Categorization: Prototypes in Linguistic Theory*. Oxford: Clarendon.

Taylor, John R. & Robert E. Maclaury. 1995, *Language and the Cognitive Construal of the World*. Berlin, New York: Mouton de Gruyter.

Teubert W. & A. S. Cermáková. 2009, *Corpus Linguistics: A Short Introduction*, Beijing: World Book Inc.

Tognini-Bonelli, E. 2001, *Corpus Linguistics at Work*. Amsterdam: John Benjamins Publishing Company.

Traugott, Elizabeth Closs & Richard B. Dasher. 2002, *Rugularity in Semantic Change*. London: Cambridge University Press.

Trim, Richard. 2007, *Metaphor Networks: the Comparative Evolution of Figurative Language*. London: Palgrave Macmillan.

Trim, Richard. 2011, *Metaphor and the Historical Evolution of Conceptual Mapping*. London: Palgrave Macmillan.

Turner, Mark. 2010, *Ten Lectures on Mind and Language*. Beijing: Foreign Language Teaching and Research Press.

Ullmann, Stephen. 1957, *The Principle of Semantics*. Oxford: Basil Blackwell.

Ullmann, Stephen. 1962a, *Semantics: An Introduction to the Science of Meaning*. New York: Barnes & Noble.

Ullmann, Stephen. 1962b, *Semantics*. Oxford: Blackwell. University of New York Press.

Waldron, R. A. 1967, *Sense and Sense Development*. London: Deutsch.

Wierzbicka, Anna. 1988. *The Semantics of Grammar*. Amsterdam: John Benjamins.

Wierzbicka, Anna. 1999. *Emotions Across Languages and Cultures: Diversity and Universals*. Cambridge: Cambridge University Press.

Yu, Ning. 1998, *The Contemporary Theory of Metaphor*, Amsterdam.

Philadelphia: John Benjamins Publishing Company.

五 英文学位论文

Bao, Zhikun. 2003, *A Contrastive Study of the Linguistic Expression of Emotions Between English and Chinese*. Shanghai: Dissertation of Fudan University.

Grady, Joseph. 1997, *Foundations of Meaning: Primary Metaphors and Primary Scenes*. University of California, Berkeley, Ph. D. dissertation.

King, Brian. 1989, *The Conceptual Structure of Emotional Experience in Chinese*. Ohio: Ohio State University.

六 英文学刊、论文集论文

Allan, Kathryn. 2006. "On groutnolls and nog-heads: a case study of the interaction between culture and cognition in intelligence metaphors", In Stefanowitsch, A. & S. T. Gries (eds.), *Corpus-Based Approaches to Metaphor and Metonymy*. Berlin: Mouton de Gruyter.

Barcelona, Antonio. 2000, "Introduction: the cognitive theory of metaphor and metonymy", In Antonio Barcelona (ed.), *Metaphor and Metonymy at the Crossroads*, New York, Berlin: Mouton de Gruyter.

Barcelona, Antonio. 2003, "Clarifying and applying the notions of metaphor and metonymy within cognitive linguistics: An update", In Dirven, René & Ralf Pörings (eds.), *Metaphor and Metonymy in Comparison and Contrast*. Berlin/ New York: Mouton de Gruyter.

Bartsch, Renate. 2003, "Generating polysemy: metaphor and metonymy", In Dirven, René & Ralf Pörings (eds.), *Metaphor and Metonymy in Comparison and Contrast*. Berlin/ New York: Mouton de Gruyter.

Bertuol, R. 2001, "The square circle of Margaret Cavendish: The 17th-century conceptualization of mind by means of mathematics", *Language and Literature*, 10 (1): 21-39.

Boers, F. 1999, "When a bodily source domain becomes prominent: the joy of counting metaphors", In Gibbs, Jr. R. W. & G. J. Steen, (eds.), *Metaphor in Cognitive Linguistics*. Amsterdam/Philadelphia: John Benjamins Publishing Company.

Boers, F. & M. Demecheleer. 1997, "A few metaphorical models in (Western) economic discourse", In W. A. Liebert, G. Redeker & L. Waugh, (eds.), *Discourse and Perspective in Cognitive Linguistics*. Amsterdam: John Benjamins Publishing Company.

Bowdle, B. F. & D. Gentner. 2005, "The career of metaphor". *Psychological Review*, 112 (1): 193-216.

Brugman, C. 1990, "What is the Invariance Hypothesis?". *Cognitive Linguistics*, (1-2): 257-266.

Bybee, J. L. 1988, "Semantic substance vs. contrast in the development of grammatical meaning". *Proceedings of the Annual Meeting of the Berkeley Linguistics Society*.

Cameron, Lynne & Alice Deignan. 2003, "Combinging large and small corpora to investigate tuning devices around metaphor in spoken discourse". *Metaphor and Symbol*, 18 (3): 149-160.

Chapetón, C. M. 2010, "Metaphor identification in EFL argumentative writing: A corpus-driven study". *FOLIOS* (32): 125-140.

Cienki, A. 1998, "STRAIGHT: An image schema and its metaphorical extensions". *Cognitive Linguistics* Vol. 9, No. 2.

Croft, William. 1993, "The role of domains in the interpretation of metaphors and metonymies". *Cognitive Linguistics*, (4): 335-370.

Deignan, Alice. 1999, "Corpus-based research into metaphor", In Cameron, L. & G. Low, (eds.), *Researching and Applying Metaphor*. Cambridge: Cambridge University Press.

Deignan, Alice. 2006, "The grammar of linguistic metaphors", In Stefanowitsch, A. & S. Th. Gries, (eds.), *Corpus-Based Approaches to Metaphor and Metonymy*. Berlin: Mouton de Gruyter.

Deignan, Alice. 2007, "'Image' metaphors and connotations in everyday language", *Annual Review of Cognitive Linguistics*, (5): 173-192.

Deignan, Alice. 2008a, "Corpus linguistic data and conceptual metaphor theory", In Cameron, L.; Zanotto, M. & Cavalcanti, M. (eds.), *Confronting Metaphor in Use: An Applied Linguistic Approach*. Amsterdam/Philadelphia: John

Benjamins Publishing Company.

Deignan, Alice. 2008b, "Corpus linguistics and metaphor", In Raymond W. Gibbs, Jr. (ed.), *The Cambridge Handbook of Metaphor and Thought*. New York: Cambridge University Press.

Deignan, Alice. 2010, "The evaluative properties of metaphors", In Low, G.; Todd, Z.; Deignan, A. & Cameron, L. (eds.), *Researching and Applying Metaphor in the Real World*. Amsterdam/Philadelphia: John Benjamins Publishing Company.

Depuydt, Leo. 1998, "(A review of) from icon to metaphor: studies in the semiotics of the hieroglyphs". *Journal of the American Oriental Society*, Apr-Jun.

Ding, Ersu. 2005, "Hidden iconicity: A Peircean perspective on the Chinese picto-phonetic sign". *Semiotica*, Vol. 154, No. 1: 273-285.

Ding, Y. & D. Noël, 2014, "A corpus-based diachronic investigation of metaphorical containers of sadness in English". *Cognitive Linguistic Studies*, 1 (2): 236-251.

Dirven, René. 2003, "Metonymy and metaphor: Different mental strategies of conceptualization", In Dirven, René & Ralf Pörings (eds.), *Metaphor and Metonymy in Comparison and Contrast*. Berlin/ New York: Mouton de Gruyter.

Downing, L. H. & B. K. Mujic. 2009, "Infectious disease are like sleeping monsters: conventional and culturally adapted new metaphors in a corpus of abstracts on immunology". *IBERICA*, (Spring), pp. 1139-1241.

Factor, R. Lance. 1995, "Peirce's definition of metaphor and its consequences", In Vincent M. Colapietro Thomas M. Olshewsky (eds.), *Peirce's Doctrine of Signs Theory, Applications and Connections*. Berlin; New York: Mouton de Gruyter.

Fauconnier, Gilles & Mark Turner. 2008, "Rethinking metaphor", In Raymond W. Gibbs, JR. (ed.) *The Cambridge Handbook of Metaphor and Thought*. New York: Cambridge University Press.

Fischer, Olga & Max Nänny. 1999, "Introduction: Iconicity as a creative force in language use", In Max Nänny & Olga Fischer (eds.), *Form Miming Meaning: Iconicity in Language and Literature*. Amsterdam: John Benjamins Publishing Company.

Frank, Roslyn M. & Nathalie Gontier. 2011, "On constructing a research model for historical cognitive linguistics (HCL): Some theoretical considerations", In Winters, Margaret E., Tissari, Heli, and Allan, Kathryn, (eds.), *Historical Cognitive Linguistics*. Berlin/Boston, DE: De Gruyter Mouton.

Geeraerts, Dirk & C. Gevaert. 2008, "Hearts and (angry) minds in Old English", In F. Sharifian, R. Dirven, N. Yu, & S. Niemeier (eds.), *Culture, Body, and Language: Conceptualizations of Internal Body Organs Across Cultures and Languages*. Berlin: Mouton de Gruyter.

Geeraerts, Dirk, Gevaert, C. & D. Speelman. 2011, "How 'anger' arose: Hypothesis testing in diachronic semantics." In K. Allan & J. A. Robinson (eds.), *Current Methods in Historical Semantic*. Berlin: Mouton de Gruyter.

Geeraerts, Dirk & Stefan Grondelaers. 1995, "Looking back at anger: cultural traditions and metaphorical patterns", In John R. Taylor & Robert E. Maclaury (ed.), *Language and the Cognitive Construal of the World*. Berlin/ New York: Mouton de Gruyter.

Gevaert, C. 2002, "The evolution of the lexical and conceptual field of ANGER in Old and Middle English", In J. E. Diaz Vera (eds.), *A Changing World of Words: Studies in English Historical Lexicography, Lexicology and Semantics*. Amsterdam: Rodopi.

Gevaert, C. 2005. "The anger is heat question: Detecting cultural influence on the conceptualization of anger through diachronic corpus analysis", In N. Delbecque, J. van der Auwera and D. Geeraerts (eds.), *Perspectives on Variation: Sociolinguistic, Historical, Comparative*. Berlin/New York: Mouton de Gruyter.

Gibbs, Raymond W. 2010, "The wonderful, chaotic, creative, heroic, challenging world of researching and applying metaphor: A celebration of the past and some peeks into the future", In Low, G.; Todd, Z.; Deignan, A. & Cameron, L. (eds.). *Researching and Applying Metaphor in the Real World*. Amsterdam/Philadelphia: John Benjamins Publishing Company.

Gibbs, Raymond W. & J. Bogdonovich. 1999, "Mental imagery in interpreting poetic metaphor". *Metaphor and Symbol*, 14 (1): 37-44.

Givón, Talmy, 1985, "Iconicity, isomorphism and non-arbitrary coding in syntax", In John Haiman (ed.), *Iconicity in Syntax*. Amsterdam: Benjamins.

Glucksberg, Sam. 2008, "How metaphors create categories—quickly", In Raymond W. Gibbs, JR. (ed.), *The Cambridge Handbook of Metaphor and Thought*. New York: Cambridge University Press.

Goddard, Cliff. 1991, "Anger in the western desert: a case study in the cross-cultural semantics of emotion". *Man*, Vol. 26, No. 2, pp. 265-279.

Goossens, L. 1995, "Metaphtonymy: The interaction of metaphor and metonymy in figurative expressios for linguistic action", In L. Goossens, P. Pauwels, B. Rudzka - Ostyn, A. Simon - Vanderbergen & J. Vanparys (eds.), *By Word of Mouth: Metaphor, Metonymy, and Linguistic Action in a Cognitive Perspective*. Amsterdam, Philadelphia: John Benjamins Publishing Company.

Grady, Joseph. 1999, "A typology of motivation for conceptual metaphor correlation vs. resemblance", In Raymond W. Gibbs & Gerard J. Steen, (eds.), *Metaphor in Cognitive Linguistics*. Amsterdam: John Benjamins Publishing Company.

Grady, Joseph. 1999, "Blending and metaphor", In Raymond W. Gibbs & Gerard J. Steen (eds.), *Metaphor in Cognitive Linguistics*. Amsterdam: John Benjamins Publishing Company.

Gries, S. T. 2010, "Corpus linguistics and theoretical linguistics: a love-hate relationship? not necessarily…". *International Journal of Corpus Linguistics*, (15): 327-343.

Hanks, P. 2006, "Metaphoricity is gradable". In Stefanowitsch, A. & S. Th. Gries. (eds.), *Corpus-Based Approaches to Metaphor and Metonymy*. Berlin: Mouton de Gruyter.

Jakel, Olaf. 1995, "The metaphorical conception of mind: 'mental activity is manipulation'", In John R. Taylor & Robert E. Maclaury (eds.), *Language and the Cognitive Construal of the World*. Berlin/New York: Mouton de Gruyter.

Jappy, Anthony. 1995, "On the neglect of Peirce's views on metaphor in current theories of iconicity", In Vincent M., Colapietro Thomas M. Olshewsky (eds.), *Peirce's Doctrine of Signs Theory, Applications and Connections*. Berlin/New York: Mouton de Gruyter.

Kemmer, Suzanne & Michael Barlow. 2000. "Introduction". In Suzanne Kemmer and Michael Barlow. (eds.), *Usage-based models of language*. Standford, CA: CSLI Publications.

Koivisto-Alanko, P. & Tissari, H. 2006, "Sense and sensibility: Rational thought versus emotion in metaphorical language", In A. Stefanowitsch & S.Th. Gries (eds.), *Corpus-Based Approaches to Metaphor and Metonymy*. Berlin/New York: Mouton de Gruyter.

Koller, V. 2006. "Of critical importance: using electronic text corpora to study metaphor in business media discourse", In Stefanowitsch, A. & S. Th. Gries. (eds.), *Corpus - Based Approaches to Metaphor and Metonymy*. Berlin/New York: Mouton de Gruyter.

Kövecses, Zoltán. 1995, "Anger : Its language, conceptualisation and physiology in the light of cross-cultural evidence", In Taylor, J. R and MacLaury, R. E. (eds.), *Language and the Cognitive Construal of the World*. Berlin/New York: Mouton de Gruyter.

Kövecses, Zoltán. 2000, "The scope of metaphor". In Barcelona, A. (ed.), *Metaphor and Metonymy at the Crossroads*. New York/Berlin: Mouton de Gruyter.

Kövecses, Zoltán. 2002, "Language and emotion: the interplay of conceptualization with physiology and culture". In: Rene Dirven and Ralf Porings (eds.). *Metaphor and Metonymy in Comparison and Contrast*. Berlin/New York: Mouton de Gruyter.

Kövecses, Zoltán. 2003, "Language, figurative thought, and cross-cultural comparison". *Metaphor and Symbol*, 18 (4): 311-320.

Kövecses, Zoltán and Radden, G. 1998, "Metonymy: developing a cognitive linguistic view". *Cognitive Linguistics*, 9 (1): 37-47.

Lakoff, George. 1987, "Image metaphors". *Metaphor and Symbolic Activity*, 2 (3): 219-222.

Lakoff, George. 1990, "The Invariance hypothesis". *Cognitive Linguistics*

(1): 39-54.

Lakoff, George. 1993, "The contemporary theory of metaphor". In Andrew Ortony. (ed.) *Metaphor and Thought*. Cambridge University Press.

Lakoff, George & Zoltán Kövecses. 1987, "The cognitive model of anger inherent in American English". In. Dorothy Holland & Naomi Quinn (eds.). *Cultural Models in Language and Thought*. Cambridge: Cambridge University Press.

Langacker, Ranald W. 1987, "Foundation of cognitive grammar", *Theoretic Prerequisites*. Vol. 1. Stanford, CA: Standford University Press.

Langacker, Ranald W. 1993, "Reference-point constructions", *Cognitive Linguistics*, 4 (1): 1-38.

Martin, J. H. 2006, "A Corpus-based analysis of context effects on metaphor". In Stefanowitsch, A. & S. Th. Gries. (eds.). *Corpus-Based Approaches to Metaphor and Metonymy*. Berlin: Mouton de Gruyter.

McEnery, Tony. 2014, "In memory of Geoffrey Leech". *International Journal of Corpus Linguistics*, Vol. 19: 439-442.

Musolff, A. 2006, "Metaphor scenarios in public discourse". *Metaphor and Symbol*, (1): 23-38.

Musolff, A. 2007, "Is there such a thing as discourse history? The case of metaphor", In Hart, C. & D. Lukes. (eds.), *Cognitive Linguistics in Critical Discourse Analysis: Application and Theory*. Newcastle: Cambridge Scholars Publishing.

Oakley, Todd. 2007, "Image schemas", In Dirk Geeraerts and Hubert Cuyckens. (eds.), *The Oxford Handbook of Cognitive Linguistics*. New York: Oxford University Press.

Pang Pu. 1985, "Origins of Yin-Yang and the Five Elements concepts", (In English) *Social Sciences in China*, 1985 (3): 91-131. Beijing: China Social Sciences Press.

Panther, Klaus-Uwe.2006, "Metonymy as a usage event", In G. Kristiansen, M. Archard, R. Dirren, &Ruiz de Mendoza Ibáñez, F. J. (eds.), *Cognitive Linguistics: Current Applications and Future Perspectives*, Berlin/New York: Mouton de Gruyter.

Pragglejaz Group. 2007, "MIP: a method for identifying metaphorically used words in discourse". *Metaphor and Symbol*, (1): 1-39.

Quinn, Naomi. 1991, "The cultural basis of metaphor", In J. W. Fernaudez. (eds.), *Beyond Metaphor: The Theory of Trope in Anthropology*. Los Angeles: Stanford University Press.

Radden, G. 2000, "How metonymic are metaphors?", In Barcelona, A. (ed.) 2000a.

Radden, G. & Zoltán Kövecses. 1999, "Toward a theory of metonymy", In Panther, K. & Radden, G (eds.), *Metonymy in Language and Thought*. Amsterdam/Philadelphia: John Benjamins Publishing Company.

Reddy, M. 1979, "The conduit metaphor: a case of frame conflict in our language about language", In A. Ortony (ed.), *Metaphor and Thought*. Cambridge: Cambridge University Press.

Rolf, K. 2012, "Love is like a stove it burns you when it's hot, a corpus-linguistic view on the (non-) creative use of love-related metaphors in Pop Songs". *Language and Computers*, (1): 103-115.

Rudzka-Ostyn, Brygda. 1985, "Metaphoric processes in word formation: The case of prefixed verbs", In Wolf Paprotté & René Dirven (eds.). *The Ubiquity of Metaphor: Metaphor in Language and Thought*. Amsterdam: John Benjamins.

Sardinha, T. B. 2008, "Metaphor probabilities in corpora", In Cameron, L.; Zanotto, M. & Cavalcanti, M. (eds.). *Confronting Metaphor in Use: An Applied Linguistic Approach*. Amsterdam/Philadelphia: John Benjamins Publishing Company.

Semino, E. 2002, "A sturdy baby or a derailing train? metaphorical representations of the Euro in British and Italian newspapers", *Text*. (22): 107-139.

Semino, E. 2006, "A Corpus-based study of metaphors for speech activity in British English", In Stefanowitsch, A. & S. Th. Gries. (eds.), *Corpus-Based Approaches to Metaphor and Metonymy*. Berlin: Mouton de Gruyter.

Semino, E. & J. Heywood & M. Short, 2004, "Methodological problems in the analysis of metaphors in a corpus of conversations about cancer", *Journal of*

Pragmatics, (36): 1271-1294.

Shutova, E. 2010, "Models of metaphor in NLP". *Proceedings of the 48th Annual Meeting of the Association for Computational Linguistics*. Uppsala, Sweden, 11-16 July.

Simó, J. 2011, "Metaphors of blood in American English and Hungarian: A cross-linguistic corpus investigation", *Journal of Pragmatics*, (43): 2897-2910.

Slingerland, E. 2004, "Conceptions of the self in the Zhuangzi: Conceptual metaphor analysis of comparative thought", *Philosophy East and West*, (54): 322-342.

Smith, Andrew D. M. & Stefan H. Höfler. 2015, "The pivotal role of metaphor in the evolution of human language", In Díaz-Vera, Javier E., (ed.), *Metaphor and Metonymy across Time and Cultures: Perspectives on the Sociohistorical Linguistics of Figurative Language*. Berlin/Boston: De Gruyter Mouton.

Stefanowitsch, A. 2005, "The function of metaphor, developing a corpus-based perspective".*International Journal of Corpus Linguistics*, 10 (2): 161-198.

Stefanowitsch, A. 2006a, "Words and their metaphors: a corpus-based approach", In Stefanowitsch, A. & S. Th. Gries. (eds.), *Corpus-Based Approaches to Metaphor and Metonymy*. Berlin: Mouton de Gruyter.

Stefanowitsch, A. 2006b, "Corpus-based approaches to metaphor and metonymy", In Stefanowitsch, A. & S. Th. Gries. (eds.), *Corpus-Based Approaches to Metaphor and Metonymy*. Berlin: Mouton de Gruyter.

Taylor, John R. 1995, "Introduction: on construing the world", In John R. Taylor & Robert E. Maclaury (ed.). *Language and the Cognitive Construal of the World*. Berlin: Mouton de Gruyter.

Tissari, Heli. 2001, "Metaphors we love by: on the cognitive metaphors of love from the 15th century to the present", *Studia Anglica Posnaniensia*, Vol. 36: 217-241.

Tissari, Heli. 2010, "Love, metaphor and responsibility: some examples from early modern and present-day English corpora", In Low, G., Todd, Z., Deignan, A. & Cameron, L. (eds.), *Researching and Applying Metaphor in the Real World*. Amsterdam/Philadelphia: John Benjamins Publishing Company.

Trim, Richard. 2003, "The evolution of conceptual metaphor: towards a dormant networking hypothesis in English and French", *5th International Conference RAAM V: Researching and Applying Metaphor (program and abstracts)*. University Paris 13. France, September, 2003.

Tuggy, David. 2007, "Schematicity", In Dirk Geeraerts and Hubert Cuyckens. (eds), *The Oxford Handbook of Cognitive Linguistics*. New York: Oxford University Press.

Turner, Mark. 2007, "Conceptual integration", In Dirk Geeraerts and Hubert Cuyckens (eds.), *The Oxford Handbook of Cognitive Linguistics*. New York: Oxford University Press.

Vanparys, J. 1995, "A survey of metalinguistic metaphors", In Goosens, L. et al (eds.), *By Word of Mouth: Metaphor, Metonymy, and Linguistic Action in a Cognitive Perspective*. Amsterdam: John Benjamins Publishing Company.

Wilkins, David P. 1996, "Natural tendencies of semantic change and the search for cognates", In M. Durie and M. Ross eds. *The Comparative Method Reviewed: Regularity and Irregularity in Language Change*. New York: Oxford University Press.

Winters, Margaret E. 2011, "Introduction: on the emergence of diachronic cognitive linguistics", In Winters, Margaret E., Tissari, Heli, and Allan, Kathryn, (eds.) *Historical Cognitive Linguistics*, pp. 3-27. Berlin/Boston, DE: De Gruyter Mouton.

Wiseman, R. 2007, "Ancient Roman metaphors for communication". *Metaphor and Symbol*, 22 (1): 41-78.

Yu, Ning. 2007, "Heart and cognition in ancient Chinese philosophy". *Journal of Cognition and Culture*, (1) 27-48.

Yu, Ning. 2008, "Metaphor from body and culture", In Raymond W. Gibbs, Jr. (ed.) *The Cambridge Handbook of Metaphor and Thought*. New York: Cambridge University Press.